Lucius 로마제국의 황제 네로(Nero)의 개인교사,
Annaeus Seneca 도덕론자 그리고 스토아 철학자

세네카

Lucius
Annaeus Seneca

로마제국의 황제 네로(Nero)의 개인교사,
도덕론자 그리고 스토아 철학자

세네카

조남진 지음

머리말

명망 있는 현자와 도덕론자라도 그에 대한 역사적 평가는 빛과 그림자가 있기 마련이다. 로마제국 초기 세네카(Lucius Annaeus Seneca)는 네로황제시대에 세기를 뛰어넘는 걸출한 문필가로서 수사학과 철학에 깊은 학문적 소양을 갖춘 도덕론자였다. 로마역사에서 가장 사악한 황제라 할 수 있는 칼리굴라, 클라우디우스 그리고 네로의 치하에서 정사와 관직을 수행해야만 했던 재무관의 고위직에 오르고, 기원 37년경 칼리굴라 즉위시기에 변사(辯士)와 작가로서 원로원에서 행한 뛰어난 웅변으로 황제가 시기할 정도로 그 명성이 높았다. 동서고금의 역사에서 보았듯이 로마제국의 왕실과 지배계층에서도 음모, 시기, 질투가 유행처럼 만연하였다.

클라우디우스의 왕비 메살리나는 있을 성 싶지도 않은 네로의 여동생 율리아와의 간통죄로 몰아 세네카를 코르시카로 추방하고 8년이 지나 클라디우스의 조카이자 두 번째 아내 아그립피나(Agrippina)는 그를 유배지에서 소환하는 데 도왔다. 그는 돌아와 네로의 가정교사가 되고 또 그가 쓴 『관용론』(De Clementia)에 관심을 가진 황제에게 관용의 정사를 행할 수 있는 정치적 조언자로 신임을 받으며 권력과 부를 누렸으나 그 시기는 5년에 불과했다. 기원 65년 반정부 음모 사건에 연루되어 죄를 뒤집어쓰고 네로로부터 스스로 죽을 것을 명령받고 그는 스토아 철학자의 기상으로 의연하게 자살을 택했다.

로마의 정치가이며 역사가인 디오카시우스(Dio cassius)는 "세네카는 전제적 폭정을 비판했음에도 폭군 네로의 가정교사로, 권력에 제휴한 자들을 비난하면서도 권력을 행사하는 유력자들로부터 초연하지 못했다. 또한 유배지 코르시카에서 자신의 불명예를 씻기 위해 클라우디우스의 황제의 해방노예와 권력층에 아부하는 칭송의 글을 보내기도 하였다." 디오의 역사적 증언은 로마원로원에 대한 편견으로 이 시대에 만연했던 질투와 음모가 횡행했던 사회적 풍조에서 생산된 기술일 수도 있다.

그리스 세계가 정치적 혼돈상태에 빠졌을 때 개인이 가야 할 길은 본분을 다하는 것과 세계법칙과 우주의 섭리에 따르는 이른바 금욕적 삶이었다. 그것은 개인의 의무와 내면을 강조하는 스토아 철학이었다. 로마의 지배계층은 후기 스토아 철학의 윤리학에 매혹되었다. 세네카는 스토아윤리학의 학두로서 로마 지배계층의 이상적인 지도자이다. 그는 군주정의 최고 명망 있는 자들의 서클에서 지배계층의 타락상을 있는 그대로 보았다. 주색과 방탕과 변절하여 배반하고 겁에 질려 비굴하게 맹종하는 자들과 사치와 방종에 취한 덧없는 자들도 목격했다. 육욕에 지쳐버린 관능적인 이야기도 수없이 들었고, 공허한 권력야욕과 무기력한 삶의 모습도 보았다. 하지만 네로의 왕위계승으로 전제정권의 사막에서 하나의 오아시스 같은 5년간은 세네카의 삶에서 가장 행복한 시기였다. 하지만 아그립피나 데몬적 야욕의 위협에서 벗어날 수 없었다.

수일리우스(Suillius)의 세네카에 대한 비판에서와 같이 "세네카도 동시대의 스토아 철학자들과 별로 다르지 않은 정치권력과 많은 재산을 축적한 위선적인 설교자, 간부(姦夫), 고리대금업자"라는 험담이 난무하는 가운데 살았다. 그의 적들이 공격을 퍼부었듯이 세네카는 과연 부의 축적에 골몰한 고리대금업자였는가? 아니면 시대정신에 편승한 그럴듯한 도덕론자였는가? 그렇지 않으면 초기 로마제국 황제들의 정치적 전횡과 같은 난마 속에 철학과 도덕으로 인간내면의 지적·윤리적 이상을 영화(靈化)한 수도자적 존재였는가?

이와 같은 문제제기는 하나의 역사적 사실로 단순화할 수 없는 것이다. 한 시대와 국가는 그것을 리드하는 시대정신과 같은 지배적인 경향성이 작용하고 있다. 그것은 보편적이며 특수적인 것으로 필연적이다. 당시 로마의 지배계층은 사치와 삶의 화려함을 최고의 미덕으로 그들의 일상사였다. 권력층의 결혼행사가 너무 화려하고 사치스러웠음에도 과거 세네카 자신도 그러했던 것처럼 최고의 환희라 하면서 어린 네로에게도 그것을 따르도록 가르쳤다. 세네카는 자유·평등을 강조하면서 많은 노예를 소유하고 거리를 활보할 때 33명이나 되는 노예의 호위를 받으면서 자신의 위상을 뽐낸 자라고 역사학자 니부르(B. G. Niebuhr)는 비판한 바 있지만 고대 사회에서 노예는 유동재산이었으며, 노예제는 로마국가의 경제적 표준이었기 때문에 지배계층의 노예소유는 필연적이었다.

크뤼시푸스와 피타고라스의 교의와 사상에 깊이 빠진 세네카는 수도원의 금욕주의보다 훨씬 능가하는 젊음의 정욕을 억제했다. 그는 당시의 야수적인 유물주의를 넘어 세련된 도덕적 이성과 사회적 공명에서 인간본성의 개혁에 윤리적 신조를 적극 수용했다. 그는 인간의 도덕적 타락은 철학적 사유와 훈련(paideia)의 빈곤에서 오는 것으로 그에게 철학의 주요 관심은 도덕적 삶이었다. 세네카는 철학자를 가리켜 가장 이상적 인간을 만드는 교사, 인류의 교사라 명명했다. 그러면서 그는 진정한 철학자는 삶과 역사에서 일어나는 투쟁이나 재앙으로부터 떠나 고고한 지적세계의 내적왕국에서 공허한 형이상학만을 논하는 연구자들이 아니라고 말한다. 세네카는 이 세상 도덕의 난파선을 보면서 쓸데없는 일에 장난치는 자들이 어떻게 침몰해 가는 난파선에 손을 뻗어 도와달라고 외칠 수 있겠는가 하고 당시의 시대상을 비판한다. 그는 인간본성의 실제를 현실 그대로 보았다. 그가 본 인간의 삶이란 운명적으로 콜로세움 원형투기장에 던져진 제물로써 야수들의 추잡하고 잔인한 투쟁이었다. 그는 제자들에게 도덕적 인간이 되기 위한 유일한 길은 정신적·육체적인 쓰라린 훈련과 싸움에 의해서만 가능하다는 것을 강조한다. 인생은 사실상 전투(vivere militare est)라는 역사적 사실을 삶의 경구로 우리들에게 각인시켰다.

세네카는 제자들에게 고대 스토아 현자들의 덕성과 용기를 항상 상기할 것을 촉구한다. 마치 그들이 지금 나의 눈 아래에서 사는 것처럼 말이다. 인간의 도덕적 함양의 첫 단계는 자신의 잘못에 대한 스스로의 인정이다. 인간에게 가장 큰 병폐는 양심의 파멸이다. 그것은 도덕적 절망상태의 증거이다. 양심의 순정에 도달하는 길은 철학교육(스토아 철학)과 고통과 고뇌의 훈련이다. 알렉산드로스는 적은 것에 만족하지 않았으며 모든 것을 자신의 것으로 생각했다. 세네카는 스토아 현자들의 미덕과 용기를 높이 칭송했다. 그는 인간의 명성과 영광은 미덕의 그림자일 뿐이라고 다시 강조한다. 고대의 지성과 철학의 진리가 황폐화되고 우리들의 내안(內眼)은 사라진 지 오래라고 안타까워했던 동시대의 영혼 구원자요, 강한 도덕을 부활시킨 사도이다.

세네카의 작품에서 미덕(virtus)이라는 말이 자주 등장한다. 라틴어의 비루투스는 로마인들에게 늘 힘이 넘치는 사내다움(Mannestum)의 용감성이며 개인이 지니고 있는 로고스의 완성이다. 사내다움은 전쟁과 공적생활에서 국가를 위한 헌신뿐만 아니라 개인의 사명과 이웃의 행복에 기여하는 자세를 지켜가는 것이다. 세네카는 이러한 격조 높은 미덕의 소유자를 현자로 규정한다. 세네카는 현자는 세계를 정복하기보다 자신을 정복하며, 사람과 권력을 지배하는 제국의 건설보다 지혜와 이성으로 자신을 통제하고 지배하는 삶을 살아간다고 애찬한다. 세네카는 그의 『도덕의 편지』(Epistulae Morales) 48.2에서 조국 로마를 위해 영웅적인 죽음(자살)을 선택한 카토(cato)를 가장 위대한 애국자요, 현자라고 찬양했다. 그러면서 세네카는 복수할 가치조차 없는 것을 복수하는 것은 가장 굴욕적인 복수이며 모욕에 대한 보상은 분노도 복수도 하지 않는 것이다. 복수는 달콤한 탄원이 아니라 임시적인 방책일 뿐이라고 했다.

도덕적 인간으로 가는 길은 험난하여 보통 사람의 의지로써는 도달할 수 없으며 그 목적을 위해 망설임이나 불안을 보여서는 안 된다고 충고한다. 확신 없이 망설이며 주저하는 것은 인간의 짧은 일생을 단축할 뿐이다. 죽음으로 가는 마지막 계단을 밟을 때까지 삶의 시작이라는 마음으로 정진할 것을 충고한다. 그리스 신화에 나오는 요정 사이렌(siren)은 반인반조(半人半鳥)의 바다의 요정으로 시칠리아 섬 근처를 지나가는 뱃사람을 사이렌의 아름다운 노랫소리로 유혹하여 뱃사공의 배가 난파되었듯이 우리도 예외적인 존재가 아니다. 이타카왕 율리시이즈(Ulysses)의 결단만이 우리를 안전하게 지나가게 할 것이다. 사실 사이렌의 요정들의 섬은 네로 시대의 거대한 왕실의 생활보다 더 위험할 수 없다. 파멸과 죽음의 위기는 우리 인간의 헛된 욕망과 정욕의 산물임을 경고한다(Ep. 56.15; 51.5).

근대의 많은 역사가와 철학자들은 세네카의 작품과 사상에 의해 전파된 스토아 평등주의가 프랑스혁명의 정신적 기초가 되었다는 것을 확인시켜주고 있다. 18세기 계몽 사상가들은 고전주의를 재구성함에 있어 세네카를 회상하면서 그를 정신문화의 창조자로 평하고 서구정신의 지적전통과 후마니타스의 기초를 확립한 그의 역사적 업적을 재평가했다. 특히 레씽이『현자 나탄』을 쓰고 괴테가『이피게네』를 기초(起草)한 1779년 프랑스 계몽 사상가 디드로에 의해『세네카에 관한 에세이』가 세상에 발표된 사실은 인간이성과 인간애를 깊이 인식하고 요구한 이 시대에 의미 있는 일이었다. 특히 칸트의 윤리학 주저인『실천이성비판』에서 밝힌 것처럼 세네카는 이미 세계정신을 우리 머리 위에 반짝반짝 빛나는 푸른 하늘의 별들과 우리 안에 있는 도덕률을 이어주는 신비적 매듭으로 생각하였다. 엘리자베스 I세 시대의 영국 문인 대가들, 특히 셰익스피어는 세네카의『자선론』과『관용론』을 읽고 그의 비극 작품을 쓰게 되었으며 몽테뉴의『수상록』의 출발점이기도 하다. 세네카는 로마교회의 총애를 받는 이교도로 바울은 물론 교부 터툴리아누스가 '우리의 세네카'라고 불렀을 정도로 깊은 관계를 가졌던 것이다. 사도 바울과 세네카는 동시대의 같은 스토아 철학자로 서로 영향을 주었던 것이다.

필자는 미력한 주제에 지난 십여 년 넘게 헬레니즘 지성사를 접하면서 스토아 철학에 관심을 가지게 되었다. 스토아는 초기・중기・후기의 시대별로 특징을 갖는다. 초기·중기 스토아가 논리학과 자연학이라고 한다면 후기 스토아 철학은 윤리학이라 할 수 있다. 후기 스토아(로마 스토아)의 학두라 할 수 있는 세네카와 황제 마르쿠스 아우렐리우스 그리고 해방노예 출신 에픽테투스는 후기 스토아 윤리학의 대표되는 철인이다. 특히 세네카의 작품들 가운데 그의 친구 루킬리우스에게 보낸 서한체 에세이 『도덕의 편지』, 『마키아에 대한 위안』, 『마음의 평정에 관하여』, 『관용론』, 『자선론』, 『분노에 관하여』 등은 그가 살았던 초기 로마제국의 정치적 난마와 전횡, 음모의 틈바구니에서 생성된 인간적인 고뇌, 죽음, 자살, 양심, 분노, 재산·향락과 같은 세상의 모든 외면적인 것으로부터 철학으로, 윤리로, 내안(內眼: 영혼)으로, 세계정신으로 우리의 영혼을 인도한다. 철학이 없는 영혼은 예속의 굴레를 벗지 못한다는 세네카의 경구를 다시 생각할 때다.

끝으로 지난날 학문의 길로 이끌어 주신 고(故) 지동식 선생님(전 고려대 교수)과 Dieter Timpe 교수(Würzburg Universität) 두 분과 라틴어를 지도해 주신 김영교 신부님(전 가톨릭대 총장), 변갑성 신부님(가톨릭대 교수) 그리고 헬라어를 일 년간 가르쳐 주신 이정복 선생님(한양대 석좌교수)에게 감사한 마음을 금할 수 없다. 그리고 이 글을 읽어주고 교정하는 데 애쓴 아들 준형(홍익대 교수), 딸 세형(독일 Köln대 박사)의 노고에 고마움을 표한다.

조남진 씀

목차

제1장 세네카의 삶과 그에 대한 역사적 평가

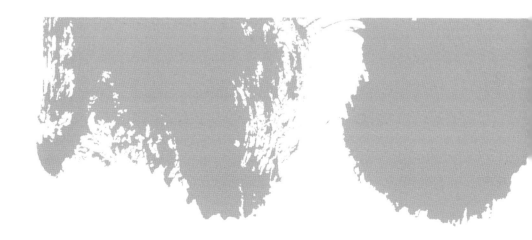

- 세네카의 삶과 그림자
- 세네카에 대한 평가와 그의 도덕적 이상
- 세네카의 작품세계와 해설
- 스토아 철학과 현자(賢者) 세네카

세네카의 삶과 그림자

    대부분의 라틴 저술가들처럼 세네카(Lucius Annaeus Seneca) 역시 순수 로마인도 이탈리아인도 아니다. 그는 당시의 다른 작가들보다 뛰어난 스페인의 부유하고 교양 있는 박식한 안나에이(Annaei) 가문 출신으로 그의 아버지 수사학자 안나에우 세네카(Annaeus Seneca)의 둘째 아들로 네로 황제시대 로마제국의 가장 걸출한 문필가요 도덕론자였다. 그의 어머니 헬비아(Helvia)는 천부적인 재능과 지성은 물론 문화적 교양과 덕성을 갖춘 당대의 보기 드문 교양 지배계층 출신이었다. 그의 형 노바투스(Novatus)는 입양 후에 갈리오(Gallio)로 알려진 로마제국 초기 클라우디우스(Claudius)의 통치하에서 아카이아의 총독이었다. 그리스도교 연대기에 기록되어 있듯이(사도행전 18:12~17) 갈리오가 아카이아 지방총독으로 있을 때 유태인들이 작당하여 사도 바울을 법정으로 끌고 가서 이 사람은 하느님을 예배하라고 사람들을 충동하며 법을 어기고 있다고 고발하였다. 총독 갈리오는 자신 앞에선 바울에게 소인(訴因)을 묻고 나서 그 고발의 부당성과 그 사건내용이 유태인 율법에 관련된 것으로 판단하여 재판을 거부한 사건으로 로마제국 그리스도교와 관계를 가진 세네카 가문 최초의 인물이었다.

세네카의 동생은 당대의 천재적인 서사시인 루카누스(Marcus Annaeus Lucanus)의 아버지인 메라(Mela)이다. 그는 내성적인 성격으로 수줍음을 타는 소심함을 보였지만 그의 아버지는 세 형제 중에서 그를 가장 뛰어난 재능을 가진 아들로 평가했다.

루카누스는 스페인 코르도바에서 출생하였으나 생후 얼마 안 되어 로마에 이주하여 수사학과 철학을 배우고, 아테네로 유학한 후 귀국하여 네로 황제 밑에서 잠시 일하였으나 피소의 네로 암살 음모에 연루된 사실이 발각되어 그의 아버지, 두 삼촌 모두 네로의 복수에 찬 칼날에서 비켜갈 수 없었다. 그의 많은 작품 중에서 케사르와 폼페이우스와의 내분을 취급한 서사시『내란기』(civil war)는 흔히『파르살리아』로 불리어지고 있다. 그것은 이 작품의 핵심을 이루는 부분이 파르살로스(Pharsalos) 싸움이기 때문이다. 일반적으로『파르살리아』라 불린다. 이는 로마제정 초기에도 공화정신을 반영하여 폼페이우스파의 옹호와 군주정치에 대한 스토아적 공격을 표명하고 있다. 루카누스의『파르살리아』는 로마의 최대 시인 베르길리우스(Vergilius)의 불후의 작품으로 로마인의 국민시 아에네이스(Aeneas) 이후 제2의 라틴 서사시이다.

세네카는 기원전 4년경 스페인 코르도바에서 태어났다. 그의 어린 시절에 형 갈리오는 불행하게도 칼리굴라 황제에 의해 처형된 후 그의 아내는 이집트의 총독 아내가 되었다. 세네카는 어린 나이에 형수를 따라 로마로 가게 되었다. 그녀는 병약한 조카 세네카를 잘 지켜주고 성장시켜 공직생활을 할 수 있도록 도와주었다. 그는 유년 시절부터 로마에서 수사학과 철학교육은 물론 명예로운 관직 수행을 위해 엘리트코스를 밟음으로써 학문과 정치에 뛰어난 재능을 발휘할 수 있었다. 그 결과 변호사로 크게 성공하고 많은 재산을 모았으나 세네카는 로마 역사에서 가장 사악한 황제라 할 수 있는 칼리굴라, 클라우디우스 그리고 네로의 치하에서 정사와 관직을 수행해야만 했던 불운한 자였다. 그는 기원 33년경, 마침 티베리우스 치하에서 원로원 의원과 재무관의 고위관직에 오르게 되었으며, 기원 37년 칼리굴라 즉위시기에 변사(辯士)와 작가로서 원로원에서 행한 뛰어난 웅변으로 황제의 시기를 받을 정도로 그 명성이 높았다. 칼리굴라는 병약한 지식인으로 얼마 안 가서 세네카가 죽을 것이라는 사실을 알고 있었기 때문에 그를 죽이지 않았다. 그가 청년시절부터 천식 등 여러 질병으로 허약하다는 사실을 그의 여러 작품에서 자주 밝혔던 것이다.

세네카는 칼리굴라보다 오래 살았지만 자신의 글로 그를 복수할 수 있는 기회를 잃고 말았다. 클라우디우스(Claudius) 통치하에서 그에게 큰 재앙이 닥쳐왔다. 클라우디우스의 황제 즉위 초(기원 41년) 그의 왕비 메살리나는 있을 성 싶지도 않은 네로의 여동생 율리아 리빌라(Julia Livilla)와의 간통죄로 몰아 세네카를 코르시카로 추방했다. 당시에는 음모, 시기, 질투가 로마제국 왕실과 상류사회에서 유행처럼 만연하였다. 세네카는 깊은 실망과 낙담으로 8년이란 긴 세월을 초조하게 보내면서도 작품을 쓰고 연구하는 일로 아픔을 달래었다. 클라우디우스의 조카이자 그의 두 번째 아내 아그립피나(Agrippina)는 기원 49년 코르시카 유배지에서 그가 소환할 수 있도록 도왔다. 그 결과 세네카는 장차 황제가 될 그녀의 아들 네로의 개인교사가 되었다. 네로는 기원 54년에 왕위에 올랐다. 1년이 지나 세네카는 집정관이

되었으며 이때부터 그는 네로와의 긴밀한 관계를 가질 수 있었다. 네로의 통치 초기 5년 동안 선정을 베풀 수 있었던 것은 집정관이었던 부루스(Burrus)와 세네카의 탁월한 정치적 수완과 보필이 있어 가능했던 것이다. 이제 세네카는 유능한 정치가로서 네로의 신임을 받으며 명예와 권력과 부를 누리게 되었다. 그 시기는 네로가 왕이 된 지 5년밖에 안 된 기간이었다. 불행하게도 세네카는 이제 왕의 눈에서 멀어져 가고 그의 영향력은 약화되어 기원 62년 부루스의 사후에 많은 재산을 황제에게 바치고 정계에서 은퇴했다. 3년이 지난 기원 65년 피소에 의해 주도된 반정부 음모(conspiracy of piso) 사건에 연루되어 억울하게 죄를 뒤집어쓰고 스스로 죽을 것을 명령받았다. 그는 스토아 철학자의 기상과 위엄으로 의연하게 자살을 택했다.

세네카에 대한 평가와 그의 도덕적 이상

　　로마의 정치가이며 역사가 디오 카시우스(Dio Cassius)는 세네카를 다음과 같이 소개한다(Dio Cassius, *Romanika* 6: 10에서 기술한 내용). 즉 세네카는 전제적인 폭정을 비판했음에도 폭군 네로의 가정교사가 되었으며, 권력에 제휴한 자들을 맹렬히 비난하면서도 그는 권력을 행사하는 유력자들로부터 초연하지 못했다. 세네카는 권력에 아첨하는 것을 좋아하지 않았지만 클라우디우스 황제의 왕비인 메살리나와 황제의 피해방인 나르키수스(Narcissus), 팔라스(Pallas), 칼리스투스(Calistus)에게 끊임없이 아부하는 모습을 보였다. 사실 세네카는 여가와 몸을 지탱할 수 있는 여력이 있는 한 그의 유배지 코르시카 섬에서 그들 권력층을 칭송하는 내용의 작품을 쓰고 그것을 보냄으로써 자신의 불명예스러운 일을 억누르려 했다. 또한 그는 부자들을 비난하면서도 3억 세스테르티우스(1세스테르티우스는 1/4데나리우스) 재산을 모았다. 다른 사람의 사치와 무절제를 비난했지만 그는 고급 감귤류 목재에다 상아로 만든 500여 개의 테이블을 소유하고 있었다. 그는 이 많은 테이블로 자주 연회를 베풀었다. 디오카시우스(Dio Cassius)는 당시의 이런 일은 로마 권력층에서는 일상적인 것이라고 했다. 세네카는 당시의 권력층의 결혼행사가 너무 화려하고 사치스러웠음에도 과거 자신도 그러했던 것처럼 최고의 환희라고 하면서 어린 네로에게도 그것을 따르도록 가르쳤다.

위에서 밝힌 디오의 역사적 증언은 어느 면에서 로마 원로원에 대한 편견으로 명예훼손에 해당하는 내용일 수도 있고 또한 디오시대 (기원 155~235)에 만연했던 질투와 음모 같은 남의 험담을 일삼는 사회적 풍조에서 생산된 기술일 수도 있을 것이다. 디오 카시우스는 그의 『로마사』 59.19에서 "세네카를 가리켜 동시대의 모든 로마인들과 로마인이 아닌 다른 사람들 가운데에서 가장 지혜로운 사람이었다"고 전하고 있다. 그의 개인적인 명망은 형이상학자라는 데에 있는 것이 아니라 도덕론자의 전형이라는 데에 있다. 만일 영혼불멸이라는 소크라테스의 주장이 세네카의 삶과 죽음에 확고한 신념으로 작용하지 못했다면 그것은 공허한 요설(饒舌)에 불과할 뿐이다. 그리고 만일 세네카의 삶이 소크라테스의 교의를 불신한 사실을 암시했다면 소크라테스의 가르침은 완전히 설득력을 잃고 말았을 것이다. 세네카는 아마도 클라우디우스 황제의 신격화에 공격하는 글을 썼지만 그것은 분명 클라우디우스의 계승자에 아첨하는 내용이었다.

칼리굴라와 클라우디우스의 치하에서 정신(廷臣)이며 궁중대신으로 막강한 권력과 부를 누린 세네카는 당시 의인들의 행위를 방해하는 무정견으로 많은 반감을 사기도 했다. 세네카는 로마제국의 정치적 전횡으로 침울한 시대에 살면서 부패한 사회현상을 보고 도덕성의 부활을 위해 정치적 열정을 발휘한 당시의 정치로부터 혜택을 입은 인물이기도 하다. 그는 당시의 정치적 불안과 같은 공포 통치시대임에도 불구하고 이 지상에서 신의 꿈이 자비롭게 실현되는 시대라고 술회했다. 세네카가 살았던 로마제국은 정치권력의 마신(魔神)적 와중에서 권력에 아부하는 세력과 정치적 식견과 사려 없이 방황하는 정치적 식객이 난무했다. 이런 정치적 상황에서 부와 권력을 누린 세네카는 진정 로마사회의 금욕적인 정치가요 도덕론자로 평가 받기에 합당한가? 수일리우스(Suillius)의 평가에 의하면 세네카는 권력과 많은 재산을 축적하고 권력에 아부하는 안일한 도덕론자에 불과한 인물이었다(수일리우스는 세네카와 당시의 스토아 철학자를 비판하는 글에서 그들을 철학자라 부르기보다 스토아 설교자라고 비하하는 호칭을 사용했다). 그 이후에도 수일리우스와 유사한 비판들이 많이 있어 왔다.

18세기의 계몽사상가들은 고전주의를 재구성함에 있어 세네카를 회상하였거니와 그를 정신문화의 창조자, 서구정신의 지적 전통과 후마니타스의 기초를 확립한 그의 역사적 업적을 재평가했다. 특히 레씽(Gotthold Emphraim von Lessing)이 『현자 나탄』(*Nathan der Weise*)을 쓰고 괴테가 『이피게네』(*Iphigene*)를 기초(起草)한 1779년, 프랑스의 계몽사상가 디드로(Denis Diderot)에 의해 『세네카에 관한 에세이』(*Essai sur la vie de Senegue*)가 세상에 발표된 사실은 인간이성과 인간애를 깊이 인식하고 요구한 이 시대에 의미 있는 일이었다.

세네카는 후기 스토아 사상들 가운데 대표적인 인물이다. 그에게 있어서 철학은 미덕(virtus) 없이 존재할 수 없으며, 미덕 역시 철학 없이 존재할 수 없다. 철학은 미덕의 학문이며, 미덕 자체의 연구이다 (philosophia studium virtutis est, sed peripsam virtutem).[1] 이와 같이 그의 철학은 자유 교양학으로서 르네상스 휴머니즘, 18세기 계몽주의 철학자 칸트의 실천이성비판, 셰익스피어의 비극, 존 스튜어트 밀의 자유이념의 도덕적·윤리적 기초가 되었다. 특히 세네카의 비극 작품은 엘리자베스 I세 시대의 영국의 문인 대가들의 출현과 많은 비극 작품을 낳는 데 지대한 영향을 주었으며 몽테뉴(Montaignue)의 수상록 저작의 출발점이기도 하다. 오늘날의 문인과 학자들은 대체로 세네카를 로마교회의 총애받는 이교도로, 그래서 로마교회의 명망 있는 교부 터툴리아누스는 세네카를 "우리의 세네카"라고 불렀을 정도의 인물이었다고 평가했다. 또 엄격한 금욕주의자 칼뱅도 세네카의『관용론』(De Clementia)을 비판하였지만 그의 작품에 깊은 관심을 가졌던 것이다. 계속해서 오늘날의 많은 역사가와 철학자들은 세네카에 의해 전파된 스토아 평등주의가 프랑스혁명의 정신적 기초가 되었다는 사실을 우리들에게 확인시켜 주고 있다. 하지만 그럼에도 세네카에 관한 신화는 근대 역사가와 문헌학자들로부터 많은 비판을 받아왔다. 그들 가운데 몸젠(Theodor Mommsen), 빌라모비치(Mollendorf U von Wilamowitz), 슈바르츠(Schwartz) 등은 세네카를 고전적 박식가임을 인정하지만 그렇게 위대한 인물로는 평가하지 않았다. 특히 문헌 학자들이 생각하는 세네카는 호사스럽고 사치한 외계에 병들지 않은 단순히 자연적인 것을 보호하려 할 뿐, 타락한 통치자의 정치윤리와 전횡에 항거하며 실질선을 추구한 현자라기보다는 당시 스토아 철학자들과 다를 바 없는 공허한 인간이상을 고창한 현학자요, 정신의 타락자 그리고 로마의 형식주의자 바리세파를 닮은 위선자의 권속에 속하는 인물로 소개되고 있다.[2] 한 인간에 대한 역사적 평가는 빛과 그림자가 있기 마련이다.

세네카가 과연 후마니타스의 고전적 개념의 확립과 발전에 기여한 실천적 인도주의자로서 동시대의 정신세계 깊이 관여했는지, 그의 작품에서 강조된 스토아의 이상과 도덕론이 고전고대의 문화적 연속성에 수용될 수 있었는지, 그리고 그가 역사의 통찰자로서 인간이상에 상응할 수 있었는지에 관한 것은 그간 많은 논쟁이 있어 왔다. 그가 살았던 로마제국은 정치권력의 투쟁의 장으로 티베리우스의 공포정치를 슬기롭게 헤쳐 나가 마침내 클라우디우스 통치시기에는 권력 중추부의 측근 그룹의 일원으로 올라섰다.

네로의 왕위계승으로 전제정의 사막에서 하나의 오아시스 같은 5년간의 시기(quinquennium)는 세네카의 삶에서 가장 행복하였다. 불안과 공포와 회의에 차 있었음에도 세네카는 신의와 의로움이 강하였기에 자비가 실현될 것으로 생각했다.[3] 하지만 세네카는 계속 아그립피나의 데몬적 야욕의 위협에서 벗어날 수 없었다. 세네카는 수일리우스(P. Suillius)의 지적대로 당시 스토아 철학자들처럼 권력과 많은 재산, 위선적인 스토아 설교자, 간부(姦夫), 고리대금업자라는 험담이 난무하는 가운데 살았다. 부루스의 죽음이 그의 권력에 결정적인 충격을 주었다. 그의 적들은 일제히 공격을 퍼부었다. 세네카를 부의 축적에 골몰하는 자라고 …… 과연 그를 고리대금업자로 볼 것인가? 아니면 시대정신에 편승한 그럴듯한 사회 도덕론자였는가? 로마제국의 정치적 난마 속에 철학과 도덕의 기능을 스토아현자의 도구로 인간 내면의 지적·윤리적 이상을 영화(靈化)한 수도자적 존재였던가?

네로 황제는 고결한 정신의 몽마(夢魔) 세네카를 없애버리려고 오랫동안 생각해왔다. 특히 그가 소유하고 있는 재산과 부, 신랄한 웅변과 날카로운 풍자, 큰 정원과 별장, 그리고 당당한 권세와 지위는 로마 원수정에서 큰 뜻을 이룰 인물이고 모든 것을 명령했지만 그의 운명은 2년 늦추어졌다. 그의 방면(放免)은 피소의 음모사건으로 잔인한 복수로 돌아왔다.

세네카는 로마의 상류 지배계층을 위한 이상적인 지도자였다. 군주정의 최고위직에 올랐지만 끊임없이 죽음의 공포 속에 여러 세월을 보냈다. 그는 군주정의 가장 명망이 있는 자들의 모임인 상류계층의 서클에서 향락을 누리며 여러 정객들과 재치 있는 대화와 담소를 나누었다. 그는 거기에서 주색에 빠져 방탕하고 변절하여 배반하거나 겁에 질려 비굴하게 맹종하는 자들을 보았고, 사치와 방종에 빠진 자들도 수없이 목격했다. 또한 그는 육욕에 지쳐버린 관능적 이야기를 싫증나게 들었고, 권력야욕과 공허하고 무기력한 삶의 모습의 이야기를 있는 그대로 들었다.[4]

크뤼시푸스와 피타고라스의 교의와 사상에 깊이 빠진 세네카는 수도원의 금욕주의보다 훨씬 능가하는 젊음의 정욕을 억제했다.[5] 그는 동시대의 야수적인 유물주의(唯物主義)를 넘어 세련되고 도덕화된 이성과 사회적 공명에서 인간본성의 개혁을 위한 윤리적 신조를 열정적으로 수용했다. 그는 고고한 삶의 교의, 감각적인 것은 무(無), 무가치하다는 교의를 인식하고 죽음과 영혼의 고투(苦鬪)를 지원하는 내재적 신(神)에 깊은 사려와 세속의 일체 향락과 야욕들은 영광스러운 도덕적 이상 앞에서 시들어 사라질 때까지 일체의 사치스런 정신적 고통과 공포로부터 벗어나는 행복을 깊이 생각했다. 이교(異敎)의 수사요 이상주의자요 도덕론자인 세네카는 많은 재산을 축적하여 네로 황제마저 부러움을 샀던 궁전 같은 대저택에서 살았다. 그는 왕실의 두 공주를 사랑했던 사람이 아닌가 하는 혐의를 받기도 했다.[6] 또한 그는 네로의 난폭한 행위를 부추기거나 묵인하는 심지어 그의 어머니인 아그립피나를 살해한 공범자와 그 사건을 변호한 자까지도 관대하게 봐주었다는 비난을 받았다.[7] 역사에서 가장 자유분방한 시대에 나타난 많은 음란한 외설적인 작품과 루머들은 대부분 허위사실이었다. 세네카의 작품에서 그 시대의 특징을 적나라하게 드러낸 쓰라린 체험과 아픈 상처를 입지 않은 것들은 찾아볼 수 없다. 세네카는 여러 작품에서 강렬한 동정심과 독자에게 호소하는 듯한 표현으로 육욕에 빠져 안일과 계집에 젖어버린 요염한 상황들을 낱낱이 공개하였던 것은 아마도 참회의 표현이었을 것이다. 세네카는 그가 살았던 시대의 지배계층의 반도덕적 행위와 정치질서의 혼돈과 같은 제국의 양심이 저 깊은 나락의 땅으로 떨어져 가는 것을 고발했던 것이다. 그 참모습을 우리는 그의 친구 루킬리우스에게 보낸 편지에서 읽을 수 있다. "루킬리우스여, 기대해볼 만한 것이 있는가? 그대의 그 향락들, 아 그 향락들이 이제 그대를 머뭇거리게, 자제하게 하는 것은 벌써 그대가 그 많은 향락에 배가 불렀기 때문인가. 싫증이 난 것인가. 아마 싫증이 난 것이겠지. 쾌락은 이제 더 이상 그대에게 신기할 것이 없겠지. 이미 지루한 것으로 되어버리지 않았나. 이제 그대는 향락에 물리게 되었으리라 생각하오."[8]

세네카는 인간본성의 실제상황을 현실 그대로 보았다. 많은 사람들과는 달리 소수의 참신한 영혼을 가진 자들은 탐욕과 육욕의 방종에서 벗어났다. 세네카가 지적한 바와 같이 인간의 삶은 운명적으로 원형투기장에 던져진 제물로써 야수들의 추잡하고 잔인한 투쟁이었다. 인간의 야욕과 질투로 영원히 사라져버린 에덴의 평화와 행복은 헛된 향락의 유령을 따라가는 데 소비했다. 세네카는 쇠락해가는 시기 동안 그의 주변상황이 어떠하였든 철학의 훈련과 교육을 통해 보다 고고한 삶의 비전을 병들어 멸해가는 영혼에 문을 열은 성 바울에 접근하면서 복음적 열정을 느끼게 되었다. 우리는 세네카를 통해 순수 철학적·윤리적·개혁적인 지침과 모든 사람이 바로 설 수 있는 인격과 행동의 양식(良識)을 강조한 표현을 자주 만나게 된다.

그는 사상가라기보다 고결한 설교자, 영적 지도자이다. 그는 오늘날의 말로 표현하면 영혼구원을 최고의 가치와 목표로 삼은 사람이다. 그는 철학의 의미를 지(知) 자체의 추구도, 지성에 대한 공평한 역할도, 플라톤의 대화에서처럼 지적 결과에 대한 무관심도 아니다. 철학의 가장 큰 목적은 영원한 이성의 빛 안에서 보는 사람, 이른바 지혜로운 사람(sapiens), 철인 현자를 생산하는 것이다. 그들은 실천의 어려움이 있어도 고고한 법, 이성에 복종하는 훈련을 받아왔으며 이성에 빗나가지 않고 일치하도록 다져졌다. 진정한 철학자는 인간의 삶과 역사에서 일어나는 불행한 재앙이나 투쟁으로부터 떠나 지적인 문제에 고립되어 내적왕국(內的王國)의 환희 속에서만 사는 공허한 연구자들은 아니라고 그는 생각하였다.

세네카는 철학자를 가장 이상적인 인간을 만드는 교사, 즉 인류의 교사(humani generis paedagogus)라 명명했다.[9] 이러한 철학자들의 사명에 비해 변증법 교사들의 고상함이나 난해하고 교묘한 것은 마치 어떤 사람이 게임에 몰입되고 또 아름답고 달콤한 음악의 황홀경에 빠져 자기 눈앞에 전개되는 큰 재앙에 격노하는 것처럼 무시해버려야 할 단순하고 보잘것없는 사소한 것이다. 이 세상 도덕의 난파선을 보면서 어떻게 이 쓸데없는 사소한 일에 장난칠 수 있으며, 침몰해 가는 난파선에 손을 뻗어 도와달라고 외칠 수 있겠는가 하고 비판한다.[10]

세네카는 고대의 철학적 지혜는 인간과 인간애를 위한 복음적인 것으로 그것을 지속적으로 계승하고 존중했다. 그는 플라톤이나 에피쿠로스, 크뤼시푸스나 파나이티오스 같이 어떤 진영의 학자이건 그들의 훌륭한 도덕적 가르침을 높이 칭송했다. 그는 인류의 위대한 스승들을 신의 명예를 받기에 충분하고 도덕적 가르침이 최종적이고 궁극적인 것일 수 없음을 강조했다. 천년 후에 과거의 도덕적 메시지라도 무엇인가 보완해야 할 여지가 있을 수 있게 될 것이며 지금의 지혜가 후세에 구급약으로 새롭게 가감 조정할 여지가 있게 될 것이라고 말했다.

세네카는 그가 살았던 시대의 자유 교양학에 대해 새로운 평가와 경시의 태도를 보였다. 참 자유 교양학은 단 하나뿐임을 강조한다. 그것은 인간의 욕망과 정욕의 굴레에서 의지를 자유롭게 하고 해방의 길로 인도하는데, 그 유일한 자유 교양학은 스토아 철학이라고 지적했다. 청년시절에 문법학자가 되기 위한 정신훈련은 필요하지만 그 훈련은 미덕을 위한 인격을 형성하는 데 전혀 기여하지 못한다고 비판한다. 그러면서 세네카는 분별력이 있는 사람이 문법학자와 같이 윤리문제를 떠나 문법 같은 사소한 문제를 연구하는 데 시간을 허비하는 자들을 누가 존경할 수 있겠는가, 문법이나 논리학은 요술이요 사기라고 비판한다. 세네카는 인간문제와 같은 중요한 목적을 가진 사람은 사소한 것을 연구하기보다 잊으려고 노력할 것이라고 확신했다. 세네카는 초기 스토아 철학자들을 가리켜 논리학에 매달려 요란을 떨고 언어의 유희와 같은 난해한 이론을 전개하는 일에 골몰하는 존재로 취급했다.

세네카는 사실 철학을 논리학·자연학·윤리학의 세 부류로 나누는 것을 묵인했다. 그러나 세네카는 인류와 종(species)과 유(類) 개념 (genus)이나 스토아 철학의 스콜라 철학체계에 플라톤과 아리스토텔 레스의 4원인, 즉 질료인·현상인·동력인·목적인에 관한 체계적으로 연구한 그의 친구이자 제자인 루킬리우스를 한두 번 위로를 하였 지만 논리학에 대해서는 별 관심이 없었던 것처럼 보인다. 언제나 세 네카는 후세를 위해 글을 쓴다는 자부심에 충만했다. 그가 논리학 연 구를 중시하지 않았던 것은 그것이 불완전한 지식이어서가 아니라 윤리와 도덕을 가르치기에도 인생이 너무 짧다는 것을 깊이 인식했 기 때문이었다. 세네카는 논리학을 무미건조하고 난해하며, 비인간적 인 지식의 마술이며 요술쟁이로 간주했다.

다음은 세네카의 과학정신이다. 자연학에 대한 많은 관심과 그 중 요성을 강조하리만큼 그는 자연학 연구에 몰두했다. 그의 기념비적인 작품 『자연탐사』는 중세시대에 과학에 관한 안내서가 되었다. 이 책 에서는 루크레티우스(Lucretius)의 시에서 읽을 수 있는 내용과 유사한 과학에 관한 문제가 관심을 끈다. 루크레티우스는 진실로 있는 것은 무수한 아톰(atom)과 그것이 운동할 수 있는 공허한 공간뿐이며, 물체 는 다만 아톰이 결합한 결과에 불과하다. 이와 같이 세네카의 과학정 신은 현대 기준으로 볼 때 루크레티우스에 못 미친다고 할 수 있다. 자연현상에서 나타나는 천둥과 번개, 바람과 지진, 수원의 상승과 부 족에 깊은 관심을 가지고 있었지만 이것보다 세네카는 인간본성과 인간의 운명에 더 치중했던 것이다. 후기 스토아 철학자들은 자연학 을 윤리학의 보조적인 것으로 낮은 단계의 범주로 윤리학에 종속시 켰다. 세네카는 세계정신이 황금과 거대한 악마와 타락한 자를 우리 의 발아래 먼 곳에 은폐하고 우리 머리 위의 푸른 하늘 저 천공에 화려한 신비의 광채를 장식한 것을 가슴 벅차한다. 칸트가 『실천이성비판』에서 밝힌 것처럼 세네카도 세계정신은 우리들 머리 위에서 반짝반짝 빛나는 푸른 하늘과 우리 안에 있는 도덕률을 이어주는 신비적인 매듭으로 생각한다.

세네카는 『자연탐사』 서론에서 잠시 주제의 장려함에 넋을 잃은 듯 현세의 삶의 도덕적 투쟁보다 무수한 별들이 빛나는 세계의 장엄한 질서, 무한히 넓고 먼, 신비한 심연의 세계를 찬양하는 것처럼 보인다. 이 세상의 땅은 무한한 우주의 한 점에 불과한, 인간이라는 벌레 같은 보잘것없는 것들이 사는 소인국(小人國)들로 보이는 개미탑이 무한한 우주의 한 점으로 오그라들고 그들은 싸움과 항해를 하며 살아간다. 세네카는 루킬리우스에게 보낸 편지에서 미덕의 가치를 강조하면서 정욕으로부터의 해방은 인간을 신과 같은 존재로 상승시키며 육체의 속박에서 우리의 합리적인 신성한 부분인 영혼을 자유롭게 하고 인간의 상실된 자유, 지난날 원시시대의 인간존엄을 회복시킨다는 사실을 읽게 된다.

세네카의 『자연탐사』는 그의 노년기 작품이다. 그는 정신문화의 중요성과 그 작업을 수행함에 있어 자신의 능력과 정력을 모두 쏟았다. 하지만 그 작품에 대한 관심은 『자선론』을 쓰는 데 만큼 미치지 못했다. 세네카의 모든 작품에서도 그러하지만, 『자연탐사』의 끝맺는 말은 오늘 우리에게 주는 가장 고귀한 경구가 될 것이다. 세네카는 자연의 신비를 연구하면서 우리는 자신에게 엄격해야 하며 자신에 대한 지나친 확신은 자신을 훼손하는 것으로 모든 연구자들은 마치 사람들이 신에게 바친 제물 앞에서 그들의 얼굴을 가리고 겸손한 자세로 몸을 굽히는 사도적 겸양을 보여야 한다고 강조한다.[11]

이 작품에서 세네카는 말하기를, 얼마나 많은 행성들이 천체의 우주공간에서 움직이는지 인간의 눈으로는 전개되는 현상을 볼 수 없고 위대하신 조물주도 내안(內眼: 영적인 눈)으로도 희미하게 보일 뿐이며 조물주가 만든 우주의 광활한 곳들은 우리의 시야 밖에 있다고 했다. 우리는 거대한 신비의 세계 문턱에 서 있으며 우리의 기억이 다 스쳐 가버린 멀고 먼 시대가 드러나게 될 것이라고 했다. 우리의 시대에는 다시 볼 수 없을 것이다. 그러면서 우리는 유감스럽게도 많은 정력을 사치와 향락과 기형적인 악폐의 신선한 재질을 찾는 데에 소모했다고 세네카는 개탄했다. 이제 철학에 정력을 바쳐 매진하는 사람은 찾아볼 수 없다. 고대의 지성과 철학의 여러 학파가 황폐화되고 학두(學頭) 없이 내버려졌다. 이러한 사실을 가장 안타까워했던 사람은 이 시대의 영혼의 구원자로서 사명과 책무를 다한 세네카였다. 세네카는 인간의 진보가 빠르게 진행하지 못하는 것은 우리들이 노력하지 않고 향락과 방종의 삶에 있기 때문이라고 풍자적으로 말한다. 우리는 여전히 타락과 부패의 고리를 끊어버리지 못하고 여전히 악폐의 길을 찾아 헤매고 있다. 지금 우리가 살고 있는 시대가 악의 시대라고 말하지만 지난날의 시대보다 더 나쁜 최악의 시대는 아니다. 기원 1~2세기에 이러한 염세주의 경향이 널리 퍼져 있었다. 우리는 이러한 염세주의 경향을 페트로니우스, 페르시우스, 주베날과 세네카, 타키투스, 폴리니우스, 에픽테투스와 마르쿠스 아우렐리우스에서도 만나게 된다.[12]

세네카는 최초의 강한 도덕을 부활시킨 사도이다. 때로는 공허한 겉치레 같은 표현으로 적절치 않은 점도, 또한 우리의 현대감각에 어울리지 않는 말만 그럴듯하게 수사적으로 표현한 면도 있다. 세네카는 현대종교의 정서로 도덕적 가르침에 최선을 다한 이교도 도덕론자이다. 그의 가르침에서 우리는 행위의 근본이 되고 인류의 진리가 되는 교의를 발견한다. 그는 논리적 일치를 이루는 후기 스토아 철학에 집착했다. 육체와 끊임없는 투쟁인 플라톤의 이원론과 그의 신관(神觀), 창조주에 대한 격조 높은 이상상(理想像), 자비와 사랑이 넘치는 수호자, 일체선의 수여자, 우리를 창조주에게 이끌고, 죽음에서 받아들이는 유력자이신 신, 그 안에 우리의 영원한 지복(至福)이 있다. 이러한 개념은 초기 스토아에서 찾을 수 없는 엄격성과 냉정한 도덕적 이상주의로 종교가 되었다. 세네카의 도덕체계가 곧 종교이다. 그것은 영적 세계의 확신에서 온 도덕률이다. 세네카는 루킬리우스에게 보낸 도덕의 편지에서 인생은 그 행위에 있어 도그마가 없어도 충분한지, 또 경험적인 규범으로 살아갈 수 있는 것인지, 종교는 도그마 없이도 가능한 것인지 묻고 있다. 세네카는 결의자(決疑者)요 영적 지도자로서 일정한 도그마를 중시하였다. 세네카는 대가족에서 정규공직자로 원칙과 권고를 주요하게 다루었을 것이다. 그는 해야 할 주요 과업과 목적이 있었다. 그는 어떻게 살아야 하고 도덕적 개혁을 하느냐가 진정한 목표이었으며, 인간의 최고선은 미덕의 실천으로 실현될 수 있는가 하는 문제에 집착했다. 그의 주장에 의하면, 의지가 정의롭지 못할 때 행위도 정의롭지 못한 것은 의지가 행위의 원천이기 때문이며, 마음이 올바르지 못하면 의지도 올바를 수 없는 것은 의지의 원천이 마음이기 때문이다. 이와 같이 마음이 정연하지 못하면 행위는 올바르지도 미덕의 향기도 토하지 못할 것이다. 행위의 진정한 법칙과 이론은 미덕이 필연적이다. 단순한 명령이나 단호한 법칙은 견실한 행위를 기대할 수 없다. 도덕적인 행위로 존엄을 유지할 수 있으며 그러한 인격을 가지기 위해 외면적 행위는 합리적인 법 이성에 근원해야 한다는 것을 강조한다. 특별한 훈시나 계율은 외면적인 복종을 강요하는 것으로 우리 내면의 빛과 정연한 의지의 통일을 확신할 수 없다.

세네카는 미덕의 행동을 위해 도그마의 필요성을 강조하지만 당파적 도그마주의자는 아니다. 그는 스토아 철학자라고 해서 무조건 따르지 않는다고 대담하게 선언한다. 그는 그가 주장하는 쾌락설에 오해하고 있는 대중들에 맞서 에피쿠로스의 주장을 변호한다. 그는 루킬리우스를 애찬하면서 그의 경구를 자주 인용한다.[13] 세네카는 신의 본질과 외적 세계와 인간 영혼의 신과의 관계에서 후기 스토아의 전통을 자주 따르는 것처럼 보인다. 세네카는 신, 우주의 창조주, 무형의 이성, 신의 호흡, 크고 작은 운명의 신 등 끊을 수 없는 인과관계의 불변적 사슬의 개념들 사이에서 주저하는 사람으로 보이기도 한다.

세네카에 있어 철학의 주요 관심은 인간의 도덕적 삶이다. 그는 신은 인간을 사랑하고 보호하는 존재로 천제(天帝)라는 윤리적 개념의 경향을 띠고 있다. 세네카는 후기 스토아학파에서 강조하는 자연적 혹은 존재론적 신념을 반대하지 않았다. 그는 신과 우주, 힘과 무형의 물질을 헤라클레이토스의 영묘한 불에서 생성하는 것이라는 스토아 범신론자였다. 그는 물질적 본질만이 상호작용할 수 있다는 스토아 유물론과 원리를 따랐다. 또한 그는 미확정의 부정기형의 물질을 구체적인 형태로 구성하고 만드는 힘은 정신이며 호흡과 같은 생명이라 했다.

기원 4~5년 세네카는 그리스도교 금욕운동에 호기심이 많은 이교의 대표적 인물이다. 성 제롬(Jerome)과 성 파울리누스(Paulinus)의 시대에서처럼 네로시대의 악폐인 사치와 향락을 일삼는 사회의 지배계층에서 이탈한 루킬리우스는 조소와 비난의 폭풍우를 직면해야 했다. 철학으로부터의 후퇴는 맥없는 방종으로, 심지어 악덕을 위한 가면으로 사회적 의무에 몸을 사리며 비겁하게 회피하여 비웃음을 받는 가짜(soi-disant) 철학자로 비난을 받는다. 에피쿠로스학파는 스토아 철학자의 고상한 삶을 살려는 소망에 냉소적이었으며, 심지어 스토아의 미덕과 철학을 조잘거리는 헛된 잔소리일 뿐이라고 비판했다. 세네카는 늘 문필작업과 문학적 명성 같은 헛된 것에 들떠 있었다. 그가 평정과 평온으로 돌아가려는 소망이 오직 도덕적 치유의 수단으로, 그리고 현실의 헛된 욕구로부터의 탈출이 겉치레에 불과한 모습으로 되어서는 안 된다고 훈계한다. 그리고 세네카는 루킬리우스에게 세상의 무거운 짐으로부터 피하려는 비겁한 은폐수단을 경고한다.

세네카는 제자들에게 고대의 현자들의 이미지를 항상 상기할 것을 촉구한다. 마치 그들이 지금 나의 눈 밑에서 사는 것처럼 말이다. 인간의 도덕적 발전과 함양의 첫 단계는 자신의 과오에 대한 스스로의 인정이다. 인간에게 가장 큰 위기는 정신적 병에 대한 무지와 그것을 무시해버리는 양심의 파멸이며 도덕적인 절망상태의 증거이다. 그러므로 우리에게는 매일매일 지속적인 자기반성과 성찰이 요구된다. 세네카는 양심의 순정(純情)에 도달하는 데는 끊임없는 훈련과 교육, 자신을 극복할 수 있는 힘을 강화할 것을 강조한다. 도덕적 인간으로 가는 길은 험난하여 보통 사람의 의지로써는 이룰 수 없으며, 그 목적을 위해 망설임이나 불안을 보여서는 안 된다고 충고한다. 세네카는 확신 없이 망설이며 주저하는 것은 인간의 짧은 일생을 단축할 뿐이다. 죽음으로 가는 마지막 계단을 밟을 때까지 우리는 삶의 시작이라는 마음으로 도덕적 인간을 향해 정진할 것을 조언한다. 그리고 세네카는 인간의 생명이란 긴 세월 속에 한순간의 짧은 시간이지만, 불안한 목적지로 가는 길에 지속적인 유혹에 휩싸인다. 그리스 신화에 나오는 요정 사이렌(Siren: 시칠리아 섬 가까이에 살며 아름다운 노래 가사로 근처를 지나가는 뱃사람을 유혹하여 난파시켰다는 반인반조(半人半鳥)의 바다요정)이 사는 섬들이 보이고, 말하는 소리가 들리는 곳에, 사이렌의 아름다운 노랫소리에 매혹되어 뱃사공의 배가 난파되었듯이 우리도 예외적인 존재가 아니다. 이타카왕 우리세스(Ulyses)의 결단만이 우리를 안전하게 지나가게 할 것이다. 사실 사이렌 요정들의 섬은 네로 시대의 거대한 왕실의 생활보다 더 위험할 수 없다. 파멸과 죽음의 위기는 우리 인간의 헛된 욕망과 정욕에 있다.[14]

세네카는 제자들에게 도덕적인 인간이 되기 위한 유일한 길은 정신적・육체적인 고투에 의해서만 가능하다고 말하면서 인생은 사실상 전투다(vivere militare est)라는 역사적 사실을 삶의 경구로 우리 모두에게 각인시켰다. 성 바울의 말씀 가운데에서 그는 도덕적 완전을 열망하는 자의 에너지를 환기(喚起)시키기 위해 검투사와 원형경기장의 경기자를 실례로 든다. 그들은 얼굴과 온 몸에 심한 타격을 당하지만 명성을 얻기 위한 욕망 때문에 모든 고통을 참았던 것이다. 그들은 최고 목표, 즉 타락하기 쉬운 화관(花冠)을 차지하기 위해 죽기 살기로 싸운다.

세네카의 작품세계와 해설

　세네카는 정치가이자 문필가이며 철학자로서 고대 말과 중세 그리고 현대에 이르기까지 그 명성이 높았다. 그의 작품은 두 그룹의 필사 양식의 유형들로 상호 독립적이다. 철학자 세네카가 여러 비극을 썼다는 사실의 증거는 쿠인티리안(Quintilian)에게 돌려야 할 것이다. 여하튼 비극작품과 에세이는 세네카의 손에 의해 기술되었다는 것이 분명하다. 많은 학자들은 세네카의 작품을 연대순으로 정립하는 데 오랜 세월 노력해왔으나 의견일치를 이루지 못했다. 하지만 그것은 그렇게 중요한 문제가 아니다. 세네카는 현재 전해오고 있는 것보다 더 많은 작품을 썼지만 아쉽게도 그의 웅변은 모두 상실되었다.

　고대 스토아 철학자들 가운데 특히 세네카만이 모든 작품을 라틴어로 썼기 때문에 그의 작품은 스토아 철학에 다소 절충적인 것으로 고대와 중세의 사상가들의 직접적인 접근을 가능케 했다. 세네카의 작품은 후기 고전시대의 장르와 작품의 유풍으로 보아 6개의 범주로 나눌 수 있으며 위작과 표절 그리고 의사작품(擬似作品)까지 모두 포함시키면 7개의 범주로 나눌 수 있다. 주제의 영역으로 보아 그의 작품 가운데 상당수가 고대의 저술가에 의해 언급되고 있지만 전해지지 않고 있다. 대화체 형식의 윤리문제에 관한 논문이 10편 있으며 그것들은 그의 친구와 친척에 헌정되었다. 즉『분노에 관하여』(De Ira), 『신의(神意)에 관하여』(De Provindentia), 『마키아에 대한 위안』(Ad Marcian de Consolatione), 『행복한 삶에 관하여』(De Vita Beata), 『여가론』(De Otio), 『마음의 평정에 관하여』(De Tranquillitate Animi), 『짧은 인생에 관하여』(De Brevitate Vitae), 『폴리비오스에 대한 위안』(Ad Polybium de Consolatione), 그리고 『헬비아에 대한 위안』(Ad Helviam de Consolatione)이다. 세네카는 대화체가 아닌 도덕에 관한 에세이도 썼다. 그것은 기원 55년 네로에게 헌정한 『관용론』(De Clementia)과 『자선론』(De Beneficiis)이다. 또 그의 자연철학에 관한 『자연탐사』(Quaestiones Naturales)는 그가 정계에서 은퇴하고 나서 쓴 것으로 생각된다. 역시 124회에 걸친 그의 『도덕의 편지』(Epistulae Morales)도 지금까지 전해지고 있다. 이 도덕의 편지는 세네카가 윤리적 행위를 촉구하는 철학적 장르를 내포하고 있는 서신이다. 본문에 세네카의 작품 내용을 자주 인용하기 때문에 간단하게 작품의 특징을 소개하려고 한다.

1)『마키아에 대한 위안』: 산문형식의 위로와 위안을 위해 쓴 세네카의 대표적인 작품『마키아에 대한 위안』은 세네카의 친구 스토아 철학자 크레무티우스 코르두스(Cremtius Cordus)의 딸 마키아가 3년 전에 그녀의 아들 세자누스(Sejanus)를 잃은 슬픔을 위로하기 위한 철학적인 산문이다. 세네카는 이 글을 통해 자식을 잃은 다른 어머니들의 슬픔과 불행의 사례를 언급하면서 마키아의 비통한 마음을 진정시킬

수 있는 모범적인 처방을 제시한다. 이 산문은 그리스 수사학자들의 손에서 시작한 철학자들의 유산으로 그리스인들에게 잘 알려진 문학 장르로 지금까지 전해오고 있는 라틴 산문으로는 가장 뛰어난 작품으로 평가되고 있다.

2) 『헬비아에 대한 위안』: 다음으로 세네카의 어머니 헬비아(Helvia)를 위로하기 위해 보낸 『헬비아에 대한 위안』의 글이다. 이 산문은 세네카가 8년간 코르시카에서 유배생활을 하는 동안 자신을 잠시 잃은 그의 어머니를 위로하기 위해 유배지에서 쓴 글이다. 세네카는 이 글에서 이 세상의 모든 외면적인 것에 대한 스토아 철학의 무관심에 기초한 삶을 살라는 아들의 간절한 내용의 글이다. 인간은 어떤 상황이나 환경에 처하더라도 행복할 수 있으며, 그러기 위해서는 철학에 전념할 수 있는 여가를 가져야 한다는 것을 강조한다. 이제 어머니에게 그녀의 아들 세네카의 불행을 슬퍼하지 말 것을 간절하게 청원한다.

3) 『폴리비오스에 대한 위안』: 다음 위안의 글은 세네카의 『폴리비오스에 대한 위안』이다. 『마키아에 대한 위안』과 함께 세네카가 살았던 당시에 흔히 있었던 죽음(자살)을 주제로 한 내용이라고 특징지을 수 있다. 인간은 언젠가는 죽어야 한다. 죽음을 두려워할 필요도 없고, 죽은 자에 대해서 슬퍼해서는 안 된다는 죽음에 대한 일깨움이다. 이 글도 세네카가 코르시카에서 유배 중에 그의 형의 죽음을 안타까워하면서 클라우디우스 황제의 궁전에서 영향력을 행사할 수 있는 해방노예에게 쓴 글이다. 세네카는 자신의 명예회복을 위해 말로 표현할 수 없을 만큼 간절한 탄원의 글로 폴리비오스와 군주 클라우디우스에게 비굴할 정도로 애원하는, 어느 면에서 아첨에 가까운 글이라는 비난도 받았다. 이 글에서는 화려한 경구와 스토아 철학에서 읽

을 수 있는 사려 깊은 충언들이 눈에 많이 뜨인다.

장문의 대화체의 산문으로는

1)『분노에 관하여』: 3권으로 된『분노에 관하여』는 세네카가 그의 형 노바투스에게 보낸 글이다. 노바투스는 후에 갈리오로 명명되었다. 노바투스는 스토아 철학에 매료되어 철학의 가치를 높이 평가한다. 세네카는 철학을 통해 불안과 분노의 마음을 진정시키고 영혼을 자유롭게 해야 한다고 강조한다. 짜임새 있는 글은 아니지만 많은 실례와 일화를 들어 조언하는 신선하고 활기 있는 이야기로 이어진다. 현자의 덕목은 분노를 극복하는 것이라는 스토아적 냉정과 무감동의 진리를 우리에게 각인시킨다.

2)『행복한 삶에 관하여』: 이 작품 또한 세네카가 그의 형 갈리오에게 보낸 글이다. 기원 58년 내지 59년에 왈쯔에 의해 정리된 것으로써 진정한 행복은 무엇이며, 어떻게 얻어지게 되는 것인지에 관한 고찰이다. 자연에 따라, 자연에 조화하며 사는 것, 달리 말해서 스토아의 미덕을 향유하는 것이 참 행복의 첫째 요건이며, 철학을 공부하고 철학 안에서 사는 것이 둘째 요건이다. 향락의 삶을 멀리하고, 철학을 찬양하며 이성적인 미덕의 삶을 사는 것이 가장 아름다운 삶이며 부를 소유하고 수호하는 것은 그 다음임을 강조한다.

3)『현자의 굳은 지조에 관하여』: 이 작품은 세레누스(Serenus)에게 보낸 장문의 대화체로 "현자는 무례함이나 모욕에 흔들릴 수 없다"는 부제를 달고 있다. 이 작품은 스토아의 자족에 관한 감명적인 설교이다.

4)『마음의 평정에 관하여』: 세네카는 이 대화체에서 그의 젊은 시

절의 친구이자 제자인 세레누스에게 많은 조언과 지혜를 전한다. 세네누스는 사치스런 생활에 매혹되어 공무에서 또 문인으로서의 명성을 얻으려는 욕망에 차 괴로워하고 있었다. 이 글은 세네누스의 영혼의 동요로 갈팡질팡하는 마음의 병을 치유하기 위해 그의 간청에서 시작한다. 세네카는 대체로 인간의 불안과 초조, 고뇌와 욕망의 원인은 육체에 있음을 강조한다. 그는 인간의 영적평화와 기쁨의 안내자는 인간이성과 미덕에 기초한 실천적 법칙에 있음을 밝힌다. 이와 같이 세네카는 생의 노정에서 세상만사를 어떻게 보고, 어떻게 살아야 하는가 하는 스토아적 처세야말로 가장 도움이 되는 길임을 전한다. 그때에 인간이 추구하는 최고의 만족, 이른바 인간 내면의 정신적인 만족에 도달할 수 있다고 세네카는 충고한다.

5) 『여가(餘暇)에 관하여』: 『마음의 평정에 관하여』는 그가 정치적으로 몰락해 가는 시기에 왈쯔에 의해 정리된 것에 반해, 이 단장은 기원 49년 세네카가 코르시카 유배생활에서 돌아온 후에 쓰였다. 그러나 이런 사실은 모두 추측일 뿐이다. 이 단장은 철학적 명상과 학문에 매진하는 노인들에게 특히 권고하는 글로써 노인들은 노쇠한 몸으로 적극적인 활동을 삼가할 것을 충고하는 내용이다. 이 단장은 공공의 문제에 관여함에 있어 노인들은 스토아적이며 에피쿠로스적 생활태도를 조화롭게 유지하면서, 철학적인 명상과 여가를 잘 활용하는 삶을 살아갈 것을 조언한다. 이 작품은 성공적인 행복한 노년을 어떻게 보내야 하는가에 대한 지침서이다.

6) 『짧은 인생에 관하여』: 세네카는 이 작품에서 인생은 짧지만 진정 아름다운 인생은 철학을 추구하고, 철학적인 삶을 영위하는 것임을 강조한다. 철학자의 삶은 결코 짧은 인생이 아니다. 철학자는 책을

통해 지난날의 모든 시대를 포용하며 가깝게 다가갈 수 있을 뿐만 아니라 지혜로운 현자들로부터 어떻게 살고, 어떻게 죽어야 하는가를 배우기 때문에 인생이란 결코 짧지 않다는 것을 또한 강조한다. 특히 세네카는 인생은 얼마나 사느냐의 양이 아니라 질이라는 것을 우리에게 각인시킨다. 이 작품은 로마의 곡물공급을 감독하는 파우리누스(Paulinus)에게 보낸 단장으로 아주 의미 있는 훈계와 권고의 글이다. 인생은 장수냐 아니냐는 나이로 측정할 수 없다. 왜냐하면 우리가 가진 많은 시간은 보잘것없는 일로 허비되고 천박한 향락으로 낭비되기 때문이다. 철학은 짧은 인생을 길게 연장할 수도 또한 과거의 모든 경험을 공유할 수도 그리고 모든 위대하고 찬란했던 시대와 대화할 수도 있다.

7) 『신의(神意)에 관하여』: 세네카의 많은 작품 가운데 『신의(神意)에 관하여』, 『자연탐사』 그리고 『도덕의 편지』는 세네카의 오랜 친구 루킬리우스에게 보내는 글인 동시에 그에 관한 여러 부수적인 정보도 전하고 있다. 아마도 나폴리 혹은 폼페이가 출생지라고 생각되는 루킬리우스는 그의 끈기와 노력으로 기사계급에 오르고 시칠리아의 행정장관에 임명되었다. 그는 철학도로서 에피쿠로스 철학에 심취되어 시와 산문작가로 활약했다. 그의 이름은 『에트나』(Aetna 혹은 Etna)의 저자로서 문학사의 중요한 위치에 있었다. 그의 철학적인 시는 그가 필사한 고본(稿本)에서 볼 수 있듯이 베르길리우스의 영향이 컸다고 생각된다. 세네카보다 연하인 루킬리우스는 세네카와 충정 어린 오랜 우정을 유지했다. 왈쯔가 생각한 바와 같이 세네카의 『신의에 관하여』는 그가 유배생활 초기에 작성한 것으로 생각된다. 루킬리우스는 기원 41~42년에 세네카의 유배생활 초기의 불운한 처지를 생

각하면서 과연 신의(Providentia)가 있다고 한다면 왜 선한 사람들에게 불행이 닥쳐오는가 하는 부제를 담고 있다. 그 해답은 스토아 철학은 최선자가 세계를 지배한다는 것을 확신하기 때문에 선한 목적을 충족시키는 데에는 고통이 따르기 마련이다. 스토아 철학에서 밝혔듯이 인간이 수행해야 할 주요과업은 영적훈련이며 미덕을 실행하는 배출구이다. 대화의 말미에서 지나친 시련과 고통으로부터 떠나갈 수 있는 이 세상의 마지막 길인 자살을 인정한다.

8)『관용론』: 원래는 3권으로 되어있다. 3권 가운데 제1권과 2권의 단장만이 현존한다. 이 단장은 네로가 어린 왕자생활에서 18세가 된 그해에 세네카가 네로에게 보낸 글이다. 이 단장에서 세네카는 네로에게 자비롭고 신망이 두터운 통치자의 이상을 실현할 수 있는 길을 안내하는 데 목적을 두었다. 이 글에서 세네카의 빛나는 지혜, 그의 아첨에 가까운 비위에 맞는 소리, 그리고 성미가 까다로운 네로와의 관계를 어떻게 조화롭게 유지할 것인가 하는 흥미로운 사실들이 잘 나타나 있다. 네로는 철학자 세네카의 조언을 경청하며 자비와 관용의 이상을 몸소 수용하여 원로원의 특권을 존중하고 가난한 원로원위원들에게 연금을 지급했다. 세네카는 왕에게 던진 과업이 절반 정도 이룬 시기에 불행하게도 자살로 세상을 마감하고 말았다. 섹스피어의『베니스 상인』에서 자선과 관용에 관한 포티아(portia)의 찬송은 "이 세상에서 제일 강한 힘은 군주가 왕관을 쓰는 일보다 더 선한 자선을 베푸는 군주가 되는 것이다(The mightiest in the mightiest; it becomes the throned monarch better than his crown)"라고 말한 바와 같이 일찍이 섹스피어는 세네카의『자선론』과『관용론』을 읽고 그의 작품에서 영향을 받았다.

9) 『자선론』: 리옹의 에부티우스 리베랄리스(Aebutius Liberalis of Lyons)에게 보낸 7권으로 된 작품이다. 자선을 어떻게 베풀고 받아야 하는지 그리고 감사하는 마음과 은혜를 모르는 배은망덕의 본질이 무엇인지 두서없이 반복적으로 다루고 있다. 『자선론』은 어떤 형식에 치우치지 않은 작품이라는 점에서 특별한 감응과 관심을 준다. 이 작품에서 문제 삼는 요지가 기원 64년에 쓰인 여러 『도덕의 편지』 가운데 한 서한에서 아주 간단하게 나타나고 있다. 그것은 새로운 주제는 아니지만 오랜 기간에 걸쳐 만들어진 놀랄 만한 작품이다. 세네카가 『자선론』을 쓰게 된 주요 동기는 고대 사회질서를 바로 세워야 한다는 필연성 때문이었을 것이다. 당시의 많은 사회문제를 해결하기 위해 세네카는 자선과 감사하는 마음을 가지는 것으로 개인의 고상함이나 우미(優美)보다 사회의 보편적 덕성을 중시했다.

세네카의 핵심사상에는 중기 스토아 철학자 파나이티오스 아래에서 공부한 로도스 출신 철학자 헤카토(Hecato)의 영향이 컸던 것이다. 헤카토는 많은 논문과 작품을 썼지만 전해지지 않는다. 그의 작품은 세네카가 생존한 시기에도 읽혀졌다. 『자선론』 1~4권은 본래의 기술적 특성과 통일성은 클라우디스의 사후(기원 54년) 몇 년이 지나서 세상에 나타났다. 『자선론』 1권의 끝부분에서 이 세상에 더 이상 살아 있지 않은 클라디우스에 대한 냉소와 경멸의 증오를 볼 수 있다. 그 후에 나온 5~6권은 추가로 증보된 것으로 형식에 치우치지 않은 흥미로운 내용이다. 5권과 6권은 기원 62년 세네카가 모든 관직에서 은퇴하기 전에 정리되었다. 7권은 세네카의 생애 마지막 기원 65년에 이르러 정리된 것이다. 이 작품은 일정한 형식이 없는 것으로 오늘날에 이르기까지 영혼의 위로와 덕성의 함양을 위한 가치 있는 작품으로 알려져 있다.

10)『도덕의 편지』(*Epistulae Morales*) 혹은『루킬리우스에게 보내는
편지』(*Letters to Lucilius*): 총 124회에 걸쳐 보낸 편지이다. 초기 로마제
국의 많은 인물들 가운데 도덕의 편지를 쓴 세네카만큼 오늘날의 독
자들에게 드라마틱한 흥미를 제공한 사람은 없을 것이다. 이 편지는
그의 친구 루킬리우스에게 보낸 것이다. 루킬리우스의 출생지는 캄파
니아(campania)였으며 살고 자란 도시는 폼페이와 나폴리였다. 세네카
가 말한 바와 같이 그는 매우 순수하고 근면하여 로마에서 기사직에
오르고 유능한 문관으로서 높은 요직에 있었다. 세네카가 이 글을 쓸
당시에 그는 시칠리아의 행정장관이었다. 그는 이탈리아의 많은 사람
들처럼 에피쿠로스학파의 철학에 심취한 철학도였다. 철학과 지리에
많은 관심을 가진 루킬리우스는 다양한 작품을 쓰고 당시 고위직의
지배계층과 가깝게 지냈다. 혹자는 그를 현존하는 시(詩) 에트나
(Aetna)의 작가로 생각하고 있다.

기원 63~65년은『도덕의 편지』가 기술된 때라고 말할 수 있다. 기
원 63년에 캄파니아의 지진, 기원 64년이나 65년에 발생한 리옹의 대
홍수 그리고 제국 초기의 정치적 혼란과 같은 혼탁한 정치를 잊기 위
해 세네카는 이탈리아의 여러 곳을 여행하고 있었다. 이 작품의 형식
은 후세에 베이컨이 말한 바와 같이 여러 편지를 수집한 것이라기보
다 에세이를 집성한 것이다. 편지 하나하나의 문체와 구조는 참으로
흥미롭다. 이를테면 질병으로 고통을 겪는 이야기, 바다와 육지의 여
행, 나폴리의 긴 터널에서 있었던 모험적인 사건, 소풍놀이, 더 나아
가 플라톤과 아리스토텔레스 그리고 에피쿠로스에 대한 다양한 토론
의 구체적 사실, 그 밖에 세네카의 죽음에 대한 경시태도, 현자가 가

겨야 할 남성다운 용감성의 강조와 찬양 그리고 최고선의 특징 같은 주제들을 다루고 있다. 또한 플라톤의 이데아론, 아리스토텔레스의 범주론, 테오프라스투스의 우의론, 에피쿠로스의 쾌락론과 스토아 철학자들의 다양한 논리적 차이점들이 개략적이지만 잘 설명되고 있다. 이와 같이 『도덕의 편지』에 나타난 글은 대담하고 상상력이 요구되는 것이다.

11) 『자연탐사』(*Naturales Quaestiones*): 모두 7권으로 되어 있다. 이 작품은 『도덕의 편지』와 함께 세네카의 생애 말기에 이루어진 것이다. 역시 루킬리우스에게 보낸 서신체의 글이다. 이 작품이 진본인지 논란이 있었지만 작품의 제목에 부합하는 자연의 문제, 즉 천둥, 번개, 눈, 비, 우박, 지진, 혜성들에 관해 다루고 있다. 이 작품은 아리스토텔레스가 유럽에서 명성을 떨칠 때까지 세네카의 그 어떤 작품보다 훨씬 큰 반향을 일으켰다. 특히 우주론에 관한한 가장 권위 있는 작품이다. 우주과학시대에 뒤진 단지 호기심을 유발하는 것에 불과하지만 여전히 우주론에 관한 부수적인 정보를 제공하는 것으로 휴머니즘의 인기가 날로 시들어져 가는 이때에 우주에 대한 인간적인 접근을 촉구하는 흥미 있는 작품이라 하겠다.

세네카는 이 밖에 소포클레스와 에우리피데스의 극에 기초한 비극을 10편 정도 썼는데 '헤라쿨레스 오이타이우스', '트로아 데스', '포이니사이', '오이디푸스', '메데아', '파이드라', '아가멤논' 그리고 '티에스테스'이다. 10번째의 비극 '옥타비아'의 원작자는 논란이 있었다. 결국 세네카는 기원 54년 클라우디우스황제의 죽음 이후 얼마 되지 않아 쓴 희극 '아포콜로 퀸토시스'나 혹은 '클라우디우스의 죽음에 관한 극'(*Ludus de morte Claudi*)에 라틴 전통의 '메니피안의 풍자'(*Manippean Satire*)의 글을 기고했다.

위에 언급된 작품은 모두 세네카가 쓴 작품이 아니라고 한 데 반해 후기 고전작가나 초기 중세 저술가들은 세네카의 문체임이 확인되면서 그의 작품에 대한 자부심을 가졌던 것이다. 많은 위작 가운데 최초로 호기심을 끌었던 것은 4세기에 날조된 세네카와 바울 사이의 서신왕래이다. 이 같은 사실은 성 제롬과 아우구스티누스가 최초로 언급했지만 이 두 사람은 사실 검증조차 하지 않은 상태에서 발설했던 것이다. 그럼에도 불구하고 바울은 고대 철학자 세네카를 그리스도교 신앙인으로 개종시키는 데 성공함으로써 그의 사상은 7세기경에 정기간행물로 시선을 끌게 되었다. 그 정기간행물은 에라스무스(Erasmus)가 세네카의 서신이 날조된 것이라고 증명했을 바로 그때에 널리 유포되었다. 이 문제에 몇몇 권위 있는 전거를 통해 세네카의 그리스도교 개종의 신화는 중세시대에 끼친 세네카의 영향을 입증해 주는 것이지만 비판도 만만치 않았다.

세네카의 작품을 가장 광범하게 필사하고 인용한 표절자는 6세기 브라가(Braga)와 대주교 마르틴(Martin)이다. 그는 세네카의 대화에 기초하여 그의 작품과 똑같은 제목의 『분노에 관하여』를 썼다. 이 작품은 세네카의 이름을 도용한 의사(擬似) 세네카의 모조작품이었다. 그것은 자주 중판되어 중세시대에 널리 보급되었다. 6백년 이상 원고 필사본들이 전해오고 있다. 그것은 몇몇 토착어로 번역되고 또한 산문과 시 형태로 된 논평도 있었다. 페트라르카(Fr. Petrarca)는 그것을 14세기 마르틴 작품으로 확인하는 데 성공했으며 르네상스시대에는 학교교재로도 사용되었다. 세네카 작품의 진지함과 금언적 문체는 그를 중세의 꽃에 풍기는 자연의 총아로 만들었다.

중세시대 세네카의 인기는 후기 고전시대의 독자들 사이에서 일고 있었던 명성과 비교해 볼 때 상당한 변화였음을 시사한다. 세네카가 살았던 시대로부터 고전시대 말기까지 명성이 높았던 인물로 그의 글은 자주 인용되었다. 하지만 그의 명성에 비해 인간됨됨이는 많은 사람으로부터 존경을 받은 것은 아니다. 고대의 한 철학자는 그를 박식하고 미덕을 갖춘 사람이라고 찬양했는 데 반해 다른 철학자는 그가 입버릇처럼 공언하고 주장한 도덕과 윤리에 따라 사는 데 실패한 위선자라고 혹평했다. 후기 고전작가들은 세네카를 철학자로서보다 산문을 잘 쓴 문장가이며 정치가로 평했다.

2세기에 그리스도교 호교론자와 교부들이 등장했다. 그들은 세네카에 대해 새롭고도 긍정적인 평가를 했다. 그리스도교 저술가들은 세네카의 전기나 문체보다 그의 도덕철학에 관심을 가졌다. 이들 그리스도교 호교론자와 교부들은 세네카의 도덕철학에서 그리스도교 윤리학의 일치를 발견했다. 그들은 세네카를 자주 성자로 생각하면서 그의 윤리와 도덕의 편지 같은 작품에 관심을 가졌다. 세네카에 대한 평가는 중세시대의 호교론자와 교부들에 의해 이루어졌으며 그의 영향은 카롤링거 르네상스시기에 절정에 이르렀으며 철학과 신학과 라틴어와 라틴문학에까지 확대되면서 12세기에 그의 학문과 사상의 연구가 극에 달했다. 세네카의 명문집(florilegia)[15]의 인기는 날로 확대되고 많은 작품에서 인용된 가장 인기 있는 라틴 산문작가의 귀감이 되었다.

13세기에 중세의 독자들은 세네카의 비극에 관심을 보였으며, 이때부터 이탈리아 르네상스의 고전적 드라마의 부활이 시작되었다. 세네카의 영향이 절정을 이룬 시기는 중세의 독자들이 고전문학과 순수사변적인 것에 심각하게 휘말렸던 시기와 일치한다. 이 시기는 교부들이 세네카의 유저를 연구한 시대로 카롤링거 르네상스와 이탈리아 르네상스에 비해 조금도 뒤지지 않는 소위 12세기 르네상스 시기이다. 중세시대 세네카의 명성을 전하는 것은 아주 중요한 일이었다. 12～13세기 시토 수도회 수도사들은 수도회 발전과 그들의 공동관심사인 우의(友誼)의 윤리와 관련한 세네카의 『도덕의 편지』에 특별한 관심을 보였다. 중세시대에 세네카에 특별한 관심을 가지게 된 것은 그의 윤리학 때문이었다. 라틴교부인 터툴리아누스(Tertullianus)의 『세네카는 다시 우리에게 있다』(*Seneca saepe noster*)의 시대로부터 단테의 『세네카의 도덕』(*Seneca Morale*)의 시대에까지 그는 도덕철학자로서 그리고 고대의 덕성과 미덕의 표본(exemplum virtutis)으로서 중세 이후 그가 기여한 공적과 영향은 기리 칭송되었던 것이다.

스토아 철학과 현자(賢者) 세네카

알렉산드로스의 혁명과 더불어 헬레니즘시대의 정치와 윤리의 고전적 실제에 근본적인 재해석이 가해짐으로써 새로운 철학적 조망과 헬라세계에서 시민은 곧 시민권이었던 함수관계는 이제 파괴되기에 이르렀다. 인간은 더 이상 도시국가나 도시국가의 정서와 가치에 자신의 생을 제한시킬 수 없었으며, 자신을 원대한 능력의 소유자, 개별자로서 새로운 도덕적 가치와 생의 목적을 추구하는 유니크한 존재로 간주하기에 이르렀다.

비오그네(Biogne)가 지적한 바와 같이 고전 고대세계의 시민교육은 폴리스의 법(nomos)에 일치하는 시민을 생산하는 것이었다면 고전적 윤리학은 폴리스의 정치사상의 기초 위에 확립되었거나 정치사상의 부수물이었다. 그래서 플라톤과 아리스토텔레스의 윤리학은 정치학에 도달하고 정치학은 윤리학에 기초했다고 할 수 있을 것이다. 이에 반해 헬레니즘시대의 도덕철학과 지성은 개인의 발견과 인간본성의 유일성의 기초 위에 절대적 자율을 생의 표준으로 미덕(美德)에 따라 사는 것이 이 시대 지성인들이 목적하는 바였다. 그들에게 있어 미덕은 곧 행복과 지고선(summa bonum)으로 가는 길이었으며, 미덕의 생활에 가장 위험한 것은 폴리스, 즉 개별국가의 삶이라고 생각했다.

헬레니즘시대의 철학자들이 추구한 현자와 세계공동체의 이상은 퀴니코스학파와 초기 스토아에서 찾을 수 있을 것이다. 퀴니코스학파의 창시자 안티스테스(Antisthes)의 사상을 계승하고 그것을 생의 지침으로 삼은 시노페(Sinope)의 디오게네스(Diogenes)는 그리스의 고전적 이상에서 벗어나 그의 스승 안티스테스가 공격한 도시국가의 생활과 가족과 동료의 관계, 전통적 관례와 국가의 존재 그리고 노예제 문제는 물론 지난날 아리스토텔레스의 그리스인과 비그리스인(바르바로이)의 개념까지 단호히 거부했던 것이다. 극단적인 논리로 그리스 전통을 비판한 퀴니코스 학파의 철인들은 통일과 정규화된 도시국가에서 국법의 철폐와 그리고 유행과 문명의 허식을 기대하지 않았던 반문화적이었다. 그들은 국가시민이 아니라 세계의 시민이었다(*Diogenes Laertius*, 6.63). 또한 그들은 세계시민사회의 기초를 도시국가의 전통과 관례와 무관한 결혼에 두었거니와, 이른바 세계공동체 형성을 위한 세계시민들 사이의 결혼과 여자의 공유물화까지 인정했던 것이다.

초기 스토아사상에 끼친 퀴니코스학파의 영향은 제논의 '이상국가'(Politeia)에 대한 기초 제공이라 하겠다. 퀴니코스학파의 반국가적, 반문화적 세계국가이념을 지지했던 제논은 "우리들이 고유한 국법을 가진 개별국가의 규범에 따라 사는 것을 원치 않는 것은 세계 모든 사람들이 동포이며 같은 시민이기 때문이다"(*Diogenes Laertius*, 7.31)라고 말했다. 초기 스토아는 국가에 대해 소극적이며 피동적이었으며, 세계국가이념의 추구는 곧 민족국가이념의 약화였다. 이와 같이 초기 스토아의 이상세계인 세계국가는 이제 그들의 철학에 의해서가 아니라 로마 병기(兵器)의 힘에 의해 성취될 수 있었다. 초기 스토아의 세계관은 중기 스토아의 현실 세계에로의 기본적인 변화, 다시 후기 스토아를 대표하는 세계주의와 인류애 사상의 발전으로 이어갔다. 세네카와 해방노예 에픽테투스 그리고 황제 마르쿠스 아우렐리우스는 세계주의와 인류애 사상을 통치의 기본이념으로 삼았지만 로마의 세계국가와 세계지배와 같은 현실문제에 더 비중을 두었다.

스토아 철학자들은 그리스 철학자, 시인, 사상가의 지적 풍토에서 성장한 자유와 평등에 대한 신념을 가진 인문주의자들이다. 스토아 철학의 역사는 기원전 301년까지 거슬러 올라간다. 바로 이 시기에 스토아학파는 아테네에서 체계화된 학파로 탄생하게 되었으며 학파의 호칭은 창시자 제논이 아테네 아고라의 주랑에서 가르친 데에서 유래한다. 기원전 2세기 스토아 철학은 로마에 들어왔으며, 기원전 1세기경부터 로마의 지배계층에 널리 보급되었고 그들에게 많은 영향을 주었다.

스토아 철학은 역사적으로 3기로 나눌 수 있다. 초기, 중기 그리고 후기(혹은 로마 스토아)이다. 1기에서 3기에 이르는 스토아 철학자들은 스토아의 기본강령과 교의를 그대로 유지해 갔지만, 각 기별로 강조하고 있는 성격이 다르다. 특히 그리스 폴리스의 붕괴와 마케도니아 제국의 발전과 같은 기원전 4세기의 역사적 상황은 스토아 철학의 출현을 촉구하는 계기가 되었다. 스토아 사상(Stoicism)의 출현을 설명하려고 하는 학자들은 스토아 사상을 그리스 문화의 쇠퇴에 영향을 준 유대사상이나 오리엔트 사상의 경우와 같이 보았다.[16] 스토아 철학의 창시자 제논(Zenon, 333~262 B.C.)은 기원전 312~311년의 업무 여행 중에 배가 난파하여 예기치 않게 아테네에 도착했다. 그는 테베(Thebe)의 퀴니코스학파의 철학자 크라테스(Crates) 밑에서 철학과 다른 학파의 학문도 배울 수 있었다. 제논은 플라톤과 아리스토텔레스 사상을 통해 알게 된 물질과 정신의 이원론을 철저히 반대했다. 그는 플라톤의 이원론에 맞서 물질과 정신은 하나라는 이론에 접근했으며 쾌락의 윤리적 표준과 그들이 부활시킨 에피쿠로스학파의 원자물리학에 반대했다. 에피쿠로스학파의 윤리적 표준은 자연계의 재난과 위험을 초래한다고 생각한 제논은 쾌락보다 이성의 표준에 기초한 도덕체계를 확립했다. 특히 그는 인간은 확실한 지(知)를 가질 수 없다는 회의학파의 주장을 거부하고 감각과 이성만이 확실한 지식을 가능하게 한다고 생각했다.

제논은 현자의 사회적 의무를 강조하면서 퀴니코스학파와 에피쿠로스학파의 개인윤리에 도전하고 동시에 어떤 특정한 폴리스, 어떤 지방제도에서 벗어나 세계를 지향하는 인류의 보편적 윤리를 강조함으로써 폴리스적 의식이 완고한 플라톤과 아리스토텔레스의 사상체계에 반대했던 것이다. 초기 스토아는 플라톤과 아리스토텔레스의 철학을 문화적 쇠퇴의 징후로 간주하는 경향을 나타냈다.

제논을 이은 초기 스토아의 대표적인 두 지도자 앗소스의 클레안테스(Cleanthes of Assos, 342~232 B.C.), 솔리의 크뤼시포스(Chrysippos of Soli, 272경~204 B.C.)의 가르침은 제논 이후에 나타나기 시작한 스토아 철학의 변화였다. 그것은 결과적으로 새로운 지적 분위기의 조성이었으며 스토아 사상의 다양성을 표현한 것이다. 기원전 262년 제논이 죽은 다음 클레안테스는 19년 동안 제논으로부터 배운 학문을 계승하여 스토아학파의 새로운 학두(學頭)로 등장했다. 클레안테스의 스토아 철학 해석에 나타난 가장 독특한 특징은 신학적인 경향이라 하겠다. 그는 깊은 종교적 경건성을 가진 선대학자 제논이 주창한 세계주의와 인도주의에 관심을 가지고 연구하기 시작했다.

제논 이후 세 번째로 등장한 스토아의 가장 위대한 인물 크뤼시포스는 기원전 232년 스토아학파의 학두로서 많은 저술을 남겼다. 그는 아카데미학파의 회의론을 반박하고 지식은 획득할 수 있는 것이라고 말했다. 회의론자들의 비판에 맞선 그는 스토아윤리학과 인식론의 발전에 크게 기여했다. 크뤼시포스가 나오지 않았다면 스토아 철학은 없었을 것이라는 말이 나올 정도로 스토아학파의 제2의 건설자로 스토아학파의 학설을 완전하게 체계화했다.

스토아 철학의 기본명제는 최고선이다. 또한 인생의 최고선은 고전적 그리스철인들이 말한 바와 같은 자제(自制)의 덕과 미혹(迷惑)으로부터 벗어나는 행복(eudaimonia)이다. 스토아 철학에서 강조하는 자유는 밖으로부터 오는 감정에 초연하는 무감동이며 어떤 열정이나 격정 또는 충동으로 마음이 불안해지고 방해받지 않는 냉담과 무관심의 경지에 이르는 아파테이아(Apatheia)이다. 이러한 경지에 이른 자는 신적 존재인 현자이다. 스토아현자는 최고선에 도달한 자이며 참 행복을 이룬 자이다. 스토아 철학자들은 현자와 신은 동등한 자이며 같은 수준의 동료로 생각한다.

그러므로 스토아현자는 지고하신 하느님이 자신들을 신의 존재로 만든 것이 아니라 자기 자신에 의해 만들어진 신이라고 찬양한다. 더욱이 절대자인 하느님이 오늘의 우리를 있게 하였다든지 앞으로 어떻게 되게 할 것이라는 신념은 찾아볼 수 없다. 이와 같이 스토아현자는 그리스도교의 하느님과 같은 자유로운 존재였다. 파스칼은 이러한 스토아현자를 가리켜 겸양의 미덕도 없는, 인간이 나약한 존재임을 외면한 위세와 거만으로 차 있는 자들이라고 비난했다.

스토아 철학에서 말하는 자유는 법적·정치적 자유가 아니라 정욕으로부터 해탈한 무감동의 경지에 이른 현자들만이 성취할 수 있는 것으로 인식되었다. 그리스도교 교회사의 대가인 필립 샤프(Philip Schaff)는 그의 명저 『그리스도교 교회사』(History of the christian church)에서 그리스도교와 스토아 철학을 다음과 같이 비교 설명한다. 즉 그리스도교와 스토아 사상은 본질적으로 유사한 점도 있지만 상반되는 점도 있다. 바울과 같은 시대에 살았던 세네카는 이론에 해박한 스토아 철학자로서 실천적 윤리에 있어 그리스도교 교의와 달랐다. 그리스도교와 유사한 점은 순결·고상·검약·평정 그리고 자제의 덕성이며 전능하신 신에게 복종하는 것이다. 반면 그리스도교와 상반된 점은 자만심·교만·독단·경멸 그리고 철저한 무관심이다. 자만은 스토아 미덕의 기초이며, 겸손은 그리스도교 신성(神性)의 기초이다. 전자가 이기주의적이라고 한다면 후자는 신과 인간의 사랑에 의한 이타주의라고 하겠다. 스토아 철학자들은 구세주를 요구하지 않으며 집이 연기에 휩싸여 타고 있을 때에도 일체의 것에 무관심·무감동한 채 심지어 이 세상과 등지는 자살만을 호소한다. 죽음만이 모든 것을 평등하게 하며 전 인류를 동등하게 해주는 권리로 간주한다. 반면 그리스도교의 생은 죄의식에서 시작하며 죽음을 극복하는 승리로 끝난다. 스토아 철학에서의 인종(忍從)은 운명에 복종하는 것이며, 그리스도교의 인종은 하늘에 계신 전지전능하시며 자비로우신 신의 뜻에 기꺼이 따르는 것이다. 스토아현자는 냉정하고 부동적인 조상(彫像)과 유사하며 그리스도교의 성자는 살아 있는 육체이며 모든 사람의 기쁨과 슬픔을 진심으로 동정한다. 스토아 철학은 소수 엘리트계층을 위한 철학이지만 그리스도교는 만인을 위한 종교이다.[17]

초기 스토아 사상이 위선과 형식주의였다고 한다면 중기 스토아는 관대한 인간적인 포용력과 보다 자유주의적이고, 보다 인간의 의무를 강조한 규범과 법칙의 확립을 현실의 삶에서 가장 중시했다고 하겠다. 중기 스토아는 초기 스토아에 비해 실용주의적인 새로운 인간화 운동의 시작이었다고 말할 수 있을 것이다. 제논, 클레안테스, 크뤼시포스가 초기 스토아를 이끈 중심인물이라고 한다면 파나이티오스와 포세이도니오스 그리고 여기에 플라톤과 아리스토텔레스 사상이 융합하여 로마에 전해진 것이 중기 스토아이다.

스토아 사상에 관해 현대 학자들의 연구에서 관심을 가지게 된 부분은 초기·중기·후기 스토아 사상의 특징을 구분하는 것이다. 제논은 많은 사실을 입으로 정의하고, 클레안테스는 19년간 제논의 학문을 배우고 그를 계승하면서 제논의 사상에 대한 해석의 차이가 발생했을 때 "나는 제논의 짐을 나를 수 있는 당나귀이다"라고 말하면서 갈라진 견해를 조정했다.

초기 스토아에 끼친 퀴니코스학파의 영향은 제논의 『국가론』의 기초를 제공한 것이었다. 제논은 퀴니코스학파의 세계관에서처럼 모든 사람을 같은 동포요 형제로 생각하는 세계국가의 기초를 확립했다. 퀴니코스학파의 반국가적·반문화적 세계국가 사상을 지지한 제논은 "우리 모두는 고유한 국가법을 가진 개별국가의 규범에 따라 사는 것을 원치 않는다. 그 이유는 세계의 모든 사람은 동포이며 같은 시민이기 때문이다"라고 말했다. 이와 같은 제논의 사회적 요청은 그 당시의 고대세계에서는 유례를 찾아볼 수 없는 일이다. 이 요청은 만인에게 해당하는 것으로 실로 혁명적인 요구나 다름이 없다. 그 당시까지만 해도 인간이라고 하면 따질 필요도 없이 누구나가 자유인으로서의 그리스·로마 시민만을 일컬었기 때문이다. 그러나 제논은 퀴니코스학파의 공허한 세계주의의 극단적이고 과장된 주장을 비판하고 절충적인 국가공동체의 기준을 제시했다. 퀴니코스학파의 개별국가와 세계국가 사이에 반목현상이 나타났듯이 제논도 개별국가를 세계국가의 영원한 부속품으로 규정하고 국가 경계의 푯말은 세계를 가로막고 역사와 이념을 분열시키는 장애물로 생각했다.

초기 스토아의 세계국가 이념추구는 곧 민족국가 이념의 후퇴이며 약화였다. 초기 스토아의 이상이었던 세계국가는 그들의 철학에 의해서가 아니라 로마 병기(兵器)의 힘에 의해 이룰 수 있었다. 퀴니코스학파와 초기 스토아가 지향한 미덕과 이상 그리고 철학적 사유와 예술의 감각은 자연주의와 경험주의 앞에 무력하게 되었다. 이와 같이 자연주의와 실용주의에로의 발전은 중기 스토아 철학의 영향이라고 할 수 있다. 스토아 철학도 이제 관념과 이상의 세계보다 살아 움직이는 현실문제에 초점을 맞추게 되었다.

초기 스토아의 세계관에 대한 중기 스토아의 기본적인 변화는 현실의 치밀한 파악과 인식이라 하겠다. 초기 스토아의 현자의 이상세계에서 중기 스토아의 현실세계로의 전환은 초기 스토아가 이상화했던 현자들의 세계공동체 실현이 불가능하다는 것을 간파한 아카데미학파의 카르네아데스의 영향을 받은 파나이티오스와 포세이도니오스 그리고 키케로의 사상에서 찾을 수 있을 것이다. 로도스 출신 철학자 파나이티오스는 폴리버오스와 마찬가지로 로마의 정치제도와 정치수단 같은 로마적 기초에 깊은 감명을 받고 로마에서 권력투쟁과 조야한 정치현실의 현장을 보았다. 그래서 그는 고고한 사색과 관념의 세계에서 현실세계로 시선을 돌리게 되었거니와 그의 철학세계도 로마적 본질인 현실과 실제를 중시하는 실천적 지식인으로 국가의 존재가치를 새롭게 인식한 최초의 사람이었다. 과학적 관점에서는 물론 정치적 관점에서 중기 스토아는 지난날 초기 스토아에서 볼 수 없는 실용적이며 현실주의적이다.

파나이티오스의 영향을 받은 중기 스토아 사상가 키케로는 모든 공동체 가운데 인간을 위한 국가공동체보다 더 가치 있는 공동체는 없다고 하였다. 그래서 시민공동체인 국가를 위해 헌신적인 복무와 희생을 주저할 수 없으며, 국민과 국가 없이 인류와 세계국가의 형성도 있을 수 없음을 강조한다. 중기 스토아의 국가사상은 모든 공동체의 중심으로서의 국가에서부터 더 높은 세계국가로의 발전이었다. 중기 스토아 철학자들은 실용주의적인 학자들로 노예와 주인의 관계를 유지하려고 했다. 특히 아리스토텔레스의 노예제 이론을 수용하기 시작했다. 아리스토텔레스의 노예제 이론이 옹호될 수 있었던 것은 민주주의적인 아테네가 자유롭지도, 민주주의적이지도 않은 계급적인 국가 로마에 동화되었을 때 아테네의 나약한 민주주의 이념에 불안을 씻어버릴 수 없었기 때문이었을 것이다. 로마는 철저한 계급사회일 뿐 아니라 많은 예속민을 지배했던 최고 권력국가였다. 중기·후기 스토아는 노예와 로마의 세계지배를 정당화했을 뿐만 아니라 노예제가 노예를 위해 유익하며 자신을 통제할 수 없는 사람은 통치능력이 있는 사람의 지배를 받는다는 것은 자연적인 것이며 노예와 피지배자들에게 유익하기 때문이라고 보았다. 이 같은 지배이론은 로마제국을 정당화할 수 있는 기초가 되었다. 지배력을 가진 나라가 지배력이 결여된 나라를 다스려야 한다는 당시의 지배원리는 기원전 1세기의 일반적인 경향이었다. 최초의 지배원리는 주인과 노예의 관계인 노예제와 유사한 형태로 로마는 보호자로 로마의 지배를 받는 피정복국은 보호받는 피보호자로서 지배와 피지배의 개념은 로마제국의 기본 정신이었다.

원수정의 초기 로마는 공평과 정의와 자선을 지배의 기본이념으로 했다. 역사가 리비우스(Livius)는 캄파니아의 로마동맹국들이 한니발의 전쟁 시기에 로마의 지배가 인간적이고 공평하고 우의적이었으며 또 그들 자신보다 우월하기 때문에 복종과 충성을 표했다고 주장한다. 베르길리우스는 그의 이름을 불후의 것으로 만든 유명한 시 '아에네이스'(*Aeneas*)에서 로마제국의 운명을 다음과 같이 전했다.

> 로마 제국이여, 인민을 다스리고, 평화의 기초 위에 문명을 세우고, 피정복민에게 인정을 베풀고 오만한 자들을 정복하는 것을 잊지 말라.

스토아 사상에서 도덕적 선만이 환영받았으나 도덕적 악은 증오의 대상이었다. 역사가 폴리비오스는 이 두 단어를 다른 데에서 사용하고 있다. 특히 그는 『역사』에서 정복과 예속은 종언될 수 없는 것이라고 주장한다. 그러면서 그는 "그 누구도 바다를 횡단하기 위해서 항해하는 것만은 아니며, 지식 자체만을 얻기 위해 예술과 기능을 배우는 것만은 아니다. 오히려 이러한 행위와 작업에서 얻어지는 기쁨과 선과 이로움 때문에 행해지는 것이다"[18]라고 했던 것이다. 여기서 폴리비오스는 지식의 공리 및 실용적 개념 같은 세 가지 행위의 동기를 밝히고 있거니와 그것은 중기 스토아 사상의 영향이었다고 생각한다.

폴리비오스는 스토아 철학자로서 중기 스토아의 실용주의적 입장을 되풀이하여 강조했다. 그는 전쟁에서 얻은 승리와 성취보다 그 성취를 잘 다스리고 유용하는 것이 훨씬 어렵다고 말했다. 카르타고는 기원전 212년 스페인을 정복하여 로마의 두 사령관 푸블리우스(Publius)와 스키피오(Gnaeus Scipio)를 죽인 다음 그들의 승리에 도취해 오만방자한 모습으로 권력을 휘둘렀으며 스페인 주민을 능멸하기 시작했다. 그 결과 피정복민은 그들의 맹우(盟友)나 친구가 되기보다 적이 되었다. 카르타고는 무력에 의한 지배를 가장 자연스러운 지배방법으로 생각했기 때문에 스페인을 정복하여 지배했지만 사실상 지배력을 상실했다.[19] 폴리비오스는 다른 나라를 다스리는 지배 국가는 그 예속민에 대한 자선과 호의적인 태도를 보여야 한다고 했다. 그의 주장은 로마제국의 도덕적 의무 때문만이 아니라 정략적 필요 때문에서였다. 폴리비오스의 이 같은 경고는 당시 로마제국이 당면한 과제를 분석한 결과라 하겠다.

중기 스토아의 대표적인 역사가로서 로마의 세계지배를 역사적 필연이라 생각한 연상의 폴리비오스와의 사상교류를 한 파나이티오스와 그의 제자 포세이도니오스에 이르러 스토아 사상은 새로운 발전의 전기를 마련했다. 초기 스토아가 지향한 이상국가, 철학적 사유 그리고 예술적 감각은 파나이티오스를 비롯한 중기 스토아의 자연주의와 경험주의에 심취되면서 이제 현실세계의 실용적 가치에 시선을 돌리게 되었다. 최고선 같은 절대적 완전미의 추구로부터 후퇴한 파나이티오스의 윤리학은 중기 스토아의 기본이념인 보편적 인간애 사상의 구현에 주요한 역할을 했다.

초기 스토아 공동체에서 현자, 즉 '철학적 개인'(philosophisches Individumm)만이 갖는 독특한 생의 목적에 기초했다고 한다면 중기 스토아는 보편적 인간애에 기초했다. 인간을 현자와 우자로 구분한 초기 스토아의 이원론적 세계관은 중기 스토아에서 그 구분이 희미해지고 새로운 현실세계로 접근하기 시작했던 것은 파나이티오스와 그에게 영향을 준 카르네아데스였다. 그들은 초기 스토아 이상추구와 완성에 현자의 한계성을 지적하면서 그의 철학에서 스토아 현자의 이상을 배제했던 것이다. 경험적이고 실천적인 지식인이었던 파나이티오스가 찬미한 힘과 권위는 국가와 법, 재산과 부를 외면한 현자들이 이상화한 나라가 아니라 이 지상의 나라 로마였다.

파나이티오스는 정치에 있어 실제, 실용을 강조하였는데 그의 사상은 키케로의 『국가론』을 낳는 결과를 가져왔다. 파나이티오스는 애매한 가상의 세계에 지나친 관심을 가진 초기 스토아 철학자들을 인간성과 인격의 균형을 파괴한 자들이라고 비난하고 그들의 교의를 지나친 엄숙주의와 윤리적 독단, 세련미라고는 찾아볼 수 없는 편협한 모럴리즘으로 규정했던 것이다. 파나이티오스의 현실과 실제는 기본적으로 인간을 현자와 우자로 구분하지 않는 하나의 결속된 통일체의 추구이며 궁극적으로 인간에 대한 존엄적 가치를 부여하는 후마니타스의 지향이었다. 그의 자연적 목적론은 크세노폰과 아리스토텔레스의 목적론적 생리학에 기초했던 것이다. 파나이티오스는 세상의 일체 만물은 인간을 위해 창조되었다는 초기 스토아의 인간중심주의를 찬양하고 소포클레스의 동물과 식물, 땅과 바다 그리고 전 세계의 지배자인 인간과 인간의 지고함을 찬양했다. 파나이티오스는 지극히 현세적인 인간(ein reiner Diesseits Mensch)으로서 그의 후마니타스는 키케로에 의해 발전하고 르네상스의 정신운동과 근대 독일 휴머니즘의 기초가 되었다. 파나이티오스의 고전적 후마니타스의 사회적·도덕적 이상은 그리스의 이상주의 철학과 스토아의 인류보편성과 박애사상에서 그 기원을 찾을 수 있다.[20]

키케로는 파나이티오스를 초기 스토아의 제논과 대비시킨다. 파나이티오스는 우주의 로고스에 집착한 현실과 동떨어진 이상세계에 대한 관심보다 현실세계와 그 현실세계에 살고 있는 보편적인 인간의 의무에 관심을 집중했다. 그는 위대한 전략가나 정치가라도 보통 사람의 후원 없이 국가의 위업을 이룰 수 있을까 하고 반문하면서 현자의 행위보다 보통 사람인 '너와 나'(mihi et tibi)에 대해 깊은 관심을 보였다. 이와 같이 너와 나의 규범은 높은 계층을 위해서 뿐만 아니라 전체 보편인을 위해서도 존중되어야 하고 우리 동포와의 관계에서 최상의 사람을 위해서뿐만 아니라 일반대중도 존중되어야 한다고 강조했다. 파나이티오스의 인간의 보편적 사랑은 민족의 모든 구성원인 인간(humanus)에서 기인하는 인간애(humaitas)이다. 그의 후마니타스는 소요학파의 혈연관계와 스토아 사상의 인류의 동족관계라는 이론의 결합이라고 할 수 있다. 후마니타스라는 말은 파나이티오스의 『의무론』에서 가장 먼저 사용한 용어이지만 그 개념은 키케로에 의해 비로소 처음 발전하기 시작했다.

중기 스토아의 새로운 변화는 자연주의와 실용주의로의 전환이거니와 그 중심은 기원전 3세기부터 기원전 2세기에 이르는 과학의 탐구라고 특징지을 수 있을 것이다. 이 시기에 천문학·지리학·자연학에 관한 연구는 날로 발전하여 기원전 2세기에 절정에 달하게 되었다. 르네상스 초기에 발전의 기틀을 다지게 된 현대과학도 그 기초

역시 기원전 2세기였다고 할 수 있다. 특히 파나치티오스와 포세이도니오스는 과학을 철학자의 관점에서 검토한 과학자였다. 파나이티오스는 천문학뿐만 아니라 문학에서도 발군의 재능을 발휘했다. 포세이도니오스는 역사와 지리에 해박한 지식과 훌륭한 저술을 남긴 인물이었다. 이 두 사람은 여러 지역을 여행했다. 중기 스토아 사상의 기초와 발전은 포세이도니오스에서 출발했다 해도 지나친 표현은 아닐 것이다. 그는 위대한 여행가요 자연의 관찰자로 전 지중해 해안과 시칠리아와 아드리아 해안, 알프스 너머 골(Gall)지방 그리고 스페인 해안까지 답사했다. 그는 다시 스페인에서 대서양까지 여행하면서 조수의 간만현상을 주의 깊게 관측했다. 그는 유럽에서 서쪽으로 항해하면 인도에 이른다고 주장하여 뒤에 콜럼버스에 영향을 주었다. 이와 같이 파나이티오스와 포세이도니오스는 과학적인 사고에 기초하여 사실에 대한 치밀한 분석과 완전한 판단에 이를 때에 결론을 내렸다고 전해지고 있다.

파나이티오스가 행복의 개념을 자연에 일치하는 삶이라고 정의한 사실은 그의 현실에 대한 새로운 인식에 따른 것이다. 초기 스토아는 인간과 삶 그리고 행위를 관념적으로 표현하지만 인간의 본성은 모든 사람이 공유하는 이성이었다. 플라톤과 아리스토텔레스는 모든 사람이 마치 그리스인들인 것처럼 인간본성에 관해 말한 데 반해 스토아 사상가는 모든 사람이 이성을 가진 동등한 존재 그리고 개인이 존재한다기보다 인간이 존재하는 인간본성을 취급했던 것이다. 만일 모든 것이 도덕적 행위의 기초라고 한다면 그들은 쇠사슬의 고리처럼 연계작용의 계획에 통합되는 순간에 그들 고유의 특성은 상실하게 되고 그래서 결국 모든 것은 같은 존재로 동일시된다고 생각했다. 이

제1장 세네카의 삶과 그에 대한 역사적 평가 63

러한 구조는 그것을 구성하는 개인의 가치보다 더 중요했다. 이와 똑같은 유시(諭示)는 칸트의 도덕론에서 강조한 "이 세상에서 생각할 수 있는 오직 선한 것은 선의지"라는 사실에 중기 스토아 사상가는 반대 입장을 보였을 것이며 선의지가 목적하는 바는 무엇인가 물었을 것이다. 개인의 행위는 그 특징을 잃고 오직 하나의 통일된 불변적 사실만이 있게 되었을 것이다. 결론적으로 도덕적 요구는 애매모호할 뿐이라고 말할 수밖에 없었을 것이다. 그래서 중기 스토아는 철학자들을 빵 대신에 돌을, 구체적인 지식 대신에 추상적인 '빈말'만 하는 자들로 비난을 면할 수 없다고 혹평했다.

이러한 관념적인 공론을 일삼는 철학자들을 비판한 파나이티오스는 인간 내면의 두 힘, 즉 욕망과 이성에 관해 말한 바 있다. 그는 욕망은 인간을 방황하게 하는 데 반해 이성은 행위의 한계와 목적을 가르치고 설정한 목표를 정욕이 뛰어넘지 못한다고 이성의 위력을 다시 강조했다. 그가 스토아의 도그마를 얼마나 변화시켰는지 정확히 말할 수 없지만 분명 그는 종국에 세계가 파멸할 것이라는 스토아 철학자들의 확신을 받아들이지 않았다. 그는 세계가 살아 있는 조화로운 생명체라는 사실을 부인했으며, 인간은 별들에서 간파될 수 있는 운명의 제물이 아님을 강조했다. 또한 그는 천국은 인간이 살고 있는 세계와 너무 먼 곳에 떨어져 있어 인간의 삶에 별들이 그 어떤 영향력을 행사할 수 없다고 봤다. 인간은 자신의 행위에 의해 결정되며 그것은 현실적으로 지배하고 있는 지리적 조건이라고 말했다.[21]

왜 인간에게는 본성에 일치하는 삶이 어려운가? 도덕적 악은 어디에서 유래하는가? 고대와 현대의 비판자들은 정통 스토아 철학자들에게 이 문제를 제기해 왔다. 이에 대해 스토아 사상은 악은 외부에서 오며 악한 사상과 문명은 태어날 때부터 바르게 만들어진 인간을 파괴한다고 주장했다. 파나이티오스의 제자 포세이도니오스는 이러한 문제를 깊이 있게 접근했다. 그는 의지의 중요성을 말하면서 정욕도 이성도 직접 행동으로 분출하기보다 행동을 조정하는 중용의 자세를 취할 수 있는 감정의 억제를 위해 투쟁해야 한다고 말한다. 그는 정욕과 이성은 같은 말을 타려 하는 두 승마자로 비유한다. 말을 탄 사람은 말을 가고 싶은 방향으로 몰 것이다. 이와 같이 정욕은 승마자의 의지를 막을 수 있을까? 또 이성은 정욕을 설복할 수 있을까? 포세이도니오스는 정욕이 약화되지 않는다면 비합리적인 방법에 의해서만 가능하다고 말한다. 그는 인간을 훈련시키고 이상세계로의 발전을 위한 시도에서 듣기 좋은 언사나 가르침으로 충분하지 못하다고 지적했다. 물론 교육이 필요하지만 철학교육 같은 관념적인 도덕훈련은 감각적인 방법을 병행해야 한다고 말했다.

포세이도니오스는 감각적 훈련에 가장 중요한 것은 음악교육이라고 생각했다. 음악은 청소년의 정신건강에 필수적이었다. 좋은 음악의 선택은 바른 도덕률의 선택을 의미한다. 포세이도니오스는 플라톤의 교육이론을 성실하게 수용했다. 그는 음악을 통해 정욕을 극복하려 했다. 그는 음악과 더불어 도덕훈련을 위해 중요한 것으로 시가(詩歌)를 꼽았다. 초기 스토아현자는 훌륭한 시인이었다. 그는 시가를 철학의 맹우(盟友)로 생각했다. 포세이도니오스의 시의 개념은 세네카의 철학적 드라마의 기초가 되었으며 그 역사적 출발은 그리스 비극이었다. 세네카의 철학 작품은 포세이도니오스의 사상과 많은 점에서 일치한다. 그것은 영혼의 의사가 질병을 진찰할 수 있다고 주장한 사실에서 이해할 수 있다. 포세이도니오스는 심령을 다스리는 영혼의

의사만이 질병을 치료할 수 있다고 확신했다.[22]

포세이도니오스의 영향을 받은 세네카의 비극은 고통, 죽음, 공포, 용기, 복수와 일체의 고뇌에 대한 토론이다. 고전의 비극에 나타난 모순은 인간과 외계의 운명과의 싸움인 데 반해 세네카의 비극은 외계 문명과의 싸움이 아니라 우리 영혼 안에서의 싸움이다. 르네상스 시대의 인문학자 페트라르카는 이 세상의 모든 것은 전쟁의 법칙에 따라 발생한다고 말했다.

포세이도니오스는 수학적인 현실주의자다. 수학의 실재에 관한 문제는 소크라테스 시대 이전에 이미 많은 철학자에 의해 논의되어 왔지만 피타고라스와 플라톤은 수학적인 수의 실재를 확신하고 있었다. 포세이도니오스로 하여금 철학의 문제를 다른 시각에서 볼 수 있게 했던 것은 사실상 그의 수학적 사고였던 것이다. 포세이도니오스의 작품에 정통한 갈렌(Gallen)도 기하학의 교육을 받았기 때문에 난해한 철학의 문제를 어떤 스토아 철학자보다 잘 풀 수 있었다. 에피쿠로스보다 유클리드(Euclid) 기하학에 매료된 포세이도니오스는 기하학 발전에 크게 기여하고 그의 공리의 증명과 가르침을 체계적으로 재구성했다. 그는 유클리드 기하학을 통해 당시 과학운동에 깊이 관여하였으며, 철학자 못지않은 과학자였으며 수학을 애호한 철학자였다. 후기 르네상스 합리주의가 라이프니츠(Leibnitz)에서 발전하였다고 한다면 스토아 철학의 발전은 포세이도니오스에서 새롭게 시작되었다고 하겠다. 그의 논리적 합리성의 체계는 19세기와 20세기의 칸트철학을 논하는 것과 같다고 평가되고 있다.[23]

중기 스토아는 인간개체의 능력과 자신의 노력으로 모든 고난을 극복하는, 위대한 힘을 발휘할 수 있는 운명적 존재임을 찬양했다. 인간의 운명은 그 운명을 막을 무기를 제공하지 않으며 운명의 무기로 안전을 생각할 때 안전할 수 없다. 초기 스토아의 위선과 형식주의로부터 인간정신의 진보적인 도덕적 진보를 위한 시도와 노력은 중기 스토아의 도덕적 가치이며 선이었다. 그래서 중기 스토아 철학자들은 현실적으로 요구되는 과학기술과 기계발명, 도시건축 그리고 예술의 개발을 장려했다. 세네카는 형이상학과 윤리 그리고 미(美)의 문제, 더 나아가 개인주의, 교육에 있어 개인의 욕구와 관심은 포세이도니오스의 영향 없이는 생각할 수 없다. 중기 스토아의 포세이도니오스의 과학적 진보의 개념은 도덕적 진보이며 삶을 위한 계몽이었다.

중기 스토아의 실용주의적 국가관과 실천윤리로써의 지배와 피지배의 관계, 그리고 열등한 자에 대한 우월한 자의 지배개념은 자연적인 요구이며 명령으로 중기 스토아 철학자들의 종속이론에서 강조되어왔다. 키케로는 『국가론』(De Republica)에서 제국을 많은 비난으로부터 수호하는 일에 대해 다음과 같이 말한 바 있다. 즉 "……개인의 경우, 죽음은 개인을 형벌로부터 도피를 제공하는 것처럼 보일지라도 국가의 경우, 죽음은 파멸의 형벌이다. 국가는 영원히 존속할 수 있도록 견고하게 세워져야 한다. 국가가 죽는다는 것은 인간의 죽음처럼 자연스런 것이 아니다. 그러므로 국가의 죽음과 국가를 부정하는 것은 개인보다 국가에 대한 형벌이다. 인간에게 죽음은 필연적이며 자주 매력적인 것이기도 하다. 한편 우리는 국가의 전복, 세계의 쇠망과 소멸 같은 크고 작은 일을 비교해 볼 경우 어떤 유사성을 발견할 수 있다……."[24] 이와 같이 중기 스토아 철학자들은 영원히 견고한 힘의 국가를 이상화했던 것이다.

일찍이 키케로는 당대의 파나이티오스와 폴리비오스로부터 많은 영향을 받았다. 특히 키케로는 그의 『법률론』(De Legibus)에서 파나이티오스를 실제적이고 실천적인 정치철학자로 평가하면서 그를 초기 스토아 철학자와 구분했다. 파나이티오스는 로마 지배계층과 친밀한 관계를 유지하면서 당대의 그락쿠스 형제의 개혁에 반대하는 입장을 분명히 밝혔다. 이것으로 보아 그가 얼마나 현실정치에 명민한 시대적 통찰력을 가진 정치철학자였나 짐작할 수 있을 것이다. 독일의 역사학자 슈메켈(A. Schmekel)은 『중기 스토아 철학의 그 역사적 관련성』(Die Philosophie der mitteleren Stoa in ihren geschichtlichen Zusammenhangen dargestellt)에서 키케로의 『국가론』 전 3권이 만들어지는 데 파나이티오스의 영향이 컸다고 지적했다. 키케로는 국가를 스토아의 코스모폴리타니즘의 사슬에서 그리고 세계통일체의 유기적인 관계로부터 완전히 벗겨버릴 수 없었지만 세계주의의 형이상학적 집착으로부터 해방시켰다. 요컨대 키케로의 국가이념은 자유이며, 인류통일체(Homonoia) 개념에서 적대적이지는 않았지만 키니코스학파의 철인들과 초기 스토아 사상가들의 세계국가로부터 민족과 개별 국가의 실체를 인류와 세계국가보다 우위에 두었다.

아우구스티누스는 제국의 유지와 존속을 위해 로마제국의 권위와 지배를 강조했다. 그의 『신국론』에서 밝혔듯이 키케로도 나약하고 자존능력이 없는 국가를 지배하는 것은 정당한 일이며 지배를 받는 국가와 개인에게 유익하다는 것이다. 파나이티오스는 최선자가 약자를 지배하는 것은 약자 자신에게 유익한 일이며 자연의 원리라고 주장했다. 이와 같이 파나이티오스는 로마제국의 지상권(至上權)에 예속되는 것이 나약한 국가에게는 독립이나 해방보다 더 유익하다는 것을 강조했다. 신은 인간을, 정신은 육체를, 이성은 욕망과 분노를 그리고 다른 사악한 마음을 지배한다는 것 역시 위의 논리에 일치한다. 이러한 지배의 원리는 자연적이며 필연적이다. 다시 말하거니와 육체에 대한 정신의 지배는 군주적이고 법적이며, 영혼의 사악한 부분인 악덕과 부도덕에 대한 이성의 지배는 노예에 대한 주인의 지배와 같다. 악덕이나 악행 같은 영혼의 사악한 부분에 대한 이성의 지배는 곧 로마제국의 지배인 것이다. 로마제국의 지상권인 임페리움(imperium)을 포기한다는 것은 책임을 거부하고 회피한다는 의미일 뿐이다.[25]

키케로의 『국가론』에서 밝혔듯이 무능한 자에 대한 유능하고 힘 있는 자의 지배는 자연의 법칙이었으며 로마제국의 지상권과 그 지상권에 복종하는 예속국가와의 관계는 주인과 노예의 관계였다. 파나이티오스 이전의 초기 스토아는 노예제를 인정했지만 로마제국의 세계지배를 자연에 반하는 것으로 지상권을 가진 로마에 굴종하는 예속국가와의 관계를 인간의 합리적 부분인 영혼과 비합리적 부분인 육체로 비유한 불평등적 관계를 인정하지 않았다. 키케로는 이에 대해 "……유능한 최선자들이 다스리는 국가시민은 반드시 불안과 고통으로부터 벗어나 최고의 행복을 누린다. 언젠가 시민들이 다른 사람들에게 그들의 평안과 안전을 요구할 때 지켜주는 것은 유능하고 이성적인 최선자의 의무이다. 그러나 그들의 관심사가 통치자들에 의해 묵살된다고 생각하는 자들을 더 이상 보호해 줄 필요가 없다. 왜냐하면 자유민들이 애호하는 법적권리의 평등을 그들은 누릴 수 없으며 이른바 평등은 실제로 가장 불평등(Summum ius Summa iniuria)이기 때문이다. 가장 높은 현자와 가장 비천한 자에게 똑같은 명예가 주어졌을 때의 공평은 가장 불공평이다."[26]

기원전 3세기의 제국적 지상권은 마케도니아에게 있었으나, 기원전 2세기에는 로마였다. 이때부터 스토아의 제국관과 노예제의 태도가 변화하기 시작했다. 특히 로마의 지배가 그리스의 지성인들로부터 공격을 받았을 때 중기 스토아 사상가들은 제국의 적으로서가 아니라 수호자로 등장했다. 따라서 그들은 주인과 노예의 관계를 더 이상 거부하지 않았다. 기원전 2~1세기의 중기 스토아 사상가들은 초기 스토아가 주장한 사악한 자는 노예라는 사실에 반대하여 아리스토텔레스의 노예제 이론을 수용했다. 당시의 로마사회는 철저히 히어아르키적일 뿐만 아니라 수없이 많은 예속민들을 지배하는 권력국가였다. 이와 같이 중기・후기 스토아는 노예제와 로마의 세계지배를 정당화했다.

중기・후기 스토아에서 노예제에 대한 변화의 모습은 키케로의 『의무론』에서 찾을 수 있다. 그는 노예제를 사회의 기존질서로 인정하고 노예제 완화와 같은 노예취급에 있어서 인간화를 강조했다. 그는 아무리 비천한 노예라도 그들의 이익을 위해 고용된 노동자, 영원히 고용된 자(perpetus mercenarius)로 취급하는 인도(humanitas)와 박애(philanthropia)를 강조했다. 키케로는 "비록 노예들이 잘못했다 해서 폭력이나 기만으로 다스린다면 짐승 같은 짓일 것이다. 기만은 교활한 여우의 속성이며 폭력은 사자의 속성이다. 이 두 방법은 인간에게 무가치할 뿐이다"라고 충고했다. 이와 같이 노예와 로마 예속국가들에 대한 인도와 박애의 표현은 중기・후기 스토아 사상가들의 공통된 인식으로 당시 지상권을 가진 제국은 지배와 종속의 수직적 관계를 회피하려는 수단이었다고 말할 수 있다.

이와 같이 노예에 대한 폭력은 중기・후기 스토아 사상가들의 작품에서 자주 나타나고 있다. 파나이티오스의 제자 헤카토(Hecato)는 쿠인투스 투베로(Quintus Tubero)에게 헌정한 『도덕의 의무』(*Moral Duties*)에서 "현자는 자신의 이익과 동시에 시민적 관례, 법 그리고 제도에 반하지 않는 행위의 의무를 수행하는 것과 함께 더 나아가 번영과 부를 추구해야 한다. 그것은 자신만이 아니라 자식·친척 그리고 무엇보다 조국을 위해 필요하다. 왜냐하면 개인의 사유재산은 곧 국가의 부이기 때문이다……"[27]라고 밝히고 있다. 그리고 다시『도덕의 의무』제6권에서 "기근으로 식량가격이 급등했을 때 그의 노예들을 굶어 죽도록 방치하는 것이 현자의 의무에 일치하는가?" 헤카토는 이 문제를 두 가지 측면에서 해석했다. 궁극적으로 의무의 문제를 결정함에 있어 인간적인 감정에 의하기보다 사리(私利)와 편의 그리고 정책적인 표준을 중요시해야 한다고 했다. 그러면서 그는 다음과 같은 문제를 제기했다. "가령 어떤 사람이 폭풍우가 치는 바다에서 그의 선적물(船積物) 가운데 일부를 배 밖으로 던져버려야 할 운명이라고 한다면 그는 값비싼 말을 희생시켜야 하는가 아니면 값싼 노예를 희생시켜야 하는가? 이 경우에도 사람들은 인간적인 감정이나 동정에 휘말리기보다 자신의 재산의 가치와 이익이 무엇인지 중시해야 한다"[28]고 말했다.

헤카토가 현자의 노예 소유를 부합한 것으로 강조한 사실은 당시에 필연적인 현실일 것이다. 포세이도니오스도 시칠리아 노예폭동에 대한 해석에서 노예제 자체를 사악한 제도로 생각하지 않았다. 그가 반대했던 것은 노예가 아니라 노예에 대한 주인의 가혹한 행위였다. 그래서 그는 노예에게 인간적인 사랑과 관대함을 보였다면 시칠리아 노예폭동은 발생하지 않았을 것이라고 생각했다. 중기 스토아 사상가들, 특히 포세이도니오스의 로마제국관을 밝힌 세네카의『도덕의 편지』는 제국의 원리가 무엇인지 전해주고 있다.[29] 포세이도니오스는 약자들이 자신보다 능력 있고 힘 있는 강한 자들에게 복종하는 것을 당연하다고 생각했다. 가장 힘센 황소가 소의 무리를 이끌어 가듯이 동물의 세계에서도 가장 힘세고 사나운 짐승이 모든 동물을 다스리는 지배의 원리가 통하지만 인류의 황금시대에는 힘센 자들보다 미덕을 갖춘 현자가 나약한 자의 이익을 위해 다스렸다. 이와 같이 황금시대는 현자가 우자를 다스리는 합리적인 관계가 설정되었으나 타락하여 부패한 시대의 현자는 권력에 사로잡혀 그 권력의 미몽으로부터 벗어나지 못했다는 것이다. 스페인에서 로마의 지배 그리고 헤라클레이토스와 마리안딘인 사이의 관계는 권력에 의한 지배와 예속이 실현된 사례다.

후기 스토아는 윤리학의 시대로 새로운 세계국가와 인류애 사상의 기치를 들고 등장했다. 그 대표적인 인물로는 세네카를 비롯한 해방노예 에픽테투스 그리고 황제 마르쿠스 아우렐리우스였다. 이들 외에도 이른바 제국의 철인군주인 오현제도 인류애를 통치이념으로 세계국가 건설을 목표로 하였다. 세네카는 국가는 필연성에 의해 만들어진 기구이므로 그 폐지는 인류의 절멸이므로 민족적인 개별국가로부터 세계국가로의 발전을 지향하였다. 이와 같이 로마황제들이 자신들을 인도주의자로 미화하고자 한 것은 도덕적 목적을 정치적 수단으로 손쉽게 이용하려는 데에 있었다. 로마제국의 철인군주와 세네카가 한결같이 강조했던 인간애와 인도주의는 노예제 완화에 기여할 수 있었지만 노예의 인구감소와 노예제 폐지에 기여할 수 있었던 것은 아니었다. 이와 같이 로마제국의 입법에서 후마니타스는 제국의 법을 미화하는 선전적 용도로 사용되었을 뿐만 아니라 국가의 주요 관심사인 군사적·재정적 그리고 행정적인 필요와 요구에 일치하는 정책을 정당화하는 경향을 보였다.

세계국가이념의 외적 모사(模寫)이었던 로마의 지배권인 철인군주 하드리아누스, 안토니누스 피우스 그리고 마르쿠스 아우렐리우스의 코스모폴리타니즘과 인류의 형제적 사랑은 곧 붕괴의 조짐이 나타나기 시작했다. 특히 제국의 동부와 서부로부터 강력한 이민족의 침입은 제국의 생존에 큰 위협이었다. 그러나 황제들은 제국의 내정을 성공적으로 개혁하여 국가권력의 회복에 성공했으나 세계국가건설과 그 상승작용으로 나타난 인류의 형제적 사랑은 쇠퇴해가는 제국의 몸에 채색된 단순한 도금에 불과했다. 이와 같이 당시에 만연한 세계국가와 인류애사상은 어떤 점에서 제국의 안녕을 위한 정치적 겉치레에 불과한 것으로 전락했다. 후기 스토아의 대변자 세네카와 에픽테투스 그리고 마르쿠스 아우렐리우스의 세계국가와 인류애사상은 현실적이지도 또한 실천적이지도 못했다고 말할 수 있다. 인간성을 분석하는데 있어 지나치게 '현실적'이었다고 현대에 있어서 비판받는 플라톤이 우수자인 철인통치자들에게는 철학을, 나머지에게는 선전을, 이것이야말로 피를 흘리지 않고 '최선의 지배'를 확립하고 유지할 수 있는 최선의 방법이라고 강조한 사실이나, 대중에게는 진리가 아니라 편리한 오류가 필요할 뿐이라고 강조한 그의 기발한 언급에서 우리는 로마 제국의 지배계급과 황제들이 주창한 인류애사상과 우의(Koinonia)의 강조는 피지배계급과 노예제를 유지하는 고도의 수단이었음을 간과할 수 없을 것이다.

제2장 세네카의 미덕과 현자

- 미덕은 현자의 도덕적 질서
- 철학은 미덕이다
- 자연에 조화하는 삶은 최고선
- 인간의 참 행복은 미덕과 용기

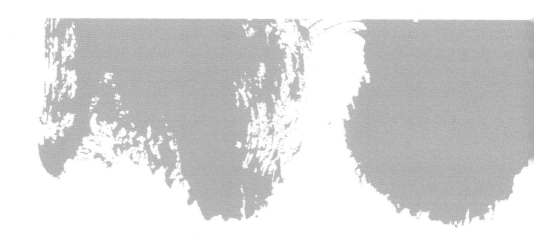

미덕은 현자의 도덕적 질서

아우구스티누스는 그리스 철학의 기본명제를 최고선(summum bonum)
이라고 말했다.[1] 고대 그리스 철학자 플라톤과 아리스토텔레스의 사상
체계에서와 같이 스토아 사상에서도 삶의 최고선은 행복이다. 아우구
스티누스의 행복에 관한 언급에서 그리스도교는 희망을 주고, 희망을
실현하는 신에 의해 참 행복이 얻어지는데 반해 이교 철학자 스토아
철학자들은 '불행한 처지의 생활에서도' 자신의 노력에 의해 행복에
도달할 수 있다고 확신했다. 그러므로 스토아 철학자에게 있어 생의
목적은 곧 미덕의 삶이며 진정한 선은 도덕적 선이며 도덕적 선만이
행복에 도달할 수 있다고 생각했다. 칸트의 도덕적 선처럼 선이나 행
복은 인간 내면의 선의지(善意志)에 있다. 도덕적 선은 인간에 무엇이
발생하는가에 대한 관심보다 인간의 정의와, 정의의 구현 그리고 모
든 일을 정의롭게 수행하는 것이다.[2]

세네카는 완전한 미덕을 네 가지로 분류한다. 욕망은 억제되어야
하고, 공포는 억눌러야 하며, 올바른 행위는 정렬되어야 하고, 부채는

청산되어야 한다. 그러므로 자제, 용기, 신중, 정의는 각자의 특수적 기능에 맞게 할당되었다. 도대체 미덕의 개념은 어떻게 형성되었는가? 세네카는 말한다. 미덕은 이 세상의 그 무엇과도 비교할 수 없는 존귀한 것으로 인간의 높은 도덕적 질서요, 예법이며, 견고함이며, 인간 행위의 절대적 조화이며, 영혼의 숭고함이다. 미덕으로부터 우리는 행복한 삶을 시작한다. 따라서 행복한 인생은 이렇게 절제된 길을 따라 가는 것이라 했다. 우리는 이러한 사실을 어떻게 발견하게 되었을까? 세네카는 이 사실을 그의 친구 루킬리우스에게 "미덕에 도달한 완전한 사람은 자신의 운명을 결코 저주하지 않을 뿐만 아니라 호기를 놓쳤다 해서 낙담하지 않는다. 완전한 미덕의 인간은 주어진 과업이 자신에게 내려진 명령인 것처럼 받아들이는 세계시민이며 병사이다. 어떤 일이 발생하여 자신에게 위험을 주는 사악한 것이라 하더라도 운명적인 것으로 받아들여 최선을 다해야 한다"[3]고 말한다.

세네카는 완전한 미덕을 갖춘 사람은 불운을 슬퍼하지도, 자신의 운명을 비탄하지도 않는다. 탁월함과 위대함을 보일 뿐이며 많은 사람들에게 자신의 확고한 신념을 보이는 어둠 속의 빛과 같이 비치는 존재이다. 그는 온유하고 냉정하여 신의 명령에 순종하며 신의 경지에 미치지 못하지만 최고의 능력을 진전시키는 완전한 미덕을 갖춘 영혼의 소유자이다. 인간은 생명을 다하기 위해 태어났으며 육체는 영원히 사는 거처지가 아니라 주인이신 영혼의 큰 짐이라는 것을 인식하게 될 때에 잠시 머물렀다 떠나야 하는 시골의 작은 여염집에 불과하다[4]는 것을 깨닫게 한다.

이 장의 주제는 세네카의 윤리학 문제에 관한 것으로 그의 작품에 나타나고 있듯이 매우 광범위한 논리적인 대화체로 구성하고 있다.

이와 같이 그의 사상의 주류는 윤리적인 문제였으며 그것은 본인의 관심사이기도 하지만 로마제국 초기의 후기 스토아 사상이 추구한 시대정신이기도 하다. 세네카의 많은 윤리 문제를 다룬 작품 대부분은 우리 앞에 전개되고 있는 투쟁과 고통, 인간의 왜소함과 위대함에 주목하면서 인간이 과연 어떻게 사는 것이 온당한 삶인가 하는 실천적 윤리학에 관한 것이다. 특히 그가 살았던 동시대의 시대정신을 반영하는 주로 도덕성을 강조하는 수상(隨想)들로 개인의 사사로운 인격적 삶과 사람들 사이에 이어지는 인간관계에 주로 관심을 집중했다.

세네카의 윤리학은 인간은 자유롭고 자주적인 인격체라는 개념에 기초한다. 세네카는 인류학에 관한 언급에서 인간의 가장 가치 있는 특질은 영혼과 정신 그리고 이성이다. 그에게 있어 인간의 첫 번째 의무는 자신을 자유로운 존재로 만들고, 자신을 연마하고, 자신의 인격을 도야하는 것이다. '인간'(person)의 개념은 그 기원이 아마도 파나이티오스로부터 유래된 것으로 생각한다. 사람을 의미하는 영어의 person은 라틴어의 외적 인격, 즉 가면을 쓴 인격을 의미하는 '페르소나'(persona)에서 유래된 것이다. 인간의 특성을 판단하는 감정자인 메난드로스(Menandros)는 아테네 후기 희극작가로서 그가 개개인의 인격적 특징을 현대적 의미에서 인격으로 이미 사용된 어떤 유형적인 인간이기보다 무대 위에선 배우처럼 극적 표현을 하는 각색된 인격으로 우선 소개하는 것은 결코 우연이 아니다.

헬레니즘 시기에 인간 개성의 점진적 발전은 이미 상당한 정도로 진전되었다. 아마도 고대 사회에서 개인의 인격과 개성의 중요성을 과학적으로 또한 윤리적으로 바르게 평가하려고 노력한 제1인자는 파나이티오스였다. 우리들이 사용하고 있는 인간이라는 개념의 기원은 이제 그 전거가 드러났다. 스토아 철학자 파나이티오스는 일반적으로 인간 본성을 그의 출발점으로 생각한다. 그러나 우리는 사실상 개별적 인간이 갖는 개성에서 인간 본성을 만나게 된다. 그러므로 인간은 두 얼굴을 가지며 인간의 형상은 드라마에서 유래한다는 파나티오스의 말과 같이 인간은 두 가면을 쓰고 두 인격의 특성을 내면에 지니고 있다. 그리스인들 사이에 얼굴, 그리스어의 프로소폰(얼굴, 용모, 외적 모습)은 가면으로서 인간을 상징하고 묘사하는 말로 오랫동안 사용되었다. 그리스어의 프로소폰을 라틴어의 페르소나로 번역한 로마인들은 이 전례를 따랐다. 따라서 파나이티오스는 인간의 개성과 특성 그리고 삶의 조건을 고려한다면 스토아 철인들이 주장한 바와 같이 인간은 자연과 조화로운 삶을 살아갈 수 있다는 것을 확신했다. 자연과 일치하는 조화로운 삶을 가르친 스토아 철학자들은 인격의 개발과 어떤 상황에서도 마음의 평정의 유지와 정신적인 힘으로 아름다운 조화에 도달할 수 있음을 강조한다. 스토아 철인들의 요구는 개인의 인격 연마의 기초를 닦는 것으로, 그것은 그들의 도덕적 의무이기도 하다. 이와 같이 스토아 철인들은 인격이 인간의 제일 중요한 원리이며[5] 조화로운 인격형성과 개발은 인간의 정신세계를 건강하게 구축하는 것이라고 생각했다.

세네카는 자주 개인의 인격에 찬미와 칭송을 반복한다. 그는 숭고한 인격의 모습을 인간과 사회의 윤리적 기반을 위한 출발점임을 강조한다. 세네카는 행복한 삶에 관한 해설에서 최고선(summum bonum)을 다음과 같이 정의한다. 즉 "최고선은 우연히 일어난 사건을 무시해 버리고 미덕만을 기뻐하는 마음이다……. 최고선은 경험으로부터의 현명함이며, 침착함과 냉정함이며, 다른 사람과의 관계에서 정중함과 심사숙고함을 보이는 정신력이다. 행복한 사람은 선한 마음을 가진 자를 선하며 사악한 마음을 가진 자를 악하다고 인정하는 자이다. 명예의 가치를 소중하게 생각하는 사람은 미덕에 충만하고, 우연한 운명적 사건으로 마음이 부풀어 으스대지도 주눅이 들지 않는 자이다……. 그 사람에게 진정한 쾌락은 쾌락에 대한 비웃음일 것이다."[6]

세네카는 다음과 같은 말로 계속 한다. 행복한 삶은 두려움도 정욕도 뛰어넘어 미덕을 유일한 선으로, 비열함을 악으로 생각하는 마음을 가지는 것이다. 과연 세네카의 이 말을 부정할 수 있을까 숭고한 인격은 깊은 존경을 받아 마땅하다. 경외로운 삶에 대한 세네카의 칭송은 격정(pathos)으로 충만한다. 그리고 친구에게 "만일 그대 루킬리우스여! 진정 그대가 위험에서도 두려워하지 않고, 정욕에도 동요되지 않으며 역경 속에서도 행복해하며, 폭풍우 속에서도 평온을 잃지 않는 침착하고 냉정한 사람을 보게 된다면 누가 그 사람을 높은 급의 수준에 도달한 사람이라고 하지 않겠으며, 또 누가 그를 신들과 동등한 신분임을 거부할 수 있을까 그에 대한 존경심은 그대 루킬리우스를 열광케 하지 않겠는가? 그 고귀한 인격, 그 위대함이 너무 높아 그 미덕이 이 작은 육체에 머물기에는 너무 협소하지 않은가. 신의 힘, 신의 능력이 저 미덕의 현자에게로 내려왔다고 생각하지 않겠는가"[7] 하고 말한다.

세네카는 헤아릴 수 없을 만큼 현자의 인격에 시적인 칭송을 아끼지 않는다. "우리는 선한 사람의 영혼이 티 없이 깨끗하고 신성하며, 아, 얼마나 고상하고 우아한지 그 빛나는 얼굴을 보아야 한다. 얼굴 한쪽은 용기와 지혜가 찬연히 빛나고 또 한쪽은 정의와 절제가 빛나지 않는가! 그뿐인가 검약과 온건과 인내와 순화한 공손, 정말 믿기 어렵지만 동료들에 대한 사랑, 진기한 선 그 모든 것은 영혼을 영예롭게 하는 곳간이 될 것이다. 또한 우아한 품위와 기품을 갖추는 미덕의 인간으로 완성될 것이다. 아, 정말 매력적인 일이 아닌가! 얼마나 그들은 권위와 위엄에 기여하는가! 얼마나 그들은 우아함과 권력에 조화로운 빛을 발하는가! 그 누구도 숭배와 존경의 마음을 외치지 않고서는 그 얼굴을 부를 수 없다."[8]

세네카는 현자들의 삶의 특징은 늘 평정(平靜)을 유지하는 것이며 그러한 삶은 아름답고 건강한 삶이라고 했다. 그는 세상의 모든 것은 현자의 것이라고 말했다. 그러나 알렉산드로스는 적은 것에 만족하지 않았으며, 모든 것을 자신의 것이라 생각하고, 또 그렇게 되었기 때문에 그가 가진 모든 것을 현자의 것이 아니라고 말했다(Seneca, *de Beneficiis*. VII. 2. 5). 스토아 현자는 세계를 정복하기보다 자신을 정복한다. 그래서 현자는 사람과 일체 권력을 지배하는 제국의 건설보다 지혜와 이성으로 자신을 통제하고 지배하는 삶을 확립해간다. 세네카는 친구 루킬리우스에게 건강의 중요성을 말한다. 마음은 늘 부족함이 없고, 믿음을 가지고, 사람들이 간절히 청하는 것들을 구하여 받게 될 모든 은전(恩典)이 행복한 삶의 시작이라는 것을 인식하게 된다면 그것이 참 행복한 삶이다[9]라고 말한다. 세네카는 기쁨(gaudium)을 정의하면서 지혜의 힘을 영원한 기쁨이라고 말한다. 그리고 "진정한 기쁨은 우리를 불쾌하게 하는 이른바 기쁨에 반하는 것들에 의해 기쁨은 멈추거나 변화하지 않으며 진정 기쁨은 그 고저나 기복 같은 성쇠 부침에 좌우되지 않는다. 현자의 마음은 보름달의 창공과 같아 그곳에는 만월의 광휘위에 끝없는 평온이 흐르고, 아니 영원히 이어질 것이다."[10]

세네카는 진정한 의미에서 선자(善者)와 제1급의 현자는 500년에 한 번 정도 태어나는 불사조 같은 보배요, 귀한 존재라고 말한다.[11] 그리고 그는 세레누스(Serenus)에게 말한다. 그대가 입버릇처럼 우리들 가운데에서, 또 세상 어느 곳에서도 현자를 찾을 수 없다고 말하는 것은 사리에 맞지 않는다. 현자는 스토아 철인들의 허구도, 인간본성의 유령 같은 자랑거리도, 단순한 개념도 아니며 비현실적인 강대한 외형적인 것도 아니다. 현자는 우리가 묘사한 것과 같은 살아 있는 실체로서 출현하여 우리들이 보게 될 것이며, 자주는 아니지만 오랜 세월이 지나서야 가능할 것이다. 현자는 평범한 유형의 인물을 넘어 탁월한 인격을 갖춘 위대하고 존엄한 존재로 아주 드물게 나타난다. 로마 공화정기의 애국자 카토(Marcus Cato)는 지금까지 우리가 보아왔던 전형을 훨씬 능가하는 현자의 본보기가 되는 인물이라고 말할 수 있다.[12] 세네카에 있어 현자는 냉정과 평정을 삶의 지표로 삼는 신과 같은 존재이며, 단지 언젠가는 죽어야 하는 운명적 존재라는 사실 외에는 신적 존재이다. 현자를 해치는 자나 이롭게 할 수 있는 자는 없다. 신과 같은 신성한 현자는 도움을 받을 필요도 없고 손해도 명예훼손의 침해도 받을 수 없다. 현자는 제신(諸神)의 이웃사촌이다. 이성을 신뢰하며 성령과 함께 이 세상의 변화무쌍한 영고성쇠의 길을 지난다하여도, 심지어 명예훼손과 같은 상처를 받는다 해도 현자는 그것을 상처라 생각하지 않는다.[13] 현자는 모든 것을 극복하는 신의 경지에 서 있는 존재다.

세네카는 친구 루킬리우스에게 현자와 같은 고귀한 목적을 위해 철학에 헌신하여 노력할 것을 다음과 같이 충고한다. 즉 "루킬리우스여, 그대의 영혼이 철학에 의지하고, 철학의 노예가 되고, 철학을 소중히 간직하도록 하게. 철학만이 그대를 다른 사람과 아주 다른 고상한 인격자로 만들 것일세. 그대는 언젠가 죽어야 할 운명적 인간이지만 그 누구보다도 앞서가는 탁월한 자가 될 것이네. 어디 그것뿐이겠는가. 심지어 신들마저 그대보다 훨씬 앞선 존재라고 할 수 없을 것일세. 루킬리우스여, 그대는 나에게 신들과 그대의 차이가 무엇인지 묻는가? 그래, 그 차이는 신들이 그대보다 더 오래 산다는 것뿐이네.”[14]

세네카는 균형을 잃지 않고, 죄에서 구출되어 자제와 냉정으로 평정을 찾고, 영혼의 평온과 위대함을 비추며, 사치와 호사를 혐오하고 적의마저 보이며, 재앙 앞에서 대담하여 휘어지지 않으며, 위험을 피하거나 움츠리지도 않으며, 운명을 기다리기보다 지배하고 만들어 가며, 또한 그 운명이 좋든 나쁘든 대담하고 침착하게 대처해 나가고, 사악한 운명이나 역경에도 찬연한 광휘의 장려함에도 동요하지 않고, 자신의 일에 정성을 다하여 숙고하는 그러한 자를 신이라 부르기에 부족함이 없다.

세네카는 언젠가 현자를 신보다 상위의 자리에 배열하면서 인생의 모든 난관과 고통의 장애를 극복하고 신보다 상위의 자리로 오를 수 있다고 생각한다. 이와 같이 현자는 신을 능가할 수 있을 것이다. 신은 영속하는 악의 굴레에서 벗어나 자연의 사랑으로 모든 공포에서 벗어나지만 현자는 신보다 관대하고 자비하여 모든 두려움에서 벗어나는 그래서 신보다 우월하다. 스토아 현자는 세상 모든 것의 표준이며 목표이다. 이제 전 세계는 현자의 도덕과 그 정신의 위대성을 보여주어야 할 것이며 현자에게 지복과 희열을 주어야 한다고 R. 리히텐은 그의 작품에서 현자의 덕을 찬양한다.

세네카는 현자의 자유를 참 자유라고 정의한다. 그리고 그는 자유는 자주적인 인간의 영적인 해방과 밀접한 관련을 가지기 때문에 물질에 대한 소유욕이나 육체적 쾌락으로 마음의 평화를 잃게 된다는 사실을 인식하는 자의 소유물이다. 다시 세네카의 자유는 정욕을 억제하고, 다른 사람으로부터의 위협과 협박을 단호히 거부하고, 심지어 생명을 억압해 온다 해도 비참한 삶을 언제든지 떠날 수 있는 '열린 문'이 있으며 그 문을 통해 스며든 연기로 가득찬 방을 떠나 버릴 수 있는 용기와, 이 모든 공포를 뛰어넘는 자의 것이와.

세네카의 『도덕의 편지』 이외의 작품에서 자유민에 관한 개념을 발견한다. 세네카는 키케로에 대한 경멸적인 감정을 드러냈다. 당시의 로마 공화정은 카이사르가 이스파니아에서 로마로 귀환하자 그는 로마 공화정에 관심은커녕 자기 권력의 장식품으로 전락시켰다. 민회를 좌지우지하는가 하면 그의 방약무인한 태도는 극에 달했다. 이를 지켜본 키케로는 악화일로로 치닫는 상황을 친구인 아티쿠스(Atticus)에게 이렇게 울분을 토로한다. "아티쿠스여, 그대는 내가 여기서 무엇을 하고 있는지 궁금합니까? 나는 투수쿨란(Tusculan) 별장에서 반자유민(semiliber)으로 어정버정 살아가고 있네. 그대가 이 꼴을 보았다면 눈물을 흘릴 수밖에 없을 것이오."[15]

이 반자유민 키케로를 향해 세네카는 불평을 토로했다. 세네카는 참으로 스토아현자는 어떤 사건이 일어나 상황이 악화되어 갈 때 그것을 수습함에 있어 서성거리거나 우왕좌왕하지 않는다. 현자는 결코 죄인과 같은 신분의 나락으로 떨어지지 않을 것이다. 현자는 자유인이며, 주인이고 다른 사람보다 우월하기 때문에 영원히 안정된 자유를 누리게 될 것이다. 무엇이 현자보다 우월한 존재를 가능하게 할 수 있으며, 누가 운명의 여신보다 우월한 존재일 수 있을까[16] 하고 개탄한다.

세네카는 "선천적으로 우매하고 무지한 사람들은 같은 부류들로 야생동물이나 생명이 없는 것들과 다를 바 없다. 그래서 전자와 후자 사이에 차이가 없다. 전자는 이성이 없는 존재이며 후자는 사악한 것에 활력을 사용하기 때문이다. 만일 우리도 진리를 벗어나게 되면 행복할 수 없으므로 행복한 삶은 올바른 판단과 신뢰 그리고 영구불변의 사려분별에 기초한다. 그때 마음은 어두운 그림자에서 깨어나 일체의 악으로부터 벗어나 자유롭게 된다"고 하였다.

세네카는 영혼의 자유는 지속 가능하다고 확신했다. 우리의 마음을 흥분시키고 공포로 위협하는 것을 벗어 버릴 때 영혼의 자유와 마음의 평정이 유지된다는 것을 더 이상 말하지 않아도 언제인지는 몰라도 갈리오(Gallio)는 이해하리라 생각한다. 쾌락의 두려움이 모두 사라지고 악으로 인해 나타나게 되는 하찮고 허약하고 해가 되는 것 대신에 무한한 기쁨과 평화, 영혼의 조화 그리고 온정과 마주하는 저 자유의 위대함을 우리는 만나게 된다. 모든 잔인한 만행은 허약함이 그 원인을 제공한다.[17] 그러므로 우리는 자유를 위해 압제에서 벗어나야 한다. 그러나 자유를 획득하는 데 유일한 방법은 운명의 여신에 대한 무관심과 냉담이다. 그때에 더없는 축복과 평화 그리고 충만한 의기가 살아나게 될 것이다. 일체의 죄악에서 벗어날 때 진리에서 오는 기쁨, 자애로움이 솟아오를 것이다.[18]

신에 복종하는 것은 자유로운 의사에 의해 모든 것을 체념하고 주어진 운명에 맡기는 완전한 영적 독립을 누리는 자유이다. "세상의 모든 구조는 우리에게 고통의 짐을 지웠지만 우리는 귀중한 용기를 가지고 태어났기에 지금 해야 할 신성한 의무는 운명을 감수하고 결코 피할 수 없는 사건들에 평정심을 잃지 말아야 한다는 것, 그것이 곧 우리에게 지워진 의무이다. 우리가 전제주의 지배하에서 심한 고통을 받았다고 하지만 신에 복종하는 것 그것만이 자유다."[19]

세네카는 자유는 위기에도 동요하지 않는 침착함에 있다고 말한다. 또한 그는 사건이 발생했을 때 인내하기를 두려워 동요하는 것은 자유가 아니라고 했다. 우리는 자신을 자주 기만한다. 자유는 감정을 상하게 하는 모욕이나 무례함에도 마음이 동요하지 않는 초월함이며 기쁨을 솟구치게 하는 것에도, 사람들의 허튼 소리에도 두려워 불온한 마음을 가지지 않고, 밖에서 일어나는 사건으로부터의 의연함이다.[20]

자유를 갈망하는 자는 육체의 노예가 되어서는 안 된다. 세네카는 "나는 육체에 예속된 육체의 노예는 아니다. 나는 육체를 초월한 존재다. 내 몸이 단순한 동산(動産)이기보다 더 중요한 운명으로 태어났다. 그래서 이 몸을 일종의 운명을 조정하는 완충제로 내 영혼으로 침투해 오는 그 어떤 고통도 허용하지 않을 것이다. 왜냐하면 나의 몸은 위해나 무례를 당할 수 있는 나의 유일한 부분이기 때문이다. 항상 위험을 노출하는 이 육체 안에서 나의 영혼은 자유롭게 산다"고 노래한다. 세네카는 여기서 다음과 같은, 즉 "우리가 이 육체에 억류되지 않는 것이 참 자유다"[21]라고 강조한다.

철학은 미덕이다

    스토아 철학에서 "육체의 감옥"이라는 말이 자주 등장한다. 스토아 철학자 세네카도 우리의 육체는 고행하는 영혼의 무거운 짐이다. 그 짐에 눌린 영혼은 분쇄되고 압도되어 굴종한다. 철학의 도움이 없고 철학의 신선한 용기가 영혼에 침투하지 않는다면 영혼은 신성함을 이루지 못할 것이다. 철학의 과업은 종교적인 문제와 인간적인 문제에서 진리를 발견하는 것이다. 세네카는 인간의 용기와 영혼의 신성함을 철학의 힘이라 했다. 그는 친구 루킬리우스에게 보낸 글에서 생명은 영원한 신들의 선물이라는 말을 누가 의심할 수 있으며, 행복한 삶은 철학의 선물이라는 사실을 누가 반문할 수 있겠는가. 플라톤은 『크리토』(Crito) 48에서 "잘산다는 것은 생명 자체가 아닌 선한 삶을 사는 것"이라 했다. 세네카는 우리가 신들에게서 입은 은혜보다 철학에서 입은 은혜가 더 크고, 선한 삶은 단순한 생명을 유지하는 삶보다 더 유익하다고 했다. 그래서 그에 따르면, 신들은 철학에 관한 지식을 누구에게도 주지 못했지만 철학은 지식을 얻는 재능을 우리 모두에게 주었기 때문에 모든 사람은 철학에 감사해야 한다고 하였다.

만일 철학이 깊은 자비심과 관용을 제공하는 것이라고 한다면 루킬리우스여, 그대가 소중하게 생각하는 철학에는 무엇이 있기에 그러는 것인가? 철학의 유일한 기능은 신적인 것과 인간적인 것에 관한 진리를 찾는 것이 아닌가 하고 세네카는 묻는다. 그리고 그는 철학과 종교는 결코 떨어질 수 없는, 특히 그 사명과 정의 실현에 있어, 또 미덕의 실현에 있어 동료관계이며, 철학은 인간을 사랑하고 신을 숭배하는 것을 우리에게 가르친 스승이다.[22]

순수하고 천진난만한 원시인과 철학자 사이에 후자인 철학자의 기준에 도달하기 위해서는 항상 분투해야 한다. 철학자의 지고한 도덕적 표준과 권위에 달성하기 위해 악전고투하는 참모습은 미덕이다. 자연은 선으로 이끄는 기예(技藝)일 뿐 미덕을 부여하지 않는다.[23] 원시인이 매우 선량하고 천진난만한 것은 미덕과 악덕이 무엇인지 인식하지 못하기 때문이다. 그들이 선하고 결백하다고 해서 현자일 수 없다. 세네카는 원시인들이 정결한 정신과 영혼을 가진 사람이라는 사실에 부인하지 않는다. 그렇다고 그들을 미덕을 갖춘 자들이라고도 부르지 않았다. 천진난만하고 선량한 삶은 원시인이 살았던 그 시대 삶의 일반적인 경향으로 순박하고 죄 없는 자들이라는 칭호는 최고선의 도달에 유보적일 수밖에 없다. 그 이유는 혹독한 훈련과 가르침을 받은 영혼이 아니면 미덕은 생성될 수 없기 때문이다. 미덕은 고통과 고뇌의 끊임없는 훈련(paideia)으로써만이 가능하다.[24]

세네카는 다시 원시시대의 사람들은 죄 없는 결백함이 무엇을 의미하는지 그 사실 자체에 무지했다고 했다. 이 같은 사실로 볼 때, 죄를 짓지 말아야겠다는 의지와 죄에 대한 지식이 없다는 것에는 많은 차이가 있음을 알 수 있다. 미덕은 이성에 달려 있기 때문에 자의적 행위는 칭찬도 비난도 받기 마련이다. 원시인들은 정의가 무엇이며, 사려분별이 무엇인지, 자제와 용기가 무엇인지 판별하지 못한다. 그들의 자연 그대로의 조야(粗野)한 삶은 모든 미덕에 가까운 특성을 가지고 있지만 미덕은 잘 훈련된 좋은 가르침을 받은 영혼이 아니면 허락되지 않는다. 미덕과 현자는 고된 훈련의 산물이다.

필연적으로 미덕은 끊임없는 훈련과 교육, 그 실제적 적용을 기본으로 한다. 미덕은 인간이 이룰 수 있는 것이다. 왜 미덕은 가능한 것일까? 세네카는 묻는다. 그 이유는 인간만이 신적기원(Originis suae memor)을 가지는 존재라는 사실이 마음으로부터 떠나지 않기 때문이다. 선을 위해 헌신하는 자질이 부족한 사람은 사악하다. 우리 안에 미덕이 머물러 살고 영혼이 신성한 자는 신들과 동일한 자이다. 인간은 아래로의 전락으로부터 저 높은 곳으로 오르려는 노력을 주제 넘는 일이라 생각하지 않는다. 세네카는 루킬리우스에게 보내는 글에서 "루킬리우스여, 그대는 신적인 것을 왜 신의 한 부분으로 생각하지 않는가? 우리를 에워싸고 있는 전체 우주는 하나다. 그리고 그것은 신이다. 우리는 신의 제휴자이며 동료다. 우리 모두는 신의 구성원이다. 우리의 영혼은 성장할 소질이 있어 신의 현존에 참여한다. 악이 그것을 억누르지 않는다면 …… 마치 우리 몸이 똑바로 서서 하늘을 바라보듯이 영혼도 원하는 대로 멀리 뻗어나갈 것이다……"[25] 세네카는 이렇게 말한다. "인간의 자유는 고상한 마음에서 온다. 이와 같이 우리 모두는 이 고상한 마음으로 빛나는 영예의 수훈을 세우게 될 것이다. 언제인가 죽어야 할 운명의 우리는 이 세상에 태어날 때부터 벅찬 힘을 부여받았다. 우리가 이 힘을 사용하고, 우리의 능력을 모으

기라도 했으면 얼마나 좋았을까. 이성은 마음에 내키지 않는 것이며, 변명이며, 무능이다.[26] 그러나 아무리 어렵다고 하지만 우리의 지성과 끊임없는 연구와 노력에 정복되지 않는 것은 하나도 없다. 어린아이들이 어둠을 무서워하고 야생의 짐승들이 화사한 색깔의 깃털을 두려워하는 것처럼 우리는 분노에 두려움을 느낀다. 강한 자와 영웅들은 분노에 당당하지만 천박한 자는 분노에 휘말려 비겁해진다.[27] 아무리 잔인하고 이기적인 정욕이라도 훈련과 단련으로 정복할 수 있다. 사람들은 덕성으로 가는 길이 험준하고 거칠지만 고결한 불굴의 미덕은 결코 평탄한 길에서는 이룰 수 없다는 것을 알아야 한다"[28]고 충고한다.

우리가 마음의 분노를 추방할 수 없다면 덕망 있는 위대한 사람이 될 수 없다. 우리가 분노하기에 앞서 우리 마음에서 악덕을 쫓아내야 하는 것은 악덕과 미덕은 양립하지 않기 때문이다. 병들어 아픈 사람이 건강하지 못한 것은 노하여 화를 내는 사람이 선할 수 없는 것과 같다. 분노를 추방하는 것이 아무리 어렵다 하더라도 우리의 지성으로 정복할 수 없는 것은 아무것도 없다. 세네카는 인간의 능력에 낙관적인 생각을 가지게 된 것은 스토아 철인들의 역할과 공헌이었음을 잘 알고 있다. 세네카는 스토아 철인들의 신조이며 원칙이기도 한 자연과 이성의 명령에 따랐다. 자연의 법칙을 따라 우리 자신을 훈련으로 도야하는 것이 참 지혜이다. 그러므로 행복은 자연과 조화하는 삶이며 오직 그 한 길에서 도달할 수 있다.[29]

미덕이 교육의 후천적인 결과물이요, 통찰의 문제라고 한다면 악의 원천은 잘못된 판단, 즉 판단의 과오에서 오는 것이다. 세네카는 "도대체 선이란 무엇인가? 사실에 대한 인식이다. 악이란 무엇인가?

사실에 대한 인식의 결여이다"라고 했다. "미덕은 미덕 자체 밖의 다른 사실에 대한 인식을 의미한다. 우리가 미덕이 무엇인가 알려고 한다면 미덕에 관한 모든 것을 배워야 한다. 행위의 의지가 정당하지 않으면 행위는 정당하지 않을 것이다. 행위의 의지는 행위의 근원이기 때문이다. 올바른 마음가짐 없이는 올바른 의지를 기대할 수 없다. 올바른 마음가짐이 의지의 근원이기 때문이다. …… 올바르게 사는 삶의 법칙을 배우지도, 모든 일에 올바른 판단을 내리지도, 삶의 법칙을 진리의 표준에 일치시키지도 못하는 사람들이라면 최선자들에게서 인들 찾을 수 있겠는가. 마음의 평화는 확실한 판단기준에 도달한 자들만이 누릴 수 있다"[30]고 말한다.

정의와 불의, 평화와 불화, 안정과 불안은 순수한 사려분별과 명민한 통찰력의 문제이다. 철학은 인간을 환상으로부터 자유롭게 하는 위대한 해방자이다. 그뿐인가. 철학은 인간을 잘못된 의식에서 벗어나게 할 수 있다.[31] 세네카는 스토아 철인들이 육체만을 중시하기 때문에 그들이 영혼으로 돌아갈 것을 권고한다. 그래야 그들이 머지않아 신을 표준으로 인간을 평가할 것이다. 그는 명민하기로 뛰어난 루킬리우스에게 이제 깨어나 스토아 철인들의 말장난 같은 재담(才談)에서 벗어나라고 촉구한다. 소크라테스도 당시에 재담에 불과한 철학을 모든 행동규범으로 옮기는 것을 철회했다. 그는 최고의 지혜는 선악을 구분하는 것이라 했다. 그리고 말했다. 만일 내가 말하는 것이 옳다고 생각하면 여러분은 행복을 위해 철인들의 말 재롱에서 벗어나 내 명령을 따르라고 했다.

세네카는 악행은 과실이고 죄이며 마치 병든 사람과도 같다고 말했다. 병든 사람은 치료를 받아야 하며 철학만이 부정한 사람의 잘못을 치유할 수 있다고 하였다. 그리고 세네카는 과오를 범한 사람이라 해도 죄인으로 보아서는 안 되고 부정한 행위로 죄인으로 전락되는 것도 안 된다고 했다. 일시적인 탈선은 자신을 성찰할 수 있는 마음의 정화(淨化)가 요구된다. 세네카에 따르면 악덕은 합리적으로 취급되어야 하고 비행을 범한 자는 이성의 도움을 받아야 한다. 그는 사악한 양심에 끊임없는 불안과 고뇌의 아픔이 따른다고 말했다. 세네카는 사악한 행위는 양심의 채찍으로 맞아야 하며, 양심에는 끝없는 불안이 따르고 그 불안에 채찍이 가해지기 때문에 고통에 헤매고 있다. 그래서 양심은 평화로운 마음으로 해결하려는 보증인에 의지할 수 없다.[32]

　악행 다음에 오는 양심의 가책, 죄의식, 지속적인 불안은 세네카의 죄악에 대한 합리적 접근과 일치하는가? 과오, 추악, 부정과 같은 단어는 그의 붓끝에서 자주 되풀이되는 것으로 사악함과 과오를 동일시하는 것이라기보다 악에 대한 입장을 강조하는 것이 아닌가 생각해 본다. 세네카는 헤르쿠페스 푸렌스(Hercules Furens)에서 영웅은 죄악으로 더럽혀져 더 이상 살아갈 수가 없다고 단언한다. 오직 죽음, 자살만이 모든 죄를 치유할 수 있으며 누적된 죄악을 속죄할 수 있다. 그 무엇도 타락한 영혼을 정결하게 할 수는 없다. 그는 『아가멤논 클리템네스라』(Agamemnon Clytemnestra)에서 미덕으로 다시 돌아가기에는 결코 늦지 않다는 것을 시사하고 있다. 세네카는 만일 우리가 지은 죄를 뉘우친다면 우리는 거의 죄가 없는 사람이 된다고 하였다. 세네카가 이런 주장을 할 수 있었던 것은 그 자신의 견해라기보다 일찍이 그리스인들로부터 전래된 희곡자료에서 영향을 받은 것이 아닌가 생각할 수 있다.

자연에 조화하는 삶은 최고선

세네카는 악의 개념 정의에서 합리적인 접근에 미치지 못했다는 점을 보여주고 있다. 죄의 보편성에 대한 세네카의 증언은 사도 바울에 훨씬 가까이 접근했다고 보아야 할 것이다. 그러나 대체로 세네카는 인간 이성에서, 자신을 신뢰하는 확신에서(sibi fidere), 영혼의 생명에서, 인간의 용기에서, 인류의 교사로서의 현자에서,[33] 정신의 위대함에서, 이성의 권위에서 모든 것을 행할 수 있다는 확신을 가지게 되었다.[34] 이것은 바울의 메시지와는 근본적으로 다른 세네카의 윤리적 원칙이다. 세네카는 인간과 공동체에 대해 염세적이었으며 윤리학에 접근함에 있어 이 두 가지 면에서 동시대의 바울과 근본적으로 달랐다는 데에 주목을 끈다. 그 하나는 자연에 따라 사는 삶의 주창이다. 세네카는 자연과 조화를 이루는 행위와 판단으로 살아야 한다고 강조한다. 이렇듯 자연에 따라 자연에 일치하는 삶을 살아야 한다는 것은 세네카 윤리학의 중심개념이다. 그는 자연에 따라, 자연과 조화된 삶을 최고선으로 간주한다.[35] 최고선은 자연에 따라 사는 것이다

(summum bonum esse secundum naturam vivere). 자연은 인간을 명상과 행위의 삶이라는 두 가지 목적을 위해 이 세상으로 보냈다.

세네카는 모든 스토아 철인들이 자연을 따르는 삶을 살아야 한다는 신념을 가지고 있으며, 그들의 역사적 교의를 그 자신도 따른다고 말했다. 자연에서 길을 잃고 헤매기보다 자연의 숭고한 법칙과 패턴을 따르는 것은 참 지혜로 가는 길이라고 하였다.[36] 그러므로 행복은 자연과 조화하는 삶이다. 자연에 따라 사는 삶은 비본질적인 것을 벗겨버리는 삶일 뿐만 아니라 완성과 극치에 도달하려고 분투하는 삶이다. 인간이 다른 피조물과 구분지울 수 있는 고유한 잠재력은 이성이며, 이성은 일체의 전통적인 미덕을 포함한다. 인간은 용감하고 자제할 수 있는 존재가 될 수 있다. 그러나 그것은 어디까지나 인간이 미덕에 반하는 것이 어리석음이라는 사실을 이해하는 한해서 만이다. 그러므로 인간의 궁극적 목적은 완전한 이성의 성취이다. 인간은 완전만을 행할 것이다. 조금이라도 빗나간 것은 빗나간 것이다. 어떤 사람이 3인치 깊이의 물에 빠져 죽었든, 3패덤(fathom)의 물에 빠져 죽었든 익사한 것은 분명하다. 이와 같이 이성은 세네카에 있어 절대적이다.

헬레니즘 시대의 스토아 철인들과 에피쿠로스학파 철인들의 생활과 윤리적 이상은 세상만사에 대한 무감동(apatheia)과 무관심(adiapolon)이다. 그것은 세네카가 말하는 미덕과 현자의 공통적 가치이다. 아무리 사람이 가진 것이 없고 하는 일이 비천하더라도 현자는 왕이며 완전한 행복을 누리는 자다. 지금 왕이라도 현자가 아니면 행복한 자가 아니다. 많은 권력과 재산을 소유하고 있는 왕이라도 현자가 아니면 행복하지 않다. 인간에게 있어 지위와 재산은 외식적인 것으로 참 자아에게 영향을 주지 못한다.[37]

세네카는 그의 여러 작품에서, 특히 루킬리우스에게 보낸 도덕의 편지에서 자연에 따르는 삶이라는 표현을 자주 사용하지만 그에 대한 정확한 정의는 밝히지 않고 있다. 다양한 해석만이 가능할 뿐이다. 세네카가 말하는 자연이란 모든 창조된 만물과 우주인지 인간본성인지 무엇을 의미하는 것인지 분명하지 않다. 일반적으로 세네카의 자연은 전 우주와 인간본성을 의미한다고 생각한다. 그 근거는 그가 양자 간의 차이를 전혀 생각하지 않았다는 점이다. 대체로 자연은 세계이성에 의해 지배된다. 자연은 합리적인 체계로 구성되었다. 특히 인간은 이성을 공유하고 이성은 인간의 순수 본질이기 때문에 인간에게 있어 윤리적 삶은 이성에 따라 사는 삶이며, 그것은 자연에 일치하는, 자연과 조화를 이루는 삶이다. 결과적으로 윤리적 인간은 우주의 법칙에 기꺼이 복종하는 존재인 것이다.

자연에 따라 산다는 것은 이성에 따라 사는 것이며, 이성은 세계전체의 진행과정에서뿐만 아니라 인간의 삶에도 나타난다. 그러므로 인간은 미덕으로 가는 좁은 통로의 참 자아를 다시 찾기 위해 자연의 법칙과 자신 안의 이성으로 돌아가야 한다. 세네카는 우리들이 악덕의 지배를 받게 된다 하더라도 우리는 악덕으로 창조된 자들이 아니라는 사실을 항상 기억해야 한다고 충고한다. 악덕은 외부로부터 우리의 삶 안으로 침투해 온 것이다. 세네카는 자연이 우리를 창조했을 때 우리는 순수했다. 그럼에도 우리가 정도를 벗어나 길을 잃고 헤맸을 때에 자연은 우리를 바른 길로 되돌아갈 수 있는 힘을 주었다고 하였다. "자연은 어떤 동물에게는 잔인성을, 어떤 동물에게는 교활함을, 그리고 우리 인간에게는 용기를 주었다. 어떤 동물에게 공포를 불어넣었듯이 우리에게는 아름답고 명예로운 삶을 살아가는 고고한 정신을 주었다. 우리가 우리의 목을 멍에로부터 벗어나려 한다면 공포에 맞서 싸울 수 있는 용기를 가져야 한다. 무엇보다 먼저 향락을 배척해야 한다. 향락은 우리를 여자처럼 연약하게 만든다. 둘째로 우리는 부를 추방해야 한다. 부는 노예가 되는 증서(auctoramenta sunt servitutum)이다. 금과 은을 던져버려라. 그 밖의 모든 것도 풍요한 우리 가정에 무거운 짐이다. 자유는 무료로 얻어지는 것이 아니다. 만일 우리가 자유에 높은 가치를 매기려 한다면 다른 모든 것에 낮은 가치를 매겨야 한다"[38]고 충고한다.

미덕은 자연에 따라, 자연과 조화하는 삶인데 반해 악덕은 자연에 반하는 삶이며 적대적이다. 자연이 인간을 창조했을 때 인간은 선한 존재였다. 그러나 인간은 불행하게도 본래의 상태를 유지하지 못했다. 세네카는 인간은 이 세상에 태어나 살기 시작했을 때보다 죽어 세상을 떠날 때에 더 악해진다는 것을 인식해야 한다고 말한다. 그는 다시 말한다. "우리는 태어났을 때보다 죽음에 이르렀을 때 더 사악해진다는 것은 우리의 잘못이지 자연의 잘못은 아니다. 자연은 다음과 같은 말로 우리를 꾸짖을 것이다. 이 말의 의미가 무엇인지 루킬리우스여, 그대는 아는가? 자연은 그대를 정욕이나 두려움이 없는 미신으로부터, 배은망덕과 변절로부터, 저주로부터 자유로운 세상으로 보냈다. 이제 그대는 태어났을 때의 그대에게로 가라!"[39] 세네카는 다른 서신에서 약간 다른 말로 표현했지만 같은 의미를 갖는 매우 솔직함을 나타낸다. "우리의 결점은 천부적인 것이 아니다. 우리가 잘못을 범하게 되는 것은 외부로부터 와서 우리 안에 축적된 것이다. 그러나 자주 훈계와 충언으로 귀를 멍하게 하는 세간의 판단이나 선악의 평가를 분별할 수 있다. 자연은 악덕과 제휴하는 것을 막아준다.

자연은 우리에게 평화와 자유를 주었다.”[40] 그러므로 우리가 사악한 삶을 살아간다면 그것은 자연에 대한 반항이며, 자연이 정한 질서를 포기하는 것이며, 자연의 기반을 파괴하는 것이며 자연이 우리에게 뿌린 미덕의 씨앗을 질식시키는 것이다. 세네카는 특히 그의 『분노에 관하여』(De Ira)에서 악덕과 분노는 자연에 반하는 것이라고 자주 언급한다.

인간은 현실무대의 괴롭고 고달픈 상황에서 잠시 길을 잃고 정도(正道)를 벗어났지만 자연은 인간에게 미덕으로 가는, 미덕으로 되돌아갈 수 있는 능력을 주었다는 사실을 의심해서는 안 된다. 세네카는 이성과 자연의 완전한 조화를 확신하고 이 양자 사이에 불일치를 거의 상상하지 않았다. 그는 자연을 우리의 안내자로 삼을 것을 강조하면서 “자연은 이성이 경계하는 것이며 이성이 조언하는 것이다. 그러므로 행복하게 산다는 것은 자연에 따라 자연과 일치를 이루며 사는 것이다. 이성은 자연과 일치하는 자연의 복사품이다.”[41] 세네카는 선 자체는 자연에 반하지 않으나 이성이 없는 선은 선이 아니라고 말한다. 그 이유는 이성이 자연과 일치하며 조화를 이루기 때문이다.

세네카는 자연이 생존투쟁을 위해 적합한 무기로 우리를 무장시켰다고 말한다. 그러면서 그는 우리가 미덕으로 가는 길에서 벗어나게 되는 것은 자연이 우리에게 부여한 이성을 항상 오용하는 데에 그 원인이 있다고 생각했다. 우리가 이성의 길을 택할 것인지 아닌지는 우리 자신에게 있다. 사악한 행위는 불완전한 이성의 결과이므로 사실 지성과 관련된 문제이다. 만일 우리의 생각이 명민하다면 행동도 올바르게 할 것이다. 올바른 행동은 자연과 일치하는 삶을 살아가는 것이다. 스토아 철학에서 죄는 그 거처지가 지성과 사유(Denken) 안에 있으며 …… 도덕과 인륜(Sittlichkeit)은 올바른 사유에서 기인한다고 했다.

세네카는 친구 루킬리우스에게 영웅과 같은 용기를 늘 촉구한다. 세네카는 『도덕의 편지』 67에서 강조한 자연에 일치하는 삶을 살아갈 것이라고 확신했다. 세네카는 자연과 조화를 이루며 사는 것은 영광의 삶이라 정의하면서 이성과 자연은 완전한 조화와 일치를 이루는 것으로 이 양자를 분리하여 생각하지 않았다. 세네카는 신과 자연은 하나이며, 인간이 완전하다는 가능성은 이성이다. 자연, 이성 그리고 완전은 분리할 수 없는 불변적 관계다. 세네카는 말한다. 쉽게 취할 수도 없고 잡아낼 수도 없는 인간의 고유한 재산, 높고도 탁월한 이성을 찬양하여라. 그대는 그것이 무엇인지 알고 싶은가? 그것은 영혼의 완전을 이룬 이성이다(ratio in animo perfecta). 왜냐하면 인간은 이성적 동물이기 때문이다. 그러므로 인간의 최고선은 그대가 이 세상에 나올 때에 자연이 예정한 선을 완성함으로써 도달하게 된다. 그렇다면 이성이 인간에게 요구하는 것은 무엇인가? 그것은 세상에서 가장 쉬운 것인 인간본성에 따라 조화롭게 사는 것이다. "인간이 밖으로부터 오는 양질의 것들을 애찬하여 맞이하는 것보다 더 바보스러운 것이 어디 있겠는가. 만일 우리가 아름다운 미모의 노예시종과 호화스러운 집과 거대한 농장과 어마어마한 돈을 가졌다고 상상해 보자. 이 모든 것은 우리가 소유하고 있는 것이 아니며, 내 안에 있는 것도 아니며 내 밖에 있는 것이다"라고 세네카는 고언의 충고를 한다.[42]

세네카는 『도덕의 편지』 76.16; 76.10에서 이성과 완전(ratio et perfectus)의 관계를 자주 언급하면서 이성만이 인간을 완전한 존재로, 행복으로 인도한다고 했다. 이성에 의한 행복이 선이며, 행복한 인생은 이성에 좌우되고, 완전한 이성에 도달하는 것임을 강조한다. 완전한 인간은 자연과 이성의 조화에 일치를 이루는 것이다. 이와 같이 세네카의 작품에서 '완전'은 자주 언급되는 개념이다. 미덕은 열정과 조화를 필요로 하기 때문에 완전에 이르게 된다. 선자(善者)의 의미는 자연과 이성의 조화와 일치를 이룬 완전한 자이며 수행한 자이다. 육체와 영혼으로부터 선을 이루고, 인간이 육체와 영혼을 소중히 지킬 때에 인간은 완전에 이른다. …… 인간본성의 절대선은 육체와 영혼의 평화를 충족시킨다.[43]

인간은 서로 대조적인 두 부분으로 구성되어 있다. 그 하나는 비합리적인 부분으로 부식되어 변색해 버린 상흔이며, 다른 한 부분은 합리적인 것으로 결연한 소신과 견인불발의 용기이다. 우리는 후자에게서 인간의 최고선을 본다. 이 최고선에 도달하기 전에 우리의 마음은 불안하여 동요한다. 마음이 완전에 이르렀을 때 불안은 사라진다. 아카데미학파의 크세노크라테스와 스페우시푸스는 미덕만이 행복으로 가는 길이라 주장하지만 명예로운 것은 선만이 아니다. 에피쿠로스도 미덕을 가진 자가 행복하다고 말하지만 행복은 미덕만으로 충족되지 못한다. 미덕에 의한 쾌락과 미덕 그 자체만으로 인간을 행복으로 이끌 수 없다. 에피쿠로스학파의 철인들은 미덕 없는 쾌락은 존재하지 않는다고 주장한다. 본래 자연주의적 윤리설은 아리스토텔레스(Aristoteles)를 비롯한 키레나이코스(Kyrenaikos)학파와 에피쿠로스학파 등이 주장한 이기적 쾌락주의(egoistic hedonism) 형태이다. 이 학파는 무절제한 쾌락의 추구로 곧 관능적 쾌락에 빠져 향락과 순간의 쾌락을 선의로 정의하는 쾌락주의의 역리(逆理)에 부딪치게 되었다. 에피쿠로스에 이르러 고상한 쾌락, 즉 모든 것을 체념함으로써 마음의 평정(ataraxia)과 같은 최고의 행복에 도달할 수 있다고 생각했다. 19세기 존 스튜어드 밀(John Stuart Mill)은 그가 전개한 공리주의 사상에서 그리스도교적 요소와 더불어 세네카를 비롯한 스토아적 요소를 함축시켰으며, 에피쿠로스학파의 인생관인 지성이나 감정, 상상이나 도덕적 심정 등의 쾌락에 대해 단순한 감각의 쾌락보다 훨씬 높은 가치를 두었다. 그의 유명한 말, 즉 "만족하여 행복해하는 살찐 돼지보다 불만하여 투정하는 말라빠진 소크라테스가 낫다"라는 말에서 쾌락의 질적 우열을 인정한다. 쾌락은 양적보다 질적으로 평가되어야 하는 것이다. 이와 같이 쾌락은 미덕과 함께하고 미덕과 분리되지 않는다는 것이 전제되어야 한다. 그래서 쾌락만으로 또 미덕만으로 인간이 행복하게 될 것이라는 생각은 어리석은 판단이며,[44] 완전한 행복을 선이라고만 생각하는 것은 완전한 행복이 아니다. 세네카는 그런 완전한 행복을 찾을 수 없다고 말한다.

세네카는 미덕만이 행복을 충족시킨다는 사실에 의혹을 제기하면서 그렇다면 왜 신과 완전함은 인간의 행복을 충족시키지 못하는 것인가 아니면 넘쳐흐를 만큼 충족시키는 것인가? 완전함이란 인간이 얼마나 오래 사느냐는 생명의 기간에 좌우되는 것이 아니다. 친구 루킬리우스는 철학자 메트로낙스(Metronax)의 죽음을 슬퍼하면서 그가 더 살았어야 하는데 하고 말했을 때 세네카는 루킬리우스를 꾸짖으면서 인간의 삶은 얼마나 오래 사느냐가 아니라 완전한 삶, 충실한 삶이었는가로 판단해야 한다고 말했다. 인간의 일생이 평균에도 미치지 못하는 기간의 삶이었더라도 완전하고 충만한 삶이었다면 가치 있는 삶이다. 세네카는 "키가 작은 사람이라도 완전한 사람이 될 수 있는 것처럼 잠시 살았다 하더라도 완전한 삶이었다면 오랜 세월을 산 삶보다 가치 있는 삶이다."[45)]

세네카는 루킬리우스에게 다음과 같이 충고한다. 그대는 자연을 순응하며 살아야 한다고 생각하는가 아니면 자연이 그대에게 순응하여야 한다고 생각하는가. 공정한 입장에서 생각해 보고 나에게 말해 보게. 그대는 언제인지 몰라도 조만간 이 세상에서 떠나야 한다는 것과 지금 바로 떠나는 것과 어떤 차이가 있느냐고 묻지 않았는가. 우리는 오래 살려고 힘쓰지 말고 바르게 살도록 노력해야 하네. 그대가 오래 산다는 것은 운명의 여신의 힘이며 그대가 바르게 사는 것은 정신과 영혼의 힘이네. 루킬리우스여, 그대의 삶이 완전하여 충만하다면 그 삶은 장수한 삶이네. 완전한 인생은 완전한 최고선이 영혼으로 표현되었을 때이다. 게으른 일상으로 세상을 보낸 80세의 노인은 어떤 은전(恩典)을 얻을 수 있을까? 그 노인은 인생을 산 것이 아니라 잠시 그저 머물렀을 뿐이다. 그는 오래 산 것이 아니라 그저 80년이란 긴 세월을 죽은 몸으로 있었던 것과 다를 것이 무엇인가. 그대는 그 노인이 살아온 80년을 날짜로 계산해서는 안 되는 걸세! 그대의 친구 메트로낙스는 청년시절 꽃다운 나이로 이 세상을 떠났지 않았는가. 그러나 그는 선한 시민(boni civis), 선한 친구(boni amici), 선한 아들(boni filii)로서의 의무를 다하지 않았는가. 그 어떤 점에서도 모자람이 없는 청년이었지. 그의 수명은 짧았을지 모르지만 그의 삶은 완전하였네. 그 노인이 80세를 살았다는 것은 한 나무의 수명과 다를 것이 무엇이었겠는가[46)]라고 말하였다.

완전한 미덕에 이른 사람은 무엇인가 잃어버릴 것이라는 두려움을 가질 필요가 없다. 세네카는 자신을 완전하지도, 관용적이지도 못하다고 고백한다. 우리가 완전한 사람을 찾으려 한다면 운명의 굴레에서 벗어난 사람인지를 잘 지켜보아야 할 것이다. 세네카는 완전한 인간의 모습을 그의 작품에서 다음과 같이 묘사한다. 그는 완전한 인간이란 신적이며 인간적인 미덕의 충만함이고 내면적 삶의 완전한 조화로움이며 그 무엇에도 흔들리지 않는 단호함이라고 말한다. 그것은 다름 아닌 인격구성이 이성에 기초한 인간이다. 최고선으로 최고의 행복에 도달한 자는 마음의 상태가 늘 고요한 푸른 하늘과 같다. 여기서 세네카와 동시대에 살고 그리스교 사도이자 그와 우의(友誼)를 나눈 박학했던 바울 역시 세네카가 자주 사용한 '완전한 인간', '완전'(Teleios)이란 용어를 자주 되풀이하여 사용했다. 그러나 이 두 사람은 단어사용의 출발에서부터 달랐다. 바울은 '완전'의 의미를 종말론적 관계에서 해석했다. 그 확실한 실례를 코린토스인에게 보낸 바울의 편지에서 확인할 수 있다.

앞으로 오는 영원한 완전은 현재의 덧없고 무상한 불완전과 대조를 이룬다. 골로사이서 1:25~29에서와 같이 "하느님의 어리석음이 사람들보다 지혜로우며 하느님의 약함이 사람의 힘보다 강합니다. …… 인간적으로 본다면 지혜로운 이도 유력한 이도 가문이 좋은 이도 많지 않습니다. 하느님은 지혜로운 것을 부끄럽게 하려고 이 세상의 어리석은 사람을 택하였고, 강한 자를 부끄럽게 하기 위해 이 세상에 약한 자를 택하셨으며 잘난 체하는 것을 무력하게 하려고 세상에서 미천한 사람들과 멸시받는 사람들, 아무것도 아닌 사람을 택하셨습니다."

완전함은 종말론적 선언의 테두리 안에서 가능하다. 구원의 신비는 나이와 세대에 관계하지 않는다. 그리스도 안에서 신비의 영광이 드러났다. 바울은 모든 사람이 그리스도 안에서 완전하기 위해 전지적 지혜를 가르치고 바른 길로 인도한다. 세네카에게 있어 인간의 완전함은 이성만이 가능하며 행복은 완전한 이성에 도달하는 것이다. 그에 반해 바울이 말하는 완전함은 하느님의 의지에 복종하는 삶에서만 가능하다. 그리스도교의 인격적 완전과 불완전은 성령의 명령에 따라 사느냐 못 사느냐에 있으며, 그 결과에 따라 하느님의 나라를 차지하느냐 못 하느냐에 직결한다. 성령을 따라 사는 사람은 율법의 지배를 받지 않으며, 성령께서 주시는 열매인 사랑, 기쁨, 평화, 인내, 친절, 선행, 진실, 온유 및 절제의 덕에 따라 살아가는 완전한 자로 하느님의 나라를 차지하는 종말의 영광스러운 자리를 차지한다. 정욕과 육체의 욕망은 성령을 거스른 불완전의 전형이다.

세네카의 윤리학은 그가 미덕의 단어를 사용한 빈도로 보아 얼마나 인간중심주의였는지를 이해할 수 있을 것이다. 그가 미덕이란 말을 사용한 과정은 아주 특별하다 하겠다. 이 단어의 사용은 인간의 탁월성, 인간의 장점과 공훈 그리고 인간이 이룬 업적과 밀접한 연관관계를 가지기 때문이다. 미덕은 세네카의 윤리학에서 또한 그의 윤리체계의 중심개념이 되면서 자연적으로 도덕적 인간에 대한 관심으로 집중되게 되었다. 미덕이라는 말은 영어의 virtue로 세네카가 사용한 라틴어의 virtus를 가장 적합하게 해석한 것인지에 대해서는 의문이 제기될 수 있겠지만 스토아 철학과 세네카 연구의 최고 권위자인 폴렌츠(Pohlenz)가 스토아학파에 관해 말한 것과 같이 대체로 세네카에게도 적용된다. 즉 "비르투스(virtus)는 로마인들에게 늘 힘이 넘치는 사람다움 내지 사내다움(mannestum)의 용감성을 뜻하는 말이다. 그러나 사내다움은 전쟁과 공공생활에서 국가를 위한 헌신뿐만 아니라 공동체에 봉사를 의무화하고, 개인의 사명과 이웃의 행복에 기여하는 확고한 마음자세로 새로운 세대를 지켜가는 것이다. 비루투스는 개인이 지니고 있는 로고스의 완성이다. 또한 비루투스가 행복을 상급(上級)시킬 수 있는 것은 아니지만, 남성다움에는 모든 사람, 즉 남자나 여자, 노예나 시민 모두가 똑같이 다가갈 수 있는 것이다"[47]라고 칼 뷔흐너는 정의했다.

세네카의 작품에서 미덕(virtus)은 많이 등장하지만 개인의 미덕에 대해서는 그렇게 강조되지 않았기에 주목할 일로, 그럼에도 불구하고 사실 그는 개인의 미덕을 자주 열거한다. 예컨대 우정을 특별한 미덕으로 언급한다. 비루투스는 사실 개인의 완전함과 온전함을 의미한다. 비루투스는 인간의 정신적·영적 신성의 결과로 내적평화와 조화로 행복에 도달하는 강한 인격을 갖춘 남자의 삶에 대한 자세로 세네카 윤리학의 주요개념 중의 하나이다. 이와 같이 비루투스는 인간의 내면적 삶의 최후를 장식하는 빛이다. 비루투스의 빛은 영원히 꺼지지 않는 별빛과 같은 것이다. 그래서 세네카는 "미덕은 어떤 장애물에도 영원한 평화의 기쁨을 준다. 미덕은 마치 태양 아래에서 부동하며 중재하는 구름 같지만 태양 아래에 떠가며 앞서지 않는다."[48]

인간의 참 행복은 미덕과 용기

　세네카는 인간은 스스로에 의해 만들어지는 것이며, 행복 또한 그러한 것임을 강조한다. 그러므로 인간은 행복에 필요한 것을 소유하고 있어 신들에게 요구하거나 호소할 필요가 없다. 스토아현자는 지고하신 하느님이 자신을 신의 존재로 만든 것이 아니라 자기 자신에 의해 만들어진 신이라고 상찬한다. 더욱이 절대자이신 하느님이 오늘의 우리를 있게 하였다든지 앞으로 어떻게 되게 할 것이라는 신념은 찾아볼 수 없다. 인간이 미덕과 융합하고 조화하는 것이 무엇이든 선이라는 사실을 인식하게 되면 행복에 도달할 것이다. 어떤 사람이 미덕에서 구하는 것이 무엇이냐고 물었을 때 세네카는 미덕 그 자체일 뿐이라고 대답할 것이다. 미덕은 더 좋은 것을 제공하지 않으며 미덕 자체가 최고의 보상이다.[49] 세네카는 규범을 자랑스럽게 생각하며 미덕으로 나아가자고 촉구한다. 고결한 삶은 향락을 누리지 못하지만 향락에 지배되어 정신 팔린 사람들의 삶과는 근본적으로 다르다. 다시 강조하거니와 세네카는 미덕을 자연에 따라, 자연과 조화하는 삶

으로 이성의 산물이라고 믿고 있다. 고상한 사람은 선천적으로 미덕을 잘 수행하는 사람이다.[50]

세네카는 우리의 미덕은 자연과 조화로운 삶으로 그렇게 쉽게 얻어지는 것이 아님을 강조한다. 자연은 미덕을 인간에게 은쟁반 위에 담아주지 않는다. 아름다운 덕성을 갖춘 미덕의 인간이 되기까지는 끊임없는 시련과 교육과 훈련이 요구되는 아픔의 기예이다. 한 시대의 사람들의 삶이 아무리 훌륭하고 악의가 없었다 해도 그들은 현명한 현자는 아니었다. 그들의 유능함과 빛나는 칭호는 높은 업적과 위업으로 이루어진 것이다. 세네카는 여러 해 동안 소식이 없었던 그의 지난날의 학교친구 클라라누스(Claranus)를 만났다. 그는 나이가 들어 기대할 것이 없다고 말했다. 나는 연약한 몸과 고투하고 있지만 정신적으로 건강하다고 말한다. 클라라누스는 모든 장애를 이기고 자신의 몸과 세상의 모든 호화로운 것을 뛰어넘어 무시해 버리는 단계에 도달했다. 그러면서 말하기를 "공정한 모습으로 더 많은 기쁨을 주는 것은 가치에 있음"을 밝힌다. 미덕은 사회적 신분이나 계급, 신체적 아름다움과 무관하다. 기형적인 몸에도 미덕의 장려함이 있다. 미덕은 장식품을 요구하지 않는다. 미덕은 그 자체가 빛나는 광휘이며 영화(榮華)이다. 미덕은 우리의 육체를 신성하게 한다. …… 아무리 오두막집이라 하더라도 위대한 인물이 태어날 수 있다. 아름답고 고상한 영혼은 보잘것없는 몸에서도 생성할 수 있다.[51]

세네카는 노예가 그 주인에게 이로움을 줄 수 있다는 것을 부인하는 사람은 인간이 갖고 있는 진정성과 권리에 대한 무지라 했다. 중요한 것은 은전이나 도움을 베푸는 자의 신분이 아니라 의지인 것이다. 미덕은 어떤 사람에게도 문을 연다. 모든 사람에게 열고 모든 사람을 받아들인다. 자유민과 해방노예, 노예와 왕 그리고 추방자도 기꺼이 받아들인다. 미덕은 가문이나 재산으로 선택되지 않는다. 그 조건은 있는 그대로의 인간이면 족하다.[52]

완전한 인격을 갖춘 자들은 자족의 경지에 이르고, 미덕으로 아름다운 조화를 이룬다. 그들은 결코 균형을 잃지 않고 완전한 행복을 찾아 살아간다. 이렇게 조화의 삶을 사는 자들에게 영혼을 곧추 세워 빗나가지 않게 수호해 주는 것은 특별한 미덕이다.[53] 신성한 정신인 이성은 인간의 육체 안에 자리 잡고 있다. 키케로는 이성을 절대 진리, 운명과 같은 신으로 정의한다. 그것은 지혜sapientia와 같은 개념이다. 이성이 신성하다면 이성을 결여하지 않는 한, 선 역시 신성하다. 신성한 것들은 차이가 없다. 그러므로 환희와 단호한 마음으로 고통을 견디는 인내의 마음도 똑같은 선이다. 그 이유는 선과 이성의 신성성에 영혼의 위대함이 존재하기 때문이다.

미덕과 조화하는 삶은 모든 고통과 고뇌와 슬픔을 극복하는 것이다. 마치 밝은 태양의 광도가 점점 희미한 빛으로 비치듯이 미덕도 그 위대함과 탁월한 힘으로 일체의 아픔과 환란과 악폐의 뿌리를 분쇄하고 압도한다. 괴로움과 고통의 순간은 영혼의 조화를 위해 우리의 내적인 힘인 비루투스를 과시할 수 있는 기회이다. 불멸의 신들이 우리의 영혼에 긴장과 분발을 촉구하는 박차(拍車) 같은 것을 사용하더라도 두려워 움츠리지 말아야 한다. 세네카는 다음과 같은 충고의 말을 루킬리우스에게 전한다. "전사(戰士)들은 전투에서 입은 부상을 자랑으로 여긴다. 또한 그들은 전투에서 흘린 피를 보이는 것을 뜻밖의 행운으로 기뻐한다. 그러므로 부상을 당하고 돌아온 병사들은 더 큰 존경을 받게 된다. 내가 말한 바와 같이 신은 용감하게 싸운 전사들에게 최고의 미덕에 도달한 자들이라고 찬사를 보낸다. 루킬리우스여, 그대는 신의(神意)가 세상을 지배하는데 왜 많은 악폐들이 선한 사람들에게 엄습해 오는지 그 이유를 묻지 않았는가. 성공은 보통사람들에게도 온다. 별 능력이 없는 사람에게도 온다. 하지만 승리는 모든 고난과 죽음의 공포를 극복하는 위대한 사람에게만이 가능하다. 위대한 사람은 전쟁에서의 용감한 전사들처럼 모든 고통과 역경까지도 기쁜 마음으로 받아들인다. 미덕의 가치는 위험을 피하는 것이 아니라 기꺼이 대처하는 열망이다. 또한 그대는 폭풍우 속에서도 수로안내인처럼 전선에서 병사가 숙지해야 할 것이 무엇인지 배워야 한다. 그대가 만일 부에 탐닉한다면 어떤 마음가짐으로 가난에 맞서 대응할 것인지 내가 어떻게 알 수 있겠는가? 만일 그대가 주변의 노인들에게 칭찬을 받는 인물이라고 할 때, 그대가 유감스럽게도 불미스런 치욕이나 불명예 그리고 대중의 증오에 어떤 신념으로 어떤 단호함으로 맞설 것인지 내가 어떻게 알 수 있겠는가? 재앙은 용기와 덕성의 기회(calamitas virtutis occasio est)라는 것을 명심하게."[54]

인간은 불행과 불편한 삶을 원치 않는다. 그 누구도 병이 들어 아프기를 바랄 정도로 어리석지 않을 것이다. 세네카는 "만일 내가 병으로 고통을 겪어야 한다면 나는 그 고통을 두려워 겁을 내지 않을 것이다. 나는 고난보다 사내다움의 덕성을 열망한다. …… 미덕은 우리를 끈기 있게 고난을 이겨나가도록 하게 하는 힘이다. 미덕은 심한 고통을 단순히 참고 견뎌내는 것만이 아닌 용감한 인내이며 열망이다. 그러므로 나는 고통과 위험에 과감히 맞서 참고 견디는 인내를 갈망한다. 그것이 진정한 미덕이다."[55] 어떤 사람은 남성다움의 미덕을 큰 위기에서, 감옥살이에서, 전쟁에서 당당하게 과시할 것이다. 이와 같이 미덕은 절대 굴하지 않는 단호한 정신에서 볼 수 있다. 이런 사람은 자신의 미덕에 기뻐하며 만족해 할 것이다. 명예를 소중히 여기는 사람은 우연한 사건으로 생긴 성공과 실패에 자만하지도 좌절하지도 않는 용기의 미덕에 만족(virtute contenus)한다. 세네카가 가장 좋아하는 말은 '미덕에 만족', '미덕에 환희'(virtute laetus)이었다.[56] 그에게 있어 참 행복은 미덕에서 찾는 것이다. 그는 미덕만이 행복한 삶의 충분조건이다. 그에게 미덕 이외에는 아무것도 없다. 외적인 장식품은 임시변통의 겉치레일 뿐이다. 인간이 욕망을 채우지 못했다면 그 부족한 것을 어떻게 채울 수 있을까? 어떤 사람이 많은 재산을 모았다면 얼마나 더 가지려고 하겠는가?

미덕은 영원히 불변한다. 미덕은 청렴과 결백과 정도(正道)를 따른다.[57] 세네카는 루킬리우스에게 말한다. 아에트나(Aetna)가 붕괴하여 폐허가 될지 모른다. 그리고 깊은 바다 저 멀리 보이는 곳이 끊임없는 화염으로 황폐되었을지도 모른다. 하지만 미덕만은 타락을 모르는 위대함일 뿐이다. 미덕은 더 이상의 증진도 쇠퇴도 있을 수 없다. 푸른 하늘의 별들처럼 미덕의 모습은 늘 제자리를 지키고 있다. 자, 이제 우리는 저 높은 곳으로 뛰어오를 수 있도록 노력하자. 명성과 영광은 미덕의 그림자(Gloria umbra virtutis est)일 뿐이다.[58]

세네카는 영혼이 찾아낸 선(善)을 가장 진정한 선이라 했다. "미덕만이 영원한 평화의 기쁨을 제공한다." 미덕의 삶은 불멸의 원기이다. 우리는 늘 우리의 곁에 미덕이 있다고 생각할 것이다. 그렇다. 미덕은 장소가 어디든 우리와 함께하며 심지어 국외추방 때에도 동행한다. 미덕은 세네카가 국외추방의 유형 길에도 큰 위안이 되었다. 세네카는 아들을 걱정하는 그의 어머니와 자신에 대해 유배지에서 다음과 같은 말로 위로했다. "우리가 가는 곳이 어디이든 가장 경탄해야 할 두 사실이 우리와 동행할 것입니다. 그것은 조물주와 사내다움의 미덕입니다. …… 견인불발의 미덕은 저의 마음을 고통에 아랑곳하지 않은 강철 같은 꿋꿋한 불사신임으로 보증합니다."[59]

세네카는 미덕을 하늘에 있는 별들의 존재처럼 고고하고 영원히 불변하는 감히 필설로 다할 수 없는 표현을 동원했다. 그의 표현은 대담하기까지 하다고 하겠다.[60] 미덕보다 더 아름답고 장려(壯麗)한 것은 없으며, 미덕은 고원하며, 고귀하고, 제왕같이 당당하고, 의연하여 정복하기 어려운, 끈기와 불굴의 속성인데 반해 쾌락은 저급하고, 비굴하고, 연약하여 부패하기 쉬운 것이다. 매음굴과 선술집에 자주 왕래하며 머무는 쾌락은 눈에 잘 보이지 않는 어둠침침한 공중목욕탕과 땀을 내는 발한(發汗)실에 자주 나타나게 될 것이다. 미덕은 영원히 죽지 않는 것(aeterna virtus), 그런 미덕이 인간을 신들과 매우 가까운 존재로 이어준다. 그래서 미덕은 최고의 경지에 도달한다. 이제 미덕은 인간을 언젠가 죽어야 할 운명적 존재가 아닌 위상으로 전환시킨다. 그래서 인간은 신들의 친구가 된다. 그뿐이겠는가. 선한 사람들과 신들 사이에 아름다운 우정의 연분을 열어준다.[61] 그러므로 미덕은 명예로운 작위와 존경을 받는 신들과 같은 속성이다. 세네카는 미덕에 경의를 표하고 미덕을 오랫동안 추구해 온 자들에게 존경과 신뢰를 표하라고 말한다. 오랜 세월 미덕을 쌓으려고 많은 훈련과 고통을 극복한 자들은 위대하다. 루킬리우스여, 그대가 신들에게 하듯이 미덕에 경의를 표하고 미덕의 해설자들을 신들의 사제(司祭)로 존경하라고 세네카는 촉구한다.[62]

타키투스가 기술한 바와 같이 세네카의 사상에서 미덕의 실현에 가장 두드러진 모습은 그의 죽음으로 강조되고 예고되었다. 심지어 그는 죽음까지도 자유의사에 따라 자의적으로 결정한다면 자살은 장렬한 영웅적 행위이며 미덕의 삶의 일부분이라고 강조한다. 이것은 일반적으로 미덕에 대한 스토아 철인들의 태도가 무엇인지 그들의 자살행위를 장렬한 영웅적인 의협(義俠)으로 표현한 데에서 잘 나타나고 있다. 세네카는 자살행위를 높이 애찬해야 한다고 친구 루킬리우스에게 말했던 것처럼 그러한 죽음을 자신도 실현했다. 세네카는 "고상한 죽음을 가치 있는 죽음으로 생각했기 때문에 생명을 희생시키는 자살을 찬미했다. 그러면서 친구 루킬리우스에게 말한다. 그대는 고상한 죽음이 가장 영광스럽고 용기 있는 행위라는 사실에 대해 의심하는가? 우리는 고통과 고뇌를 용감히 극복해가는 데에 모든 미덕을 동원한다. 아마 인내는 가장 명시적인 감명을 주는 미덕일 것이다. 또한 용기도 그러할 것이다. 체념과 지구력 그리고 강한 인내심은 미덕의 산물이다. 또한 선견지명도 그러하다. 선견지명이나 통찰력이 결여된 계획은 성공을 보장할 수 없다. 우리가 피해서는 안 될 일들을 가능한 용감하게 지속하도록 조언해 주는 것도 선견(先見)이며 통찰이다. 단호한 신념도 그러하다. 그것은 어떤 비열한 힘으로도 그 목적을 포기하게 할 수 없게 한다. 이 모든 것은 미덕과 떨어질 수 없는 친구들이다. 이와 같이 우리의 명예로운 행위는 미덕의 작품이다."[63]

세네카의 영웅적인 고결한 죽음, 인내, 체념, 선견과 통찰의 단어들은 그의 영혼에서 떠나보낼 수 없는 것이었을 것이다. 더욱이 그에게 있어 사내다운 죽음은 생명에 대한 속죄이며 긍지임을 생각할 수 있다. 타키투스의 기록에 의하면, 세네카에게 자신을 죽음의 먼 곳으로 떠나보낼지도 모르는 절체절명의 순간에 그의 생명은 가장 소중한 것이었다. 백인대장이 세네카에게 이 세상을 떠나는 것이 그대의 의무라고 통보했을 때 세네카는 유언의 허락을 요구했으나 거부당했다. 이제 그는 그의 친구에게 가서 나는 이제 그대들의 도움에 감사하다는 뜻조차 전하는 것이 금지되어 나에게 남아 있는 유일한 덕성인 우리 시대에 가장 '아름답고 우아한 나의 생명의 상징'만을 남겨두고 떠나야겠다고 말했다. 타키투스는 그가 남긴 유언을 다음과 같이 전하고 있다. "……만일 친구들이 마음으로 항상 기억하면서 충직한 우정과 미덕을 행동으로 보여준다면 호평을 받을 것이다. 친구들이 눈물을 흘릴 때에 세네카는 달래고 위로하면서 때로는 꾸짖듯이 그들의 마음을 진정시켰다. 그가 요구한 것은 철학의 가르침이었다. 그들이 오랜 세월에 걸쳐 공부한 역경 속에서 살아나가는 데 필요한 행동규범들은 어디에 있는가? …… 세네카는 자신을 에워싸고 있는 친구들에게 이렇게 말한 후에 그의 아내를 포옹했다. 그리고 잠시 동안 꿋꿋하고 엄격했던 자세에서 부드러움을 보이며 아내에게 슬픔을 멈출 것을 간청하며 남편을 잃은 슬픔을 미덕의 삶으로 높은 위안을 삼아 늘 묵상할 것을 기도했다."[64]

인간의 미덕에 관한 세네카의 외침과 찬미를 동시대의 바울은 어떻게 생각했을까. 바울은 필립비서에서 "무엇이든지 참된 것과 고상한 것과 옳은 것과 순결한 것과 사랑스러운 것과 영예로운 것과 덕스럽고 칭찬할 만한 것들을 마음속에 품으라" 했다. 세네카가 강조한 미덕은 기본적으로 인간중심주의였다. 그것은 신의 행위보다 인간의 탁월함과 인간의 우수성 그리고 인간이 도달해야 하는 것에 초점을 두었다. 바울 서신에서뿐만 아니라 신약성서 전체를 통해 미덕이라는 단어는 거의 나타나지 않는다. 구약성서에도 그리스어의 아레테(arete,

미덕)에 상응하는 뜻의 단어는 없다. 아레테를 차용한 곳은 당시 헬레니즘 문화의 영향을 받은 유태교뿐이다. 헬레니즘 시대의 유태인 철학자에 의해 설명할 만큼 그의 여러 저술에서 아레테가 자주 등장하고 있다. 필론은 그의 작품 『인간애에 관하여』(*De Humanitate*)에서 윤리문제에 대해 모세의 율법을 기초로 하는 헬레니즘 철학의 열렬한 애호자로 미덕과 인간애사상의 가능성을 확신했다. 그는 같은 혈통의 동족, 이방인과 적들, 노예, 동물 그리고 식물에 이르기까지 취해야 할 태도를 밝히면서 민족적 차별이나 제한의 거부, 박해받는 자, 추방된 자, 국가의 변절까지 모두 포용하는 보편적 인간애를 강조했다.[65]

신약성서에서는 아레테가 네 번 정도 등장하는데 두 번은 하느님에 관한 언급이다. 이 두 경우에서는 아레테를 '미덕'으로 해석하기보다 하느님의 '놀라운 능력'(베드로 Ⅰ서 2:9)으로, '하느님의 탁월하심'(베드로 Ⅰ서 1:3)으로 표현한다. 그것이 인간의 미덕과 관련된 표현으로 단 두 번뿐이었다. 이와 같이 완전한 삶, 행복한 삶의 기초로써의 미덕의 찬양은 세네카의 작품에서 자주 나타나고 있지만 바울에게서는 아주 이질적인 것이었다. 그리스어의 안드레이아는 '사람다움' 내지 '사내다움'의 의미로 견인불발(堅忍不拔)의 꿋꿋한 불굴의 '용기'를 뜻한다. 호메로스 시대의 그리스 귀족사회의 유한인사(有閑人士)들의 가장 이상적인 인간형은 사내다운 용감한 사람이었으며 귀족들이 가져야 할 최고의 덕목이었다. 이러한 그리스어의 안드레이아(andreia, 용기)는 라틴어의 남성다운 용기(virtus)와 같은 의미를 갖는다. 세네카가 전사(戰士)의 이미지를 불굴의 용기, 즉 퍼르티투도(fortitudo)의 개념과 어떻게 연관시켜 사용했는지는 이미 밝힌 바 있다.[66]

세네카는 루킬리우스에게 용기를 다음과 같이 설명한다. 용기는 위험을 두려워하지 않으며 과감히 도전한다. 용기의 가장 아름답고 찬양해야 할 부분은 화형과 같은 무서운 형벌에 움츠리지 않고 명예 손상 같은 모욕에도 당당히 맞서며 창(槍)의 위협에도 피하지 않는다. 용기는 고문이나 고통을 이기는 강한 인내이며, 두려움을 조장하는 자들을 비웃는다. 그리고 그들을 경멸한다. 용기는 모든 것을 얕보고 도전하며 공포를 조장하는 세력과 자유를 속박하는 모든 세력을 분쇄한다.

용기 없는 생명체는 불행하다. 그렇다면 용기는 과연 무엇인가? 용기는 죽을 수밖에 없는 인간의 약한 운명을 지켜주는 난공불락(難攻不落)의 보루이다. 세네카는 친구 루킬리우스에게 우리의 철학자 포세이도니오스의 다음과 같은 말을 전한다. 루킬리우에게, 그대가 운명의 여신의 무기를 이용하기 때문에 안전하다고 생각하는 것은 오판이다. 그대는 자신의 고유한 무기인 용기로써 싸워라! 운명의 여신에게 의지하지 마라. 인간은 적에 맞설 무기를 스스로 갖추어야 한다.[67] 세네카는 루킬리우스에게 타락의 길로 이끌 수 있는 것은 아무것도 없다고 했다. 그 이유는 단순한 고통의 인내가 아니라 용기 있는 불굴의 인내이기 때문이다. 진정 그러한 용기는 미덕이 아니고 무엇이겠는가 하고 다시 반문한다. 세네카의 여러 서신에서 전사들의 용기 있는 모습들이 자주 반복되고 있다. 그는 루킬리우스에게 다음과 같이 용기의 진실을 전한다. 루킬리우스여, 인생은 사실 생사의 전투이다. 바다에 던져진 그리고 험준한 바위산들과 고지언덕을 힘들게 오르내리는 자들, 죽음을 무릅쓰고 출정하는 병사들, 이들은 영웅들이며 투사들이다. 그러나 사람들이 고통과 싸울 때, 타락하여 사치와 안이한 삶을 살아가는 사람들은 의좋기로 이름난 멧비둘기에 지나지

않는다고 했다.[68]

세네카는 또 다른 서신의 서문에서 "루킬리우스여, 그대는 선한 자가 되기 위해 엄숙한 약속을 했으며, 강한 맹세까지 했다. 맹세야말로 그대의 사려분별과 이성으로부터 벗어날 수 없는 가장 강력한 쇠사슬이다. 만일 어떤 사람이 그대가 선한 사람이 되겠다는 그대의 강한 맹세가 유약하여 사내답지 못하다면 무기를 버린 전사와 무엇이 다르냐고 조롱하지 않겠는가. 인간의 삶에 시련과 고통은 필연적인 것이다. 그대는 그 필연과 숙명을 피할 수 없으나 극복할 수는 있지. 친구여, 가장 명예로운 맹세의 말들인 화형에도, 감금에도, 칼에 찔려 죽는 죽음에도 충성을 하겠다는 그 선서들이 가장 치욕적인 맹약의 말로 되어버리니 말일세. 원형투기장에 맹수와 싸우는 검투사들은 먹고 마시는 것을 그들의 피로 갚아야 하며, 비록 마음에 내키지 않아도 모든 시련을 참고 견디는 것이 안전을 확보하는 것이 아닌가. 그대도 그런 시련을 불평 없이 기민하게 극복해 가리라. 검투사는 무기를 내려놓을 수도 있고 사람들의 동정을 살펴볼 수도 있을 것이다. 투기장에서 진행 중인 투기에서 '좋다, 잘한다' 혹은 '안 돼, 좋지 않아'와 같은 신호를 기다리면서 말이지. 그러나 그대는 무기를 내려놓지도 목숨을 살려달라고 애걸하지도 못할 것이다. 그대는 단호한 마음으로 선 채로 죽어야 한다. 우리가 며칠 몇 년 더 산다는 것이 더 이상 무슨 이득이 있겠는가? 우리는 이 세상에 태어나는 순간부터 속박과 의무가 우리를 구속하고 있지 않은가. 그대는 나에게 말하겠지. 그대는 인간이 언젠가는 필연적으로 이 세상에서 떠나야 하는 죽음을 피할 수 없지만 죽음의 공포는 극복할 수 있지"[69]라고 말했다.

한니발의 몰락은 안락한 그의 겨울 숙영지(宿營地)였다. 알프스의 눈 덮인 산을 넘어 승리의 승전가를 부른 전쟁영웅 한니발은 캄파니아에서 실컷 먹고 마시며 방자한 모습으로 활력을 잃어갔다. 한니발은 그의 병기로 여러 지역을 점령하는 데 성공했으나 악습과 비행으로 타락해갔다. 우리는 전쟁을 피할 수 없다. 전쟁 중에는 휴식도 휴가도 허용되지 않는다. 그런데 정복지에서는 육체적 향락을 일삼는 방종과 방탕이 난무하기 시작한다. 루킬리우스여, 그대가 알고 있는 바와 같이 그 방탕한 육체적 쾌락은 엄숙한 인격까지 채어간다는 것을⋯⋯. 그러므로 한니발과는 달리 우리는 잠시도 싸움을 포기하거나 육체적인 안락에 빠져서는 안 된다. 그렇게 하는 것은 승리를 위태롭게 할 뿐이다.[70]

세네카는 다시 "우리는 계속 번영의 길을 가기 위해, 또 역경에 용감히 맞서기 위해 이성의 힘으로 무장해야 할 것이다. 이 두 상황에서 우리는 병사처럼 행동해야 한다. 적군이 병영을 공격해오지 않을 때 편안한 마음으로 성벽 앞에서 잠을 자는 사람과, 다리의 근육이 잘라지는 상해를 입었음에도 무릎에 의지하여 무기를 떨어뜨리지 않는 병사는 미덕을 실천하는 용감한 병사가 아닌가. 그뿐이겠는가. 전선에서 돌아오는 피로 물든 병사에게는 사람들이 장하다. 그대는 영웅이라고 하지 않는가!"[71]

우리는 운명의 변화와 같은 영고(榮枯)와 성쇠(盛衰)에 대비하여 자신을 무장해야 한다. 그러기 위해서 우리의 정신과 영혼을 난공불락의 요새로 바꾸어야 한다. 적과 운명에 저항할 수 있는 유일한 무기는 이성이다. 그러므로 우리는 난공불락의 성벽을 철학으로 무장해야 한다. 숱한 병기의 공격과 운명의 여신은 철학으로 무장한 자들을 쳐들어 갈 수 있는 통로를 찾을 수 없다. 만일 우리가 외적인 것들(이른바 권력, 명예, 재산, 부 같은 것들)을 포기한다면 우리의 영혼은 단단한 반석 위에 서게 될 것이며 이제 난공불락의 보루 안에서 그 누구의 지배도 받지 않을 것이다. 그래서 던져진 창과 같은 모든 무기는 과녁에 미치지 못하게 될 것이다.[72]

세네카가 친구 루킬리우스에게 보낸 다음의 글에서 의무를 충실히 수행하는 훌륭한 병사의 복종심을 읽을 수 있다.

"겨울은 추운 날의 연속이다. 그래서 추워 떨지만 그것은 잠시이고, 다시 무더운 여름이 와 우리는 땀을 흘려야 한다. 계절의 순환과 기후의 변화는 건강의 균형을 잃게 한다. 그래서 우리는 병으로 고생하는 경우가 많다. 어디 그뿐인가. 여러 곳에서 야생짐승을 우연히 만날 수 있고 짐승보다 더 해를 입히는 사람도 만날 수 있다. 홍수와 화재는 많은 것을 잃게 한다. 그러나 이러한 세상의 질서를 바꿀 수는 없다. 그러니 우리가 할 수 있는 것은 무엇에도 굴하지 않는 용기와 인간다운 사람들을 얻는 것이며, 자연의 신 조물주와 조화하며 나에게 밀려오는 모든 고난을 이겨나가는 것이다. 조물주는 이 세상왕국을 조정하며 계절의 변화를 이어간다. 맑은 하늘 뒤에는 구름 낀 날이 오고, 평온한 바다 뒤에는 폭풍의 바다가 온다. 또한 바람은 번갈아 불고 낮은 밤이 된다. 떠오르는 별이 있으면 지는 별도 있다. 영원은 변증법적으로 진행한다. 우리의 영혼은 이 자연의 법칙을 따르고, 적응하고, 순응해야 한다. 어떤 일이 발생하는 것은 발생할 수밖에 없는 필연적인 것임을 기억해야 할 것이다. 조물주에게 투덜거리지 말고 그대가 개혁할 수 없는 것을 신의 인도로 모든 것이 진보한다는 것을 알아야 한다. 이와 같이 신을 따르고 참고 살아가는 것이 최선이다. 마치 그것은 병사가 그의 사령관의 명령에 불평할 수 없는 것과 같다. 명령에 불복하는 그런 병사는 자격 없는 병사가 아닌가"[73] 하고 경고한다.

힘이 없어 현자의 도움과 지원을 구해야 하는 자신의 현실을 심각하게 인식한 세네카는 잘 무장된 병영을 찾아 그곳에 도피처를 찾은 병사에 자신을 비유하는 처지에 이르게 되었다. 세네카는 현자들에 관해 다음과 같이 말한다. "현자는 부를 애찬하지 않으며, 역경에 굴하지도 낙담하지도 않는다. 현자는 자신을 의지하며, 자신으로부터 모든 기쁨을 이끌어 내려고 노력한다. 슬픔을 해소할 수 있는 것은 현자에게 의지하는 것이다. 나는 나 자신을 바로 세울 수 있을 만큼 강하지 못해 스토아 철인들이 있는 곳으로 갔다. 그들이 나를 보호해 줄 수 있다고 확신했다. 그 철인들은 경계 근무하는 병사들처럼 감시의 눈초리를 항상 떼지 말라고 명령했다."[74]

위대한 사람은 용감한 병사들이 전쟁에서 싸우는 것처럼 역경을 두려워하지 않고 모든 것을 이겨나간다. 최선자들의 병사가 국가에 헌신하는 것은 공동선을 위해서다. 그것은 신의 목적인 동시에 현자의 목적이다. 보통 사람이 바라는 것과 두려워하는 것은 사실 선도 아니고 악도 아니다. 또한 이것과 관련되지 않은 것 역시 선도 악도 아닌 무관심적인 것(adiapora)이다. 미덕은 운명 앞에 한 발 뒤로 할 수밖에 없다. 그러나 그것은 병사의 규범과 명예를 저버리지 않는 점진적인 물러섬이어야 하며, 현자는 생존투쟁을 위해 잘 무장해야 한다. 신은 우리에게 이성의 장비와 지식을 주었다. 우리에게 필요한 것은 이성의 도구일 뿐이다. 이성은 신에 거역하지 않는다. 이성은 조언과 지혜뿐만 아니라 행위의 실천을 충족시킨다.[75] 세네카의 모든 작품에서 우리는 군사용어와 전사들의 용기와 의무를 강조하는 그의 비유적인 표현을 자주 발견한다.

스토아 철학의 네 가지 주요 미덕 가운데 첫째 미덕은 용기로써 세네카의 여러 작품에서 자주 등장한다. 그다음은 지혜이다. 세네카가 의미하는 스토아 철학의 지혜는 삶에 대한 태도를 강조하는 실천적 윤리로 우리에게 친근감을 준다. 지혜는 자연과의 조화를 이루는 삶이다. 세네카는 신, 즉 자연신인 조물주로부터 이탈하지 않고 신의 법과 전형에 따라 자신을 훈련하고 연마해 갈 것을 권고한다. 이와 같이 신의 법에 따르고 자연으로 돌아가 죄를 벗어버린 자연 상태로의 부활을 참 지혜라고 세네카는 말한다.

세네카는 지혜와 철학의 차이를 다음과 같이 설명한다. 지혜는 인간정신의 완전 선(perfectum bonum)이며, 철학은 지혜의 사랑이며, 지혜에 도달하려는 노력이다. 철학은 지혜가 이미 도달한 목적지를 향해 노력해 가는 것이다. 혹자는 지혜를 신적인 것과 인간적인 것에 대한 지식으로 정의한다. 세네카에 있어서는, 지혜는 신적인 것과 인간적인 것을 인식하는 것인 동시에 원인도 인식하는 것이다. 철학은 여러 가지 방법으로 정의되어 왔다. 혹자는 철학을 '미덕의 연구'라 하였는가 하면, 혹자는 정신의 전환을 연구하는 또는 올바른 이성의 추구라 했다. …… 철학은 지혜로 가는 여정이며 지혜는 목적지이다. 그리스인들은 지혜를 소피아(Sophia)라고 했으며, 로마인들도 소피아를 '철학'이라는 의미로 사용하고 있었다.[76]

지혜는 이성적으로 신뢰할 수 있고 냉정하며 깨끗한 마음으로 신성한 삶을 살아가게 인도하는 미덕이다. 이러한 미덕에서 지혜를 발견한다. 현자는 인간적인 신성한 미덕으로 충만한 완전한 사람으로 '인류의 교사'이다. 지혜는 영원하며, 지혜의 총아로 찬양받는 현자는 불변적인 존재이며 신들과 동격으로 무기를 사용하지 않고 전 세계를 지배한다. 그리고 그 누구도 침해할 수 없는 세상 저 멀리 높은 곳의 평화 속에 산다. 현자는 신들의 이웃으로 우리를 죽음에서 구해줄 수 있는 신과 같은 존재이다.[77]

따라서 세네카는 지혜는 실제적인 적용력을 갖는 미덕으로 결속된 완전한 사람에게는 본유적인 것이라고 말했다. 탁월함과 우수성을 가진 완전한 사람은 항상 평온함과 기쁨으로 충만하다. 그러므로 완전한 사람, 현자는 신들처럼 그 내면이 신성하다. 세네카는 현자를 가장 이상적인 사람으로 칭송하고, 서정적인 용어로 묘사하며, 찬양하면서 늘 기쁨에 차 있었다. 우리는 세네카의 철학의 목적은 현자였으며, 철학의 주제 역시 현자였음을 확인할 수 있다. 그 철학은 다름 아닌 스토아 철학이었다. 세네카는 『도덕의 편지』에서 "그러므로 지혜의 결과는 영원한 기쁨이다." 그는 기쁨(gaudium)을 정의하면서 "참 기쁨은 그 어떤 반대상황에서도 변하지도 멈추지도 않는다. 참 기쁨은 고저와 기복 같은 부침(浮沈)에도 동요하지 않는다. 현자의 마음은 달 저쪽 푸른 하늘 같으며 영원한 평온은 온 지역에 충만하다. 현자의 기쁨은 현명함과 명민함을 만드는 이성으로부터, 미덕을 가진 지식에게서만 오는 것이다. 그래서 기쁨은 용감한 사람, 정의로운 사람, 자제력이 있는 사람만이 누릴 수 있는 그들의 전유물인 것이다"[78]라고 선언했다.

제3장 세네카의 세계국가사상과
인간의 사회적 관계

- 세네카의 세계국가사상
- 인간의 사회적 관계
- 자유 교양학

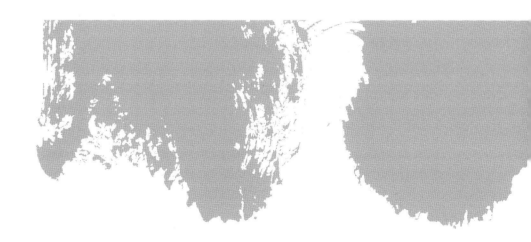

세네카의 세계국가사상

　세네카는 인간은 거대한 유기체적인 세계공동체의 일원으로 광범한 우주 안에서 자연과 조화하는 신적 기원과 같은 종, 같은 방법, 같은 목적으로 창조되었기 때문에 형제적 관계라는 인류 공동체적 세계국가사상의 새로운 발전 동력을 스토아 철학에서 찾았다. 이제 윤리와 도덕의 세계에 새로운 개혁이 나타나기 시작했다. 인간은 신과 자연스런 결합으로써 신을 체험하고 종교적 세계에 침잠했다. 동시에 오리엔트에서 유입된 그리스도교 교의의 기초 위에 동시대의 정신생활은 인륜과 종교적 경향성을 강하게 나타냈다. 그리스도교와 스토아 철학은 사상교류를 통해 세계조화의 길을 열어갔다. 이러한 윤리에 기초한 시대조류는 민족과 국가이성의 일반으로부터 보편적 인간의 문제, 인간 상호관계의 문제로 바뀌었다. 당시 정신생활의 지배적 경향인 스토아 철학은 세네카에게서 그 전형을 발견할 수 있다.[1]

　세네카는 자신이 살았던 시대는 물론 그 이후 시대의 정신세계에 많은 영향을 끼쳤다. 그의 시대적 공헌은 고대 사상체계의 경직성으로부터의 해소라 하겠다. 일찍이 세계와 인류를 하나의 통일체로 만들기 위한 이론적 기초는 피타고라스와 자연주의 철학자 엠페도클레스의 세계전체와 그 부분들에 대한 해석에서 출발했으며, 그 후 스토아학파에서 이론적으로 구체화하고 중기 스토아 철학자 포세이도니오스에 의해 확립되었다. 하지만 세네카 이전의 그 어떤 사상가도 인류가 하나의 동질적 존재임을 강조한 사람은 거의 없었다. 세네카는 거대한 건축물의 입상과 그 내부의 모든 부분이 서로 조화를 이루듯이 인간도 서로 불가분의 관계 속에 조화와 균형을 유지해 가는 것으로 보고 다음과 같이 말한 바 있다.

우리를 에워싸고 있는 전체 세계는 하나다. 우리는 하나의 거대한 몸의 부품이다. 신은 우리를 같은 종(種)으로부터 같은 목적으로 창조하였기 때문에 신의 동료요, 제휴자이며 신의 구성원이다. 신은 우리들에게 사랑을 싹트게 했다. 그래서 우리 모두는 우정과 사랑으로 하나가 되었다. 신은 공평과 정의를 바로 세워 주었기에 신의 다스림으로부터 해를 당하는 것보다 죄를 범하는 것이 더 비참하다. 신의 명령에 따라 도움을 받아야 하는 사람들을 위해 우리의 손길을 보내자. 우리는 모두 형제적 관계다. 그래서 우리는 모든 것을 공동으로 소유해야 한다. 우리의 상호관계는 돌로 된 아치와 같아서 만일 아치의 돌이 서로의 지탱을 거부하게 되면 붕괴되고 말 것이다.[2] 계속해서 세네카는 말한다.

신은 거대한 공동체를 우리들에게 부분적으로 제공했다. 우리는 선천적으로 사회적 존재다. 저 광대무변한 조화로운 세계 안에 있는 우리가 서로 도우며 산다는 것은 필연적인 것이다. 석조의 아치의 돌이 서로 자기 자리를 벗어나지 말아야 하듯이 인간도 서로의 도움 없이는 생존할 수 없다. 우리는 지금 살고 있는 현실의 조국보다 더 거대한 조국인 세계의 시민이며 구성원이다. 세네카는 국가의 명예와 가치를 손상시키는 것은 범죄행위이며 또한 동포를 해치는 것도 마찬가지라고 했다. 그 이유는 동포나 시민은 모두 국가의 일부분이기 때문이다. 우리가 전체 국가를 존숭한다면 그 부분도 신성하다. 우리가 누군가를 해치는 것이 범죄행위인 것은 거대한 공동체 안에서 사는 사람은 모두 같은 시민이기 때문이다. 만일 손이 발을 해치려 하고 눈이 손을 해치려 한다면 어떻게 할 것인가? 국가나 인간의 몸의 구성요소들은 서로 조화하는 단일체로서 각각의 지체들이 훼손되지 않는 것이 전체의 이익이기 때문에 인류전체는 서로 보호해야 할 것이다. 이와 같이 각 지체들 간의 사랑에 의해서만 인류공동체의 평화와 안전을 보장할 수 있다.[3]

현자의 조국인 세계국가와 시민의 국가인 현실국가의 개념이 세네카에게서 자주 반복되고 있다. 세계국가의 등장은 인류사회를 확립하고 세계와의 관계를 증진시키기 위한 스토아 철인들의 노력이었다. 우리의 조국은 세계이다.[4] 스토아 현자는 자신을 세계시민, 세계의 병사라고 생각한다.[5] 세계는 현자에게 가장 조화를 이루는 국가다.[6] 우리가 호흡하며 살고 있는 국가의 성벽 안에 우리를 가두기보다 세계와 교류하며, 세계를 조국이라고 말하는 것이 미덕을 확대해 가는 것이다. 이와 같이 세네카는 "나는 세계의 어느 한 구석에서가 아니라 이 세계에서 태어났다. 세계가 곧 나의 조국이다"라는 신념으로 살라고 충고한다.

세네카는 사회에 대한 기본 개념이 분명하다. 그는 사회공동체가 구성원들 간의 유대와 결속에 기초하는 것은 그 구성원들이 거대한 통일체의 부분이기 때문이다. 그들은 태어날 때부터 친구이며 친척이다. 따라서 그들이 서로 돕는 것은 본유적인 것이다. 우리가 인간을 떠나 다른 무엇을 사랑할 수 있겠는가. 인간은 상호 부조를 위해 태어났다.[7] 세네카는 다시 강조한다. "창조주는 인류에게 선을 행하라고 명령했다. 노예나, 자유민이나, 자유의 몸으로 태어난 자나, 해방노예나, 법적으로 해방했든, 혹은 친구들 앞에서 자유를 허가했든 무슨 차이가 있겠는가? 인간이 있는 곳에는 호의와 우정이 있기 마련이다."[8]

우리는 모두 보통 사람으로, 세계의 구성원으로 태어날 때부터 도움받을 가치를 가진 존재이다. 그것은 우리들만이 아니라 이방인들까지도 이 범주에 속한다. 자연에 조화하는 삶인지 아닌지는 우리의 눈이 인간에 향하는 한 분명 자연과 일치를 이루는 삶이다. 올바른 마음을 가진 자보다 무엇이 더 고결하겠는가. 세계와 인류를 파멸로 이끄는 분노보다 무엇이 더 무자비하겠는가. 인간보다 더 존귀한 존재는 무엇인가. 그리고 분노보다 더 적대적인 행동을 하는 것은 무엇인가. 인간은 서로 돕기 위해 이 세상에 태어났다. 하지만 분노는 서로를 파멸하기 위해 태어난 것이다. 인간은 하나가 되는 세계공동체를 갈망하지만 분노는 분열을 원한다. 또한 인간은 서로 도와주려 하지만 분노는 상해(傷害)를 원한다. 인간은 낯선 이방인까지도 구하려 하지만 분노는 가장 사랑하는 사람도 공격한다. 인간은 다른 사람들의 이익을 위해 자신을 희생까지 하지만 분노는 다른 사람을 위험한 함정으로 던져 넣으려 한다.

세네카는 전 세계와의 교류, 모든 사람의 우의적 관계(societas generis humani), 인류국가, 인류통일체(unitas generis humani)를 강조하면서 인간은 서로 돕는 공동선을 위해 이 세상에 태어난 사회적 동물로 세계를 인류가 사는 집으로 세계시민이기를 호소했다. 그의『분노에 관하여』
제3권에서 "우리들이 호흡하고 사람들과 같이 사는 한 인간애
(humanitas)를 소중히 생각하고 그 누구에게 두려움이나 위협을 주지
말자"[9]고 역설한다. 세네카는 인간애 즉 후마니타스를 강조했다. 그
는『도덕의 편지』에서 "자신을 위해 살려고 하는 자는 이웃을 위해
살아야 한다"[10]고 역설한다. 세네카의 철학은 개인주의와 세계주의의
결합이다. 그의 후마티타스는 인류의 조화를 위해 전쟁을 철저히 거
부한다. 로마 공화정기 무력으로 평화를 파괴하는 사태가 발생했을
때 전쟁은 필연적이라고 강조한 중기 스토아 철인들의 전쟁관을 비
판한 세네카는 평화주의를 지향한 전쟁 비판론자였다.[11] 세네카는 원
수도 사랑하라는 그리스도교의 교리를 강조하면서 원수에 대한 복수
를 원칙적으로 반대했다. 그는 "상해를 상해로 보복하는 것은 명예로
운 일이 아니다. 복수는 비인간적인 단어이다. 우리의 가장 굴욕적인
복수는 복수를 해야 할 상대가 복수를 취하지 않는 경우이다. 카토는
언젠가 모르는 사람에게서 구타를 당했을 때 사죄를 받았지만 그가
받은 타격에 복수하기보다는 그 사건을 전혀 마음에 두지 않는 것이
더 좋은 일이다"[12]라고 충고했다.

세네카의 인간애 사상은 가장 인간적이며 고전적 표현이다. 즉 "인
간에게 있어 인간은 신성한 것이다(Homo, sacra res Homini)"라는 말은
스토아 철학의 핵심적 도그마인 보편적 인류애사상을 나타내는 용어
이다. 그것은 기본적으로 인류통일체와 인류애 사상의 기본개념이기
도 하다. 한편 세네카의 후마니타스는 일반적으로 감상적이며 지극한
윤리화와 내면화의 지향인 동시에 다른 한편 합리주의적 주지주의의
경향도 강하게 나타낸다. 특히 그의 세계공동체사상도 세계지향을 위

한 주지주의적 특성을 지니고 있다. 세네카는 현자들에 의한 엘리트 귀족정치와 그들의 정신을 가장 가치 있는 재산으로 평가했다. 세네카를 비롯한 스토아 철인들은 도덕적으로 가장 우수한 현자로 자처하면서도 도덕적 자만심을 표방한 귀족주의자였다. 세네카는 도덕적 인간을 가장 이상적인 인간으로, 귀족으로 이상화하고 이를 인간의 가치기준으로 삼았다.

세네카는 그리스도교 인류애의 가르침을 수용하는 공동체는 하느님의 공동체이며 그리스도교 박애사상과 그리스도교의 신은 인간에게 나타나고 인간은 그 나라에 살기를 원하기 때문에 모두 신의 동등한 자녀인데 반해, 세계이며 동시에 자연이기도 한 스토아의 신은 고매한 정신의 소유자인 스토아 현자만이 성찰할 수 있는 것으로 생각했다. 그리스도교 세계주의는 철학적 인간애사상과 비교될 수 없지만 고전고대의 토양에서 발아한 고전적 인간애사상과의 결합에 의해 형성되었던 것이다. 초기 스토아는 개별국가에 관심을 갖지 않았으나 중기 스토아에서는 역사적인 민족국가의 문제가 구체화되기 시작했다. 파나이티오스는 "국가는 조화로운 법질서의 인정과 공동의 이익에 의해 결속된 인간의 결합체다"라고 정의한 바 있다. 그는 법질서와 공동이익의 특징을 국가의 본질적 속성으로 정부가 전체 시민의 이익을 외면하고, 법 앞에 평등하다는 이성의 법에 기초한 요구를 인정하지 않는다면 그 공동체는 진정한 국가가 아니라고 했다.[13]

파나이티오스는 여러 민족을 위해 고위의 신분에 의해 지배되는 귀족주의를 변호했다. 그는 정치에 있어 지배와 복종은 하나의 윤리적 책임을 의미하는 것으로 피지배자에 대한 지배자의 착취보다 피지배자의 복지와 향상된 생활수준의 제공을 요구했다. 중기 스토아의 대변자 파나이티오스의 인간과 세계주의 그리고 시민적 의무의 강조는 그의 철학적 세계관에 나타난 현실세계의 실천적 윤리를 강조한 것이다.[14]

이에 반해 후기 스토아는 국가에 대한 회의적인 입장이었기 때문에 개별국가와 세계국가 사이의 관계를 분명하게 밝히지 못했다. 이제 개별국가는 보편적 세계국가 사상의 그늘 아래 그 활력을 잃어갔다.

스토아 사상가로서의 세네카의 이상은 모든 사람이 같은 형제로 신과 하나 될 수 있는 고상한 나라, 철학의 나라로 가는 것이었다. 그러나 그는 세계국가이념 달성을 위해 개별국가를 완전히 부인하거나 포기하지는 않았다. 세네카는 세계시민 사회와 국가시민 사회의 조화를 위해 노력하면서 다음과 같이 말한다. "이 세상에는 두 국가가 존재한다. 하나는 제신과 인간을 포용하는 넓고도 합법적인 공동의 국가이며, 다른 하나는 아테네인이나 카르타고인의 국가처럼 모든 사람의 국가가 아닌 어느 특정한 인종의 국가이다. 어떤 사람은 이 두 국가에, 어떤 사람은 강력한 대국에 그 밖의 사람은 약소한 소국에 봉사하지만 여가가 있을 때에 섬길 수 있는 국가는 강력한 대국이다."[15]

세네카는 국가이념은 그 고유의 가치를 지니며, 국가는 필연성에 의해 만들어진 기구이므로 그것의 폐지는 곧 인류의 절멸과 같다고 했다. 이미 데모크리토스도 세네카의 국가관과 유사한 "만일 국가가 멸망한다면 모든 것이 소멸한다"[16]고 밝힌 바 있다. 세네카는 신, 인류, 우주를 하나의 통일체로 표현하는 데 반해 개별국가를 불완전하고, 종속적이며, 무엇인가 결여된 구성체로써 세계국가의 희미한 반사체를 보았다. 이와 같이 세네카의 국가사상은 인류의 아버지요 일체의 지배자이며 세계지배 이념으로서의 로고스가 세계와 인류, 제신과 인간을 포용하는 고상한 국가에로의 지향이었다. 어떤 면에서 다소 아이러니컬한 염세주의자이기도 했던 세네카는 세속사에 대한 허탈감으로 그의 허무주의적인 감정을 표현하기 위해 『자연의 문제』 (*Naturales Questiones*)를 기술하였다. 세네카는 이 작품에서 민족적인 개별국가로부터 세계국가를 지향했다.

그리고 세네카는 고결한 정신을 가진 사람은 일체의 악을 극복하고 자연으로 돌아가 비로소 인간의 완전한 행복에 이르게 된다고 했다. 그리고 그들은 부자의 궁전과 대지의 모든 황금을 조소하며 찬란한 별들에게 시선을 돌리는 자를 찬양하며, 그들은 침실의 천장을 빛나는 상아로 채우려하지 않는다. …… 많은 민족이 불과 칼로 맞설 때 분열은 필연적으로 올 수밖에 없다. 진정 인간 사이에 너와 나로 구분되고 경계선이 그어진다는 것이 얼마나 볼품없는 일인가? …… 그것은 마치 좁은 지역에서 일하며 사는 개미떼와 다를 것이 없지 않은가? 그렇다면 인간은 보잘것없는 왜소한 육체를 가진 존재 이외에 달리 무엇이라 표현할 수 있겠는가? 바로 이렇게 구분된 곳에서 인간의 무리들은 항해하고 전쟁을 하면서 국가를 세울 것이다. 그 결과 그 나라는 보잘 것 없는 아주 작은 나라로 온통 바다로 막혀 있을 것이다[17]라고 염려했다.

세네카의 국가관과 세계관은 중기 스토아 철학자 파나이티오스와 포세이도니오스의 국가관과 어떤 연관관계를 가진다는 것을 상정할 수는 있지만 어디까지나 그는 지구 중심적인 세계관에 냉소적이었다고 말할 수 있다. 세네카가 지상의 나라를 인정한 것은 결과적으로 이 지상에 사는 불완전한 사람들과의 화해와 타협을 강조한 것이지만 그 자신은 국가시민 사회와 세계시민 사회의 완전한 조화와 화해를 이루지 못한 것으로 생각했다. 개인의 독립적인 삶과 민족적 특수성을 가능한 관철하고, 또 국가 및 개인을 위해 인류 전체의 참여와 봉사의 가능성을 밝힌 세네카의 주장은 로마의 도덕철학에서조차 그 가치를 인정하지 않았다. 개별국가로서의 민족국가의 개념은 그 내면의 힘과 체온을 상실했다. 이와 같이 민족국가 개념의 약화는 단지 스토아 철학의 세계주의 지향에 그 원인이 있었다기보다 당시의 시대적·정치적 특성에서 찾을 수 있다. 관념적이고 감상적이었던 세네카는 아우구스투스에서 네로에 이르는 제국 초기 정치와 도덕이 위기에 직면한 현실에 불안과 혐오의 시선을 보낼 수 있었으나 결코 피할 수 없는 정치현실에서 세계국가와 인류애만을 이상화할 수 없었을 것이다. 고전고대의 초기에 나타난 스토아 세계주의와 더불어 외면적인 탈민족주의적 역사발전과 같은 시대정신은 범세계적 인간관계의 길을 열었다. 그 결과 이 시대의 정신생활에 가장 중요한 주제는 인류와 인간애였다.

이제 인간애의 문제는 철학적 논의의 대상이 아니라 신분과 국적의 구분 없이 하나로 결속하는 전 인류의 결합이었다. 이제 인간애의 설파는 후기 스토아 사상가 세네카만이 아니었다. 로마제국 밖에 사는 사람도 이러한 시대적 흐름 속에서 후마니타스의 확대에 외면할 수 없었다.[18] 헬레니즘 세계의 학문과 교육의 중심지인 알렉산드리아는 유태인 철학자 필론(Philon)이 그의 도덕론을 일반대중에게 널리 설파했던 곳이다. 필론은 성서의 가르침에 따라 유태적·헬레니즘적 세계관과 사상을 후마니타스와 잘 조화시키는 데 크게 기여하였다. 필론은 인간애의 보편적 가치를 신에 대한 사랑에서 유래하는 것으로 보았다. 그는 신에 대한 인간의 관계를 "모든 사람은 형제이며 신은 인류의 아버지이기 때문에 신의 사랑과 인간애는 긴밀한 관계를 갖는다"[19]고 말했다. 필론은 신이 명하신 바가 이웃 사랑과 형제애의 촉구이며, 경건한 마음과 인간애의 덕행은 불가분의 관계를 가지는 것으로 생각했다.[20] 또한 인간은 모두 신의 아들로 평등하게 태어난 자유민이라는 점을 강조하면서 당시의 노예제를 거부했다. 그의 작품 『인간애에 관하여』에서 그는 모세의 율법을 기초로 한 헬레니즘 철학의 열렬한 애호자로 동족, 이방인과 적들, 노예, 동물과 식물에까지 취해야 할 태도를 밝히고 민족적 차별이나 제한의 거부, 박해받는 자, 추방된 자, 국가의 변절자까지도 모두 포용하는 보편적 인간애의 확대를 갈망했다.

필론의 인류애 사상은 그의 철학세계를 형성한 유태교와 헬레니즘 철학의 산물로 볼 수 있다. 필론은 유태사상을 정의하면서, 유태민족을 사려와 의식이 같고 평화를 사랑하는 민족과 제휴하고 우의적 관계를 가지며 유태인에게 부당한 행위를 하는 사람을 경멸하지 않을 뿐만 아니라 비열한 방법도 취하지 않고 더 나아가 자신을 보호하기 위해 적대행위를 하는 민족과 그렇지 않은 민족 사이에 나타나는 위험을 예방하기 위해 노력하는 민족이라고 특징지었다. 그는 『요셉에 관하여』(De Joseph) 제2권에서 "본래 국가의 특수 정체들은 자연의 정체 부속품이다. 그 이유는 모든 국가의 법이 자연적 정의, 즉 이성의 부속품들이기 때문이다. 그러므로 통치자는 자연에 일치하는 정의의 삶을 살아야 한다"고 역설했다. 이러한 점에서 그의 인류애 사상은 세네카와 일치한다.

로마제정시대의 역사가이며 스토아 철학의 모순을 비판한 플루타르코스(Plutarchos)는 인류애와 박애사상을 헬레니즘 미덕의 실현과 완성으로 보았다. 인류애사상은 키케로와 로마 스토아 철학에서 그 점진적 발전과 완성을 이루었다.[21] 풀루타르코스는 모든 시대와 모든 민족 가운데에서 가장 훌륭한 박애주의자였다고 할 수 있다. 하지만 그는 세계공동체 사상이 국가이념을 능가하는 사상으로 발전하게 되면 그것은 로마제국의 몰락을 자초하는 요인이 될 수밖에 없다고 경고했다. 어디까지나 그는 세계공동체 사상은 로마제국의 세계지배와 같은 지상권(至上權)의 확대를 예비하는 철학 사상으로 간주했다. 그러나 세네카 이후 단순한 관념적 형제애 사상에 근거한 코스모폴리타니즘은 민족국가 이념의 내적 생명력을 약화시켰다고 지적했다. 하지만 민족국가 이념은 세네카와 후기 스토아 철학의 대표자이며 프리기아의 노예로 그 뒤 해방노예가 된 에픽테투스(Epictetus)에 의해 해체되었다.

아우구스투스 통치시기에 로마에 살면서 가르쳤던 탁월한 스토아 철학자는 세네카와 에픽테투스였다. 이들에게 있어 인생의 궁극적 목적은 내면적 평온함이며, 우주의 질서에 복종하여 얻어지는 참 행복이며, 우주를 전지전능하신 신으로 숭배하는 것이며, 자연 질서에 복종하는 것이다. 이와 같이 그들이 자연에 복종하는 것은 신의 의지와 조화하는 것으로 종교적 의무라고 생각했다.

에픽테투스는 윤리적·종교적인 인간으로서 그가 필요했던 것을 스토아 철학에서 찾았다. 네로 황제가 세네카를 그의 개인교사로 맞아 철학과 윤리교육을 받아 제위 초기에 선정을 베풀 수 있었듯이 마르쿠스 아울레리우스도 에픽테투스의 철학 강의를 통해 윤리적 삶의 가치를 인식하고 철인군주가 될 수 있었다.[22] 우리는 그에게서 만인의 아버지이신 신과 긴밀한 관계를 두 사상의 결합에서 볼 수 있는데,

그 하나는 자연을 따르라(folge der Natur)는 것이며 또 다른 하나는 신을 따르라(folge Gott)는 명령이다.[23] 이와 같이 자연을 따르고 신을 따르라는 명령은 세네카와 에픽테투스의 세계관에서 민족과 국가의 울타리를 해체하고 세계공동체와 같은 범세계적 인간관계의 지향을 엿볼 수 있다. 에픽테투스는 민족과 국가의 틀에서 벗어난 세계에서 그의 조국을 찾았다. 그에게 있어 인류와 세계는 분리될 수 없는 동질이요 공속(共屬)으로 세계 안에 있는 모든 부분적인 개체들은 세계와 인류의 유익을 위한 보조품에 지나지 않았다.[24] 에픽테투스는 세계시민은 세계에서 유래하여 신의 보편적 관계를 가지는 존재로 자신보다 타인의 유익을 먼저 생각해야 한다고 강조하면서 다음과 같이 말했다.

인간은 어떤 존재인가? 인간은 야생동물과는 다른 세계시민이며 세계의 부분요소이다. …… 시민의 본분은 무엇인가? 개인의 사사로운 이익추구나 독립된 존재처럼 무엇을 작성하고 계획할 것이 아니라 몸의 지체인 손이나 발처럼 행동해야 한다. 자연의 법칙을 이해하고 이성적 판단으로 손이나 발처럼 전체를 위해, 전체와의 관계 속에서 행동하는 것이 시민의 의무이다. 모든 피조물은 신의 단편이며 조각이다. 피조물인 인간의 내면에 신의 일부분이 있다.[25]

언젠가 소크라테스에게 그대는 어느 나라 사람인가 하고 물었을 때 "나는 아테네인이다" 혹은 "나는 코린토스인이다"라고 말하기보다 "나는 세계시민이다"라고 대답했다고 한다. 그의 표현에서 우리는 세계시민의 표준을 발견할 수 있다.[26] 이와 같이 소크라테스는 신과 인간은 같은 혈족이라는 명제에서 기초했다. 물론 세네카와 에픽테투스도 신과 세계이성의 융합을 보았기 때문에 그들에게 있어 신은 초월적 개념이 아니었으며 신과 인간을 구성원으로 하는 정부가 최고의 정부이며 곧 세계정부였다. 이성을 가진 인간은 신과 결합하여 신과 하나가 되는 신의 혈족인 동시에 세계시민이다. 각 개인의 시민적 의무와 신의(信義)는 기본적으로 신과 인간의 국가인 세계국가의 속성이며 인간은 어디까지나 인간이기 이전에 세계시민임을 강조했다.

인류애 사상은 세네카와 에픽테투스의 세계국가 공동체를 위한 기본이념이다. 그들은 "우리 모두는 같은 형제이며 신은 우리 모두의 아버지다. 우리는 같은 형제라는 사실을 기억해야 한다."[27] 노예도 우리들처럼 "그들의 조상이 제우스이며, 같은 종, 같은 하늘에서 태어난 우리의 형제"[28]이다. 모든 사람은 같은 형제로 평등하며, 세계시민으로서 경험적·역사적인 국가이념과의 대립은 필연적이다. 에픽테투스는 세계시민이며 신의 혈족인 인간은 신들과 인간으로 구성된 공동체의 부분품일 뿐이라 했다. 그리고 그는 "발이 분리되어 떨어져 나갈 경우 더 이상 발이 아닌 것처럼 인간도 공동체에서 떨어져 나간 고립된 존재라면 더 이상 인간이 아니다. 인간은 무엇인가? 인간은 신들과 인간의 구성체인 공동체의 일부분이며, 민족국가는 세계국가의 작은 복사품이다"[29]라고 정의했다.

퀴니코스학파의 철인들은 국가의 국법은 제거되어야 할 것으로 그 존재마저 부정하도록 가르치고 있지만 에픽테투스는 국가와 정부 그리고 법에 대해 그들과는 반대 견해를 피력했다. 에픽테투스는 노예 철학자로서 국가사상에 있어 세네카에 미치지 못하지만 퀴니코스학파가 일관되게 강조한 국가의 철폐나 폐지 같은 주장은 곧 인류멸망을 자초하는 것으로 그들의 국가와 국법의 부정을 단호히 배격했다.

세네카와 후기 스토아 철학자들은 인간애를 표방하고 있었지만 인간으로서의 존엄의 대상과 표준은 로마 귀족이었다. 로마 귀족정치의 전통과 편견에 의해 구체화된 스토아의 후마니타스는 사회제도의 개선이나 변혁을 요구하기보다 인간관계 재구성을 강조하는 것이었다. 그래서 세네카에게는 정치적 야심의 억제, 전쟁에 의한 적의 파멸보다 승자도 패자도 없는 세계국가가 목표였다. 근대 시민국가 발전에서의 시민의 정치적·법적 자유의 요구와는 달리 그들은 개별국가의 정치형태와 사회제도의 정당성이나 부당성에 대해서는 일체 언급하지 않았던 것이다. 그의 정치와 정치가에 대한 요구는 세계주의 이상 실현과 그 확대이었거니와, 그러므로 정치권력의 억제, 적에 대한 관용 그리고 정치적 민족주의의 포기였다(Edelstein, *op. cit*., pp.84~86).

스토아 철학자들은 정부형태의 왕정·민주정·과두정 중에 어떤 정체이든 그 자체를 합법적인 정치기구로 인정했다. 그들에게 있어 가장 이상적인 정부형태는 민주정·귀족정의 정치원리가 결합된 군주정이었다. 그 이유는 이 세상의 모든 것은 제도에 의해서가 아니라 인간에 의해 결정되는 것으로 생각했기 때문이다. 세네카에 따르면, 군주는 통치와 지배를 봉사로 생각하고 자신의 교양과 도덕을 확대해 갈 수 있는 신하를 구하여 혁명적인 개혁에 의해서 보다 자선을 최우선으로 하는 세계주의 이상을 실현해 가야 하는 지상과제를 갖고 있었다(Seneca, *De Clementia* I.2.2).

인간의 사회적 관계

    세네카는 『마음의 평온에 관하여』(*De Tranquilitate Animi*) 7.3에서 "우리 마음에 다정함과 진실한 우정만큼 기쁨을 주는 것은 아무것도 없다. 마음속 깊이 기다리는 자가 있다는 것이 얼마나 축복할 만한 일인가! ······ 이야기를 나눌 수 있는 자가 있어 그대의 걱정을 달래 주니 얼마나 행복한 일인가! 의견을 교환할 자가 있어 그대의 결정을 도와줄 수 있으니 얼마나 기쁘겠는가! 같이 기뻐할 자가 있어 그대의 슬픔을 멈추게 하니 얼마나 고마운 일인가! 그대에게 기쁨을 주는 자를 본다는 것은 또한 얼마나 천혜(天惠)인가?" 우리는 이기(利己)와 욕망으로부터 멀리 떠난 자유로운 자들을 선택하려 한다. 악폐는 무관심 속에 아주 빠르게 다가온다. 그러나 우리는 그 악폐와의 접촉은 물론 흑사병이 만연하여 그 병에 전염된 자들과 가까이하는 것을 꺼려한다. 이와 같이 우리는 친구를 선택함에 있어 사람 됨됨이와 인격적 특성을 고려하고 결함이 많은 자보다는 적은 자를 선택하게 될 것이다. 병든 자와 건강한 자가 마주하면 병은 전염되기 마련이다. 현자만이 가장 적합한 자다. 세네카는 친구를 선택하는 일이 얼마나 신중해야 하는 것인가를 강조하면서 다음과 같은 비유로 설명한다.

우리는 위해(危害)를 어떻게 이겨나가야 할지 잘 알지 못하기 때문에 가급적이면 예방에 노력해야 한다. 아주 침착하고 냉정하고 착한 심성을 가진 사람과 동행해야 한다. 다른 사람을 괴롭히거나 흠잡기를 좋아하는 사람은 멀리해야 한다. 우리는 가까이 친교를 나누는 사람에게서 많은 습성을 배우게 된다. 인간은 약한 존재이기에 가까이 지내는 사람의 결점과 흠에 젖어들기 쉽다. 술고래 모주(謀酒)꾼은 친구들을 다정한 술친구로 유혹한다. 뻔뻔스럽고 수치심을 모르는 술주정뱅이 친구는 강하고 의로운 자와 영웅까지도 타락시킨다. 탐욕은 그 이웃에게도 독을 옮긴다. 이 원리는 미덕에도 적용된다. 미덕은 독을 옮기는 것이 아니라 지혜와 선함과 용기를 가져다준다. …… 아무리 사나운 야수라도 우리와 우호적인 관계에서 길들여지는 것을 관찰하게 되면 친근한 접촉의 힘이 얼마나 큰 것인지 이해하게 될 것이다. 아무리 사나운 동물이라도 인간과 오랜 우정을 유지하게 되면 난폭성이 사라지게 되고, 그들의 잔인성이 무뎌져 점진적으로 평화로운 상태로 바뀐다.[30]

세네카는 루킬리우스에게 다음과 같은 충고를 한다. 루킬리우스여, 그대에게는 인생행로에서 피해야 할 두 길이 있는데 그 하나는 이 세상에 악한 자들이 많아 그들의 힘을 무시할 수 없다 하여 그들에 휩쓸려 모방하는 짓을 해서는 안 되며, 또 사악한 자들이 그대와 다르다 하여 그들을 증오해서는 안 될 것이다. 가능한 한 그대는 자신의 실존으로 돌아가 그대를 선한 자로 인도할 수 있는 사람들과의 친교를 계속 유지하게. 그대를 더 아름다운 인간으로 이끌 수 있는 자들을 환영하게. 인간의 발전과 변화는 상호적인 것으로 가르치면서 동시에 배우기 때문이 아닌가.[31] 누군가를 친구로 삼는다는 것은 간단한 일이 아니지. 루킬리우스여, 그대가 어떤 사람과 우의적인 관계를 가지려 한다면 오랜 숙고와 성찰을 아껴서는 안 되네. 그러나 그를 친구로 인정하기로 결정했을 때에는 그를 충심으로 환영하여 맞이하게. 그것은 그대 자신에게 이야기하듯 서로 격이 없어야 하네. 친구 사이의 우의는 영적 행복을 가져온다고 확신한 나 세네카는 완전한 현자나 현자에 접근해 있는 자를 찾을 것이네. 현자는 명예로운 일을 같이 논의하고, 고귀한 사상과 정신을 우리의 마음속에 심어주는 데 참되고 쓸모가 있지. 친구에게 우정을 보이고 친구의 발전과 승진을 마치 자신의 일인 것처럼 기뻐하는 것은 신에 부합하는 것이 아니겠는가?[32]

세네카는 인간관계의 찬부양론과 이해득실을 주의 깊게 비교해 보아야 한다고 말한다. 우의가 정신적인 이득을 가져올 것인지 그 가능성을 고려해 보아야 할 것이다. 우리는 사악한 자들과 미덕을 갖춘 도덕적인 사람으로 구분된다는 사실을 기억해야 한다. 사악한 자들은 악으로 오염된 자들로 다른 사람을 쉽게 악에 물들게 하며 미덕을 갖춘 사람은 모든 사람의 영적·정신적인 역량을 상승시킨다. 인간이 도덕적인 사람과 접촉해야만 한다는 것은 두말할 필요가 없다. 그 이유는 도덕적인 자들만이 개인의 인격형성과 인격도야에 기여할 수 있기 때문이다. 따라서 세네카는 인간 중심적이고 정묘(精妙)하고 치밀한 자기중심적인 우의에 대해 깊이 생각했다. 그리고 다음과 같이 충고한다. "루킬리우스여, 그대가 자신을 위해 살려고 한다면 이웃을 위해 살아야 한다. 만일 인간의 삶에 다른 사람을 위한 삶이 없다면 인간의 영적인 삶은 이루어질 수 없다."[33]

또 한편 세네카는 동료에 대한 지나친 집착이나 애착은 현자의 평온한 마음을 자주 산만하게 한다. 사람은 어느 때에 친구와 기꺼이 헤어질 수도 있어야 한다. 그것은 이런 점에서이다. 현자는 외부와의 관계없는 자족하는 삶을 유지해야 하는데 그것은 친구 없이도 자족할 수 있는 것을 의미하는 것이지 친구가 없어야 한다는 전제조건을 두고 하는 말은 아니다. 세네카의 말의 의미는 사람이 친구를 잃었을 때 침착하고 평정심으로 이겨내야 한다는 뜻이다. 현자는 많은 친구를 요구하지만 행복한 삶을 위해 많은 친구를 구하려 하는 것은 아니다. 현자는 친구 없이도 행복하게 살아간다. 인간이 추구하는 최고선은 밖의 세계로부터가 아닌 영적・정신적인 세계에서 찾아야 할 것이다.[34]

현자는 자족(自足)하는 자이다. 현자는 자족하며 오만을 부리는 자로 많은 사람들에게 잘못 전해지고 있다. 이런 말이 나오게 된 원인은 사람들이 현자는 이 세상에서 물러나 있는 유리(遊離)된 존재로 내면의 세계에서 안일하게 살아갈 수밖에 없다고 생각하는 데에 있기 때문이다. 그러나 이 말이 무엇을 의미하며 과연 적합한 말인지 주의 깊게 생각해 보아야 할 것이다. 현자는 단순한 인간 존재로서가 아니라 행복한 삶을 위해 자족하는 자이다. 현자에게는 생존을 위해 많은 것이 요구되지만 행복한 삶을 위해서는 올바른 영혼만을 필요로 한다. 그 영혼은 헛된 운명의 여신을 무시해 버리는 온전한 영혼이다.[35]

현자는 자신에게서 떠나버린, 이미 떠나 없어진 것은 선이라고 생각하지 않는다. 현자는 스틸보(Stilbo)의 예를 따른다. 스틸보는 출생한 곳이 적에게 포획되어 그의 아내와 아이들을 다 잃고 말았다. 그러나 그는 잃은 것이 무엇이냐는 테미티리우스의 물음에 "나는 잃은 것이 전혀 없다"고 말했다.

세네카는 두려움, 이기심, 욕구에 의해 파괴될 수 없는 것, 그것이 참 우정이라고 생각한다. 우리는 인생의 목적이 무엇인지 관심을 가지고 공동선을 위해 노력하고 모두를 돕고 비록 우리의 손이 늙어 연약해져도 우리의 적들까지도 지원하는 것을 멈추지 말아야 할 것이다.[36] 세네카는 왜 적들까지도 도와야 하는지 분명히 밝힌다. 그것은 공동선을 위해 노력한다는 의미의 함축이다. 인간은 거대한 조화로운 몸의 한 부분이라는 개념과 밀접한 관계를 갖는다. 이러한 동기에서 세네카는 '상해(傷害)를 가하는 폭력 같은 적대적인 힘'은 비열하고 비인도적인 행위라 비난했다. 인간의 인정 어린 마음은 사자와 같은 맹수까지도 유순하게 만든다. 이와 같이 세네카는 적들에게 항상 관용과 용서를 촉구한다. 세네카는 세계는 인류의 조국이며, 조국의 통치자들은 신들이며 또 그들은 내 위에, 내 주변에 살고 있다고 생각한다. 그들은 우리의 말과 행위를 감시하고 비판하는 검열관이다. 그리고 조물주인 신이 나의 생명을 강요하고 나의 이성이 생명을 자유롭게 떼어놓으려 할 때마다 나는 이 세상을 떠날 것이라고 했다. 스토아 철인들은 자살을 참기 어려운 역경으로부터 해방으로 가는 영웅적인 길이라고 생각했다.[37]

그러나 세네카에게 있어, 참기 어려운 고통으로부터 벗어나는 해방의 길이라는 데에서 자살이 주요 동기가 된 것은 아니다. 우리가 어느덧 지나가 버리는 인생의 무상함에서 적의와 싸움으로 산다는 것이 얼마나 어리석은 짓인가. 우리는 우리의 자신과 운명을 같이하는 친구에게 다음과 같이 말해 보자. 우리가 살려고 태어났음에도 분노를 드러내며 잠시 머물렀다 가는 인생을 헛되이 보내는 것을 왜 마다하지 않는가? 우리는 아픔에 시달리고 있는 사람을 위해 맑고 정숙한 기쁨을 주는 데 왜 인색한가? 왜 우리는 서로를 공격하는 싸움을 일삼으며 스스로 고통을 초래하는가? 왜 우리는 자신의 나약함을 망각한 채 증오의 큰 짐을 지는가? …… 머지않아 우리는 죽음의 세계로 발을 옮겨가게 될 것이며, 잔인한 투사들은 모두 사라지게 될 것이다. 왜 우리는 향락에 젖어 방탕하여 삶을 불안하게 하는가? 이제 우리의 머리 위로 불안한 운명이 다가온다. 죽음의 시간이 아마 그대 가까이 오고 있을 것이다. 그대는 짧은 인생을 정리하지 못하고, 다른 사람의 평화를 위해 왜 노력하지 않는가? 왜 그대는 사는 동안 모든 사람에게 사랑을 받으려고 하지 않는가? 그대를 이 세상에서 떠나보낼 때 왜 사람들이 애석하게 생각하지 않는가? 잠시 기다려라. 그리고 보아라. 이제 그대를 이 세상의 모든 사람과 평등한 길로 가는 죽음이 오고 있다는 것을[38] 세네카는 인생무상과 생존의 실존적 가치를 이렇게 일깨운다.

세네카는 우리의 운명은 때로는 동물의 운명과 같다고 말한다. 예를 들면 황소와 곰은 투기장으로 갈 수밖에 없고 결박된 채 지정된 도살자에 의해 죽을 때까지 상처투성이로 애를 먹게 될 것이다. 동물의 운명이 인간의 운명과 다를 것이 무엇이라 하겠는가? 우리도 우리 곁에 갇힌 자를 괴롭힌다. 결국에 인간의 운명은 승자와 패자 모두를 위협한다. 그러니 얼마 남지 않은 시간을 정양(靜養)하며 평화롭게 보내자! 가까이에서 발포의 소리와 격투는 끝난다. 우리가 시체로 누워 있을 때 그 누구도 우리를 향해 혐오의 시선을 보내지 않도록 하자! …… 왜 우리는 결투와 덫과 같은 유혹의 함정에 매몰되어 있어야 하는가? ······ 루킬리우스여, 그대는 죽음보다 더 큰 해악인 분노의 희생자가 되기를 바라서야 되겠는가? 그대가 비록 손가락을 움직이지 않아도 그는 죽을 것이다. 그대가 사악한 방법으로 얻게 된 부도덕한 기쁨과 쾌락은 다른 사람의 아픔에서 얻은 아주 짧은 시간의 일이지만 그 아픔은 오죽하겠는가! 머지않아 우리는 이 연약한 영혼을 토해낼 것이다. 우리가 호흡하고 사람들과 함께 사는 한 인간애를 소중하게 간직하자. 우리가 뒤를 돌아보고 주위를 두리번거릴 때 죽음은 바로 우리 앞에 있을 것이다.[39]

이와 같이 세네카는 이 세상의 적대적인 것들에 어떻게 처신해야 하며, 또 그 주요동기는 무엇인가에 대해 자주 언급한 바 있다. 현자는 비록 적대적이고, 야비하고, 무례한 행위에 직면하더라도 영혼의 혼란 같은 영향을 받지 않는다. 현자는 항상 평정 속에 평화로운 삶을 살아가기 때문에 외부로부터 그 어떤 방해와 침투에 흔들림이 없다. 현자는 불의나 모욕을 뛰어넘어 영혼을 저 높은 곳으로 돋우어 올린다.

세네카는 현자로 가는 길에서 자살을 용기로 상찬한다. 카토는 세네카에게 있어 본보기가 되는 위대한 인물이다. 과거로부터 전해지는 이러한 영웅적 행위에서, 현자는 명예훼손 같은 모욕이나 무례에 감정적인 반응을 보이지 않는다는 것이 입증되고 있다. 현자는 무엇이라 말해도 전혀 흔들리지 않는, 심지어 그에게 주는 무례함이나 모욕적인 언사에도 아파하지 않는다. 카토는 고결한 영혼으로 그 어떤 위해나 모욕을 극복할 수 있었을 것이다. 가장 굴욕적인 복수는 복수할 가치조차 없는 것을 복수하는 것이다. ······ 카토는 작은 개들의 짓는 소리에 아랑곳하지 않는 위엄 있는 야수처럼 행동하는 위대하고 고

결한 사람이다. 만일 우리가 입은 상해에 복수를 한다면 그것은 치욕
이며 불명예스러운 일이다. 모욕에 대한 보상을 받고자 한다면 분노
도 복수도 하지 않는 것이다. 복수는 달콤한 탄원이 아니라 일시적인
방책이다.[40]

　카토는 세네카가 가장 높게 평가한 현자 가운데 한 사람이다. 카토
는 그에게 행해진 무례하고 모욕적인 행위에 대한 것을 기억에 두지
않는다. 그는 인간의 죄를 우연에 기인하는 것으로 보고 있다. 그는
사람을 말솜씨나 겉모습으로 판단하지 않는다. 카토는 넓고 크게 보
고 해석하는 혜안으로 모든 국가의 재난을 성찰한다. 그는 국가와 민
족에 봉사할 것이 무엇인지 골몰할 뿐 손해나 불명예, 모욕 같은 것
을 전혀 기억하려고 하지 않는다. 그의 현자다운 행위는 다음의 사실
에서 볼 수 있다. 그는 마음의 상처도, 치욕도, 무례함도 다 넘겨버리
는 불사신 같은 미덕의 현자로 그 어떤 공격에도 영향을 받지 않는다.
높은 권위와 권력을 가진 강력한 자들의 공격도 전혀 힘을 쓰지 못한
다. 분노하지 않는 사람, 이른바 현자는 단호한 태도를 취한다. 분노
하는 자는 현자가 아니며, 그런 자는 필패하기 마련이다. 현자는 일체
의 비난과 욕설을 스쳐가는 농담으로 생각한다. 또한 현자는 적대적
행위를 하는 자들을 철없는 어린아이들로 생각한다.[41] 현자는 그들에
게 때때로 벌을 주기도 하지만 그들에게서 모욕감을 느껴서가 아니
라 그런 행위를 하지 않도록 하기 위해서다.

　채찍으로 동물을 훈련시키는 조련사도 동물들에게 성을 내지 않는
다. 의사는 정신이상자나 찬물을 마시는 것을 거부한 열병환자에게
심한 악담을 하지 않는다. 그런데 현자가 무례한 행동이나 상해와 같
은 모욕을 당해도 그것을 수치로 생각하지 않으면서도 그런 일을 범

한 사람들을 처벌하는 이유는 무엇인가라는 질문을 받았을 때 세네카는 그것은 "복수심에서가 아니라 타일러 바로잡기 위해서"라고 대답했다. 세네카는 인간에게 해를 주는 많은 적대적인 것에 어떻게 처신해야 하는지 자주 논의하였지만 실제 관심을 보인 것은 개인윤리이지 사회윤리는 아니다. 그가 주창한 행위의 주요목적은 현자의 내면, 즉 영적·정신적인 냉정의 유지이다.

세네카와 같은 시대에 살면서 스토아 철학에 심취하고 그 철학으로부터 많은 영향 받은 사도 바울은 여러 서신에서 원수를 사랑할 것을 설파했다. 그런데 바울의 원수에 대한 사랑의 명령은 그 출처에 있어 세네카와 다르다. 예수는 산상설교와 복음에서 원수에 대한 사랑을 강조했다. 그것은 로마서 12:19~21과 연관관계를 갖는다. 성서에 복수할 생각을 하지 말고 하느님의 진노에 맡기고 원수 갚는 일은 내가 할 일이니 내가 갚아주겠다고 기록되어 있다(로마서 12:19). 아무리 해도 다할 수 없는 의무가 있다. 그것은 사랑의 의무다. 사랑은 바울 설교의 중심주제이다. 바울도 세네카와 같이 그 어떤 무례나 상해 그리고 불명예 같은 수치에도 복수하지 말 것을 강조한다. 바울은 사랑의 글로 그리스도 안의 삶을 권고한다. "여러분은 박해하는 사람을 축복하라. 저주하지 말고 축복하라. …… 악을 악으로 갚지 말라." 바울은 그리스도 공동체에서 악을 악으로 갚지 말라는 것은 불문율이어야 한다고 생각했다.

세네카와 바울이 동시대인들에게 말한 원수를 사랑하라는 명령의 동기는 서로 다르다. 세네카에 있어 원수에 대한 사랑의 동기는 현자의 내면적인 영적 부동과 냉정의 유지인데 비하여, 바울에게 있어 그것은 그리스도 안에서 하느님의 사랑에 답하는 사랑이다.[42] 바이스

(Weis)는 세네카의 『강경한 의지』(*De constantia Sapients*)와 바울의 코린토스 I서에서 그러한 차이점을 제시한다. 바울은 "내 생각에는 하느님께서 우리 사도들을 사형선고 받은 사람들처럼 여기시고, 그들 중에서도 맨 끝자리에 내세워 세상과 천사들과 뭇 사람의 구경거리가 되게 하신 것 같습니다. …… 우리는 약자이고 여러분은 강자입니다. 여러분은 명예를 누리고 우리는 멸시만 받습니다. …… 우리를 욕하는 사람을 축복해 주고 박해를 참아내고 …… 우리는 지금도 이 세상의 쓰레기처럼 인간의 찌꺼기처럼 살고 있습니다." 세네카는 『강경한 의지』에서 현자는 마음의 상해나 모욕이나 불명예스러운 것으로부터 어떤 분노나 낙담이나 수치심을 받지 않는다. 그것은 현자의 평정한 마음을 유지하게 하는 부동심(不動心)과 냉정 때문일 것으로 보았다.

자유 교양학

　이미 밝힌 바와 같이 스토아 철학은 인간은 태어날 때부터 평등하다는 주장과 함께 자유민과 노예의 엄격한 차이를 완화하는 데 많은 기여를 했으나 노예제 폐지와 같은 기본적인 변화를 주장한 스토아 철학자는 찾아볼 수 없다. 이와 같이 당시의 세네카를 비롯한 스토아 철학자들은 인간의 선천적 평등과 인류애를 강조하면서 노예제 폐지를 주장할 수 없었던 것은 노예제가 로마제국의 경제적 기반이었으므로 고대사회에서 없어서는 안 될 사회제도이기 때문이었다. 훔볼트 (Wihelm von Humbold)는 인간의 본질과 세계 속에서 인간의 지위에 대한 자신의 생각을 토대로 인간성에 대한 일관성 있는 견해를 『국가 활동의 제한에 관한 사상』(*Thoughts on the Limitation of State Activity*, 1792) 이라는 제하의 논문에서 다음과 같이 전한다.

　　"고대인들 가운데 그리스인들은 육체적인 힘의 활용과 관계되는 활동은 모두 해롭고 비천한 것으로 생각하였다. 그러므로 가장 박애주의적인 철학자들조차도 노예제를 인정하였다. 그 목적은 부당

하고 야만적인 제도에 다른 부류의 사람을 제물로 바쳐 한 부류의
사람들을 위한 힘과 미를 확보하기 위한 것이었다."[43]

　그리하여 훔볼트는 고대인들이 존재할 수 있기 위해서는 노예제가
있어야 한다고 주장했다. 그리스인과 로마인으로 하여금 인간으로서
의 발전을 이룩할 수 있도록 만들어 준 이러한 비인간성에 대한 관용
은 훔볼트 이후의 인도주의적인 학자와 작가의 경우에서도 똑같이
반복되었다. 확실히 19세기에는 고대의 도덕적·사회적인 상황을 비
판하고, 노예제 및 여성과 이방인에 대한 경멸을 비난하는 소리가 끊
이지 않았다. 그러나 고대를 이해하고 찬미했던 사람들은 노예제의
부정적인 요소보다는 사회의 구조적 발전과 문화를 위해 노예제가
기여한 가치를 더욱 큰 것이라고 생각하였다. 액튼(Acton)경과 같은
자유정신을 가진 사람조차도 역사상 민주주의와 노예제는 항상 병행
해 왔다고 생각했다. 액튼경은 페리클레스(Pericles)가 육체노동으로부
터의 자유를 아테네인의 특권으로 묘사했다고 주장했으며, 심지어는
노예제 폐지의 찬반논쟁을 통하여 우리가 노예의 주인이 되었을 때
자유가 얼마나 가치 있는 것인가 인식하게 된다는 버크(Burke)의 말에
친숙하게 되었다고 언급하였다.[44]
　독일의 강단사회주의자(Kathedersozialist)에 대한 공격에서 역사가
트라이취케(Heinrich von Treitschke)는 노예제 도입을 문명을 구하는
행위로 묘사했다. 그리고 그는 2~3천 명이 연구자로, 예술가로, 정치
가로 통치생활을 할 수 있도록 하기 위해서는 수많은 사람이 농부·
장인·목수로서 일해야 한다는 견해를 수긍했던 것이다. 이와 같이
트라이취케는 페라클레스 시대의 귀족사회를 찬미하면서 이 사회는

생활의 모든 관심사를 참을성 있는 노예와 같은 육체노동자의 어깨 위에 부과하였다. 스토아 철학에 관한 다양한 연구자 막스 폴렌츠는 고대 사회에서 자유롭지 못한 육체노동자들이 존재함으로써 다른 사람들의 자유의 진가가 나타나게 되었다고 말한 바 있다. 당시 스토아 사상가와 세네카는 노예제의 필요성을 주장한 플라톤과 아리스토텔레서의 선천적 노예제 이론을 언급하면서도 그들의 주장에 그 어떤 비판도 하지 않았다.[45]

우리는 고대 사회에서 육체노동을 경시한 사실을 많은 기록을 통해서 발견할 수 있다. 이와 같은 노동의 경시는 당시의 삶과 인간을 바라보는 자연적인 결과다. 육체노동이 인간의 '고결한', '정신적인' 세계로의 지향을 가로막는다는 사실이 인정되면서 비천한 것으로 인식되었다. 세네카는 육체를 경시하고 정신을 찬양하므로 그의 육체에 대한 지나친 관심은 불유쾌한 논쟁을 발생케 했다. 특히 그는 국가에 봉사하는 일에 종사하는 자를 높이 평가했으나 행정장관과 왕들, 그리고 국가의 공무를 집행하는 자들에 대해 조롱하고 경멸하는 자들은 제외시켰다. 세네카는 로마제국에 헌신적으로 봉사하는 일을 중시하면서 로마 귀족정치의 이상을 지지하였다. 세네카는 국가에 대한 봉사는 매우 헌신적인 일로 그도 일익을 담당했다. 세네카는 "젊은이들을 바른 길로 훈계하고, 훌륭한 선생님의 역할을 하면서 청년들의 마음에 덕성을 주입시키고, 돈과 사치와 향락을 좇아 방황하는 자들에게 바른 길을 인도하고, 그들을 본래의 자리로 되돌아가게 했다. 만일 우리가 젊은이들이 악의 늪에 빠지는 것을 지연시키지 못한다면 어떻게 할까 염려한다면 우리는 자신의 사생활까지도 국가를 위해 헌신하는 것이다."[46]

세네카는 회화, 조각, 대리석 공예를 자유 교양학의 목록에 포함시키지 않았다. 만일 이러한 것들을 자유 교양학에 포함시킨다면 향료 제조인, 요리사 그리고 우리들에게 쾌락의 기지를 제공하는 자들을 인정할 수밖에 없게 될 것이며, 그 결과 사회의 악폐인 사치는 날로 조장된다고 생각했다.[47]

세네카는 철학자를 인류의 교사(humani generis paedagogus)로서 많은 사람들을 영적·정신적 가치를 지닌 지적 엘리트로 육성하는 역할을 담당하는 중요한 인물로 평가한다. 철학은 영혼의 생기를 진작시키는 데 없어서는 안 되는 영원한 지혜라고 했다. 선과 악을 구분하고 연구하는 데에는 철학 이외의 일반 교양학(liberalia studia)은 존재하지 않는다.[48] 세네카는 자유교양(liberales artes)은 미덕을 부여하지 못한다고 인식하고 있으나 미덕을 받아들이기 위한 영혼의 준비라고 했다. 고대 사회에서는 소년들에게 기초교육으로 가장 주요과목인 문법을 교양과목으로 가르치지는 않았으나 배울 수 있는 토대를 마련했다. 자유교양은 영혼을 미덕으로 안내하지 못하지만 그 방향으로 진척시킨다. 이와 같이 자유교양은 아주 중요하다 하겠다. 반면 육체노동은 미덕을 전혀 공유하지 못한다.[49]

세네카는 포세이도니오스가 교양과목을 네 가지로 분류한 내용을 그대로 인용하고 있다. 포세이도니오스는 교양과목을 첫째, 낮은 계층에 속하는 자들에게 해당되는 과목, 둘째, 즐거움과 위로를 제공하는 과목, 셋째, 소년들의 교육에 관련하는 과목, 넷째, 교양을 위한 과목이다. 그리고 그는 이 과목들을 아주 세밀하게 구분하여 정의한다. 일반교양 과목은 노동자와 수공인들에게 해당하는 것으로 이들은 살아가는 데에, 생활 장비를 갖추는 데에 관심을 가지는 자들로서 우아함이나 명예에 대한 요구나 자존감이 전혀 없다.[50] 쾌락의 기예는 눈과 귀를 즐겁게 하는 데 목적이 있는 과목이다. 세네카는 이러한 계층에게는 무대 기술자로 지정하는 것이 가장 바람직하다고 했다.

세네카에 있어서, 철학의 궁극적 목적은 영원한 이성의 빛 속에서 사물의 참 조화를 보는 현자의 생산이다. 그는 영원한 이성의 빛 안에서 통찰하는 지혜로운 현자는 지고한 법에 복종하는 훈련을 받았고 그것을 따르고 준수할 수 있는 능력을 가졌다고 말한다.[51] 그래서 세네카에게 참 철학자란 삶의 현실적 고통으로부터 멀리 떨어져 있는 냉담한 박식가의 지적 세계만이 아니라 현세의 삶에서 인간을 교육하는 교육자, 다시 말해 인간을 이상적인 인간으로 기르기 위해 교육하는 교사이다. 세네카는 고대철학에서와 같이 지난날의 지혜는 인간에 대한 사랑과 존엄을 가치로써, 그것을 계승할 것을 강조하였으나 그가 살았던 당시의 일반 교양학에 대해서는 경시하는 입장이었다.[52]

세네카는 당시의 자유로운 일반교양은 분별없이 말 많고 자만에 가득 찬 인간을 만들기 때문에 일반 교양학을 배운 사람들은 모두가 비본질적인 것을 습득한 자들로 본질적인 것을 익힐 수 없다고 비판했다. 세네카는 일반 교양학에 관한 견해를 밝히면서 나는 그 어떤 교양학 연구도 고려하지 않는다. 일반 교양학은 실리를 추구하는 돈벌는, 다시 말해 인간이 세상을 살아가는 데 실제적인 것만을 가르친다. 따라서 이를 선으로 생각할 수 없다. 그러므로 일반 교양학은 우리들의 견습이지 실제 작업은 아니다. 왜 '자유 교양학'이라는 이름이 붙게 되었는지 우리는 인식하게 될 것이다. 자유 교양학은 자유인의 가치를 연구하는 학문이기 때문이다. 자유 교양학은 지혜(sapientia)와 미덕(virtus)을 연구하는 고상함과 용기 그리고 고결한 정신을 함양하는 데 반해 일반 교양학은 아주 보잘것없어 유치하기가 이를 데 없다. 모든 교양학에 선이 있다고 생각해서는 안 된다. 우리는 선과 미덕을 주제로 하지 않는 교양학을 배워서는 안 된다. 이 교양학 가운데 미덕을 길러주고 인간의 정욕, 공포 그리고 격정의 굴레를 제거해 주는 자유 교양학은 스토아 철학이며 스토아 철학자만이 지혜가 무엇이며, 미덕이 무엇인지 가르친다고 애찬했다.[53]

세네카는 노동을 경시해야 하는 것은 노동이 육체와 관련되기 때문에 선이 아니라고 말한다. 그러면 도대체 선은 무엇인가 하는 물음에 세네카의 대답은 노동을 경멸하는 것이라고 했다.[54] 세네카는 그러면서 노동을 품격 있는 고결한 정신의 자양물임을 분명하게 밝힌다. 그리고 노동의 자양물은 탁월한 인간으로 변화할 수 있는 사람에게 적용되는 것으로, 그것은 현자이며, 현자는 고결함과 신성함과 존엄으로 에워싸인 자이며 그에게 닿은 것은 모두 신성하다고 말해왔다. 세네카의 노동에 대한 가치는 부분적이지만 다양한 계층의 사람에 대한 그의 평가에 의해 결정된다. 특히 그가 인간으로서 중시한 대상은 소수 엘리트인 현자에 집중되었다. 세네카의 삶과 작품들은 스토아학파의 교의에서 강조하고 있는 귀족적인 자기 확신이었다. 이와 같은 세네카의 귀족적 자부심은 긍정적인 면에서는 현자에 대한 우상화이며 부정적인 면에서는 현자 밖의 다른 집단을 경시하는 태도라 하겠다. 세네카의 여러 주제에서 우리의 마음을 끄는 것은 지혜와 미덕은 세상 어느 곳에나 있으며 철학의 주요 특징은 가문이나 혈통을 묻지 않는 데에 있다는 것이다. 이런 의미에서 우리 모두는 귀족일 수 있으며, 역사는 우리 모두에게 정신의 귀족으로 발전해갈 수 있음을 가르쳐 주고 있다.

세네카는『도덕의 편지』에서 정신의 귀족, 고결한 정신을 갖춘 귀족적인 존재가 되기 위해 철학의 경지에 도달할 것을 강조한다. 철학적 인간은 세네카의 궁극적인 목표였다. "소크라테스는 귀족이 아니었다. 그의 제자 클레안테스(Cleanthes)는 샘물관리와 정원에 물을 주는 자로 고용되었다. 플라톤도 철학에 입문했을 때 고결한 사람은 아니었다. 철학이 그를 귀족으로 만들었다. 세네카는 사람들이 왜 소크라테스, 플라톤, 클레안테스 같은 사람이 될 수 있다는 사실을 자포자기해야 하는가? 그들은 우리의 선조들이 아닌가. 우리도 아름다운 예의범절과 고결한 인품에 있어 그 누구도 우리를 능가하지 못할 것"[55]이라고 확신한다.

세네카는 다시『도덕의 편지』에서 그의 친구 루킬리우스에게 "만일 그대가 위험 속에서도 두려워하지 않고, 정욕에 흔들리지 않으며, 역경 속에서도 행복해하며 또한 폭풍우가 몰아치는 생사의 위급에서도 차분함을 잃지 않는 사람을 만나게 되면 누가 그 높은 단계의 인품의 소유자를 얕볼 수 있으며, 누가 그들을 신과 동등한 자격을 가진 자라고 생각하지 않을 것이며, 누가 그들에게 존경하는 마음을 가지지 않겠는가?"[56] 보통 사람들 중에서 현자는 마치 천공을 회전하는 행성들이 궤도를 벗어나지 않는 것처럼 최상의 진로를 헤쳐 간다. 현자는 이 세상의 잡다한 것에 매몰되지 않는다. 현자가 저 높은 고결한 곳으로 솟아오를 수 있는 것은 신성한 재능과 영감과 찬미뿐이다. 이러한 소수의 창조적 재능과 직관을 가진 현자만이 시대적 위기에서 우리를 구할 것이다.[57]

세네카가 소수 엘리트에게 보낸 숭배와 예찬은 그들에 대한 아낌없는 찬양인 반면 다른 한편 보통사람인 일반대중(vulgus)에 대한 그의 깊은 경멸의 표현이기도 하다. 세네카는 대중들을 가리켜 어리석음과 무모함에 결박되어 온갖 정욕과 반이성적인 감정의 지배를 받으며 저급한 쾌락에 매몰되어 고결한 정신적인 삶의 가치를 전혀 인식하지 못하는 자들로 평가한다. 세네카에 의하면, 일반 대중은 자신들의 부정과 불법행위를 정당화하기 위해 이성에 대항한다. 그러므로 그는 영적·정신적인 건강을 갈망한다면 세속으로부터 떠날 것을 권고한다. 하지만 그러면서도 세속으로부터 멀리 물러나야 한다는 주장이 다수의 일반대중에게는 전혀 쓸모없는 말이라고 일축한다. 세네카는 행복한 삶이 무엇인가에 대해 그의 친구와 논의하면서 인간만사는 정연하게 된 것이 없기 때문에 대중들이 더 좋은 것을 선택하기를 원하지만 그들에게는 나쁜 일들만이 주어지게 된다며, 가장 비천한 일이 아닌 좋은 일을 찾도록 노력해 보자는 일상적인 말만 되풀이했을 뿐이다. 그러면서 세네카는 진리를 왜곡하는 사악한 오합지졸들에게 호의를 베풀기보다는 그저 그들의 행복을 위해 우리의 주장과 요구를 계속하는 것이며, 그들은 궁전의 시종들이나 부엌에서 일하는 하인들과 다를 바 없다고 말했다.

세네카에게 있어 일반대중은 올바르게 판단할 수 있는 이성적인 존재가 아니다.[58] 그들은 참 행복이 무엇인지 판단하지도 이해하지도 못한다.[59] 보통 사람이 갈망하고 두려워하는 것은 사실 선한 것도 사악한 것도 아니다. 세네카는 일반대중의 부도덕과 비행은 증오스러운 것이라기보다 조소의 대상이라고 생각한다. 세네카는 소수 지적 엘리트들은 교육자적 위치에서 일반 대중에게 끼치는 영향이 크기 때문에 그들이 일반 대중과 모순되는 삶을 살아서는 안 된다고 훈계한다.[60]

세네카는 영적타락에서 헤어나지 못하는 일반 대중과의 접촉을 가능한 피해야 한다고 충고한다. 특히 세네카는 루킬리우스에게 보낸 편지에서 "우리가 피해야 할 것은 일반대중으로, 그들은 안전한 존재가 아니며 그들과의 교제는 해악이다. 그들은 비행을 하지 않는 자가 없으며, 무의식적으로 우리들에게 비행을 감염시키는 주역들이다. 분명히 말하거니와 그들 대중의 수가 많으면 많을수록 위험은 더욱 커지기 마련이다"[61]라고 경고한다. 세네카는 일반대중의 일상적인 여흥이나 오락은 사회적 윤리와 도덕을 타락시키므로 그들과의 교제는 물론 그들의 수적 증가를 경계했다. 이와 같이 일반대중들은 사회의 기풍과 덕성을 항상 훼손하고 저해하는 자들(honesti dissuasor)이었다.[62] 더구나 판단력과 결단력이 부족한 사람들이 일반대중의 도움을 받는다는 것은 더 큰 해악을 입는 일이기 때문에 그들의 의사에 따라 결정을 내리는 것은 위험을 초래하는 것이라고 세네카는 충고한다. 모든 행위에 있어 우리는 이성이 없는 일반대중으로부터 멀리 떠나야 하고 마치 성채와 같이 그들 위에 우뚝 솟아있어야 한다.[63]

그러므로 세네카는 일반대중의 환영이나 절찬을 받으려고 하는 것은 쓸모없는 일이라고 경계한다. 그런 갈채와 환호를 받아야 할 대상은 배우들과 무희들이다. 자유교양학인 철학은 우리가 대중의 찬양과 갈채를 외면하며, 우리를 감정에 사로잡히지 않는 냉정한 인격자로 만드는 위대한 지침서이다. 어찌 그뿐이겠는가. 철학은 우리를 단순한 존재자로서뿐만 아니라 우리의 행위를 바르게 재판하고 신들과 인간에 대한 두려움 없이 살아가게 할 것이다. 철학은 악폐를 극복하고 그것을 끊어버리게 할 것이다. 철학자에게는 특히 박수갈채 같은 찬양을 경계할 것을 재삼 강조한다. 박수갈채와 찬양의 함성은 일반대중을 즐겁게 해주는 기예일 뿐이다. 그러나 철학은 소리 없는 정적함과 고요함에서 그 존엄의 가치를 갖는다.[64] 현자인 스토아 철학자에게는 감정에 사로잡히지 않는 무감동과 냉정하기를 원한다. 더욱이 그들이 격정이나 고정된 관습을 단순하게 조색(調色)하는 것을 허용하지 않는다. 철학자가 추구하는 첫 단계는 격정으로부터 해방하는 스토아적 자유인 아파테이아다.

스토아 철학은 얼마나 인간의 평등을 주장하고 또 선언할 수밖에 없었는가? 스토아 철학에서는 인간들 사이에 가로놓인 모든 장벽을 허무는 이성을 가장 중시했다. 하지만 스토아 철학의 인간평등선언 같은 이성의 원리가 노예와 같은 가장 낮은 계층의 정신적인 태도에 얼마나 많은 영향을 주었으며, 이성과 인간평등을 주창한 스토아 철학의 신봉자들 가운데에서도, 황제 마르쿠스 아우렐리우스(Marcus Aurelius)와 에픽투스는 모든 사회적 차별을 극복하는 데 과연 얼마나 성공적이었을까! 사실 고대문화는 모든 것이 엘리트 계층의 수중에 있었다. 바로 이러한 조건과 제약으로 일반대중은 그들이 살고 있는 고대문화로부터 배제되었다. 게다가 세네카를 포함한 당시의 지배계층과 스토아학파는 소수 귀족계층들의 엘리트의식을 더욱 크게 조장했던 것이다. 세네카가 로마제국 초기의 베르길리우스(Vergilius) 다음가는 대시인이며 에피쿠로스주의자인 호라티우스(Horatius)의 "나는 일반대중을 증오하여 그들을 궁지에 몰아넣는다(odi profanum vulgus et arceo)"라는 말에 어떤 해석을 하고 영향을 받았는지는 모르지만 기본적으로 그의 귀족정치에 대한 인식은 엘리트계층의 사회적 우월감을 강화하고 발전시킬 수 있다는 사실의 확신이었다.

세네카는 인간의 가치는 사회적 신분과 무관하다고 말하면서 모든 사람의 평등을 이론적으로 체계화했다. 그러나 그의 뿌리 깊은 지적·

귀족적 엘리트 의식은 상상할 수 없을 정도로 일반대중을 경멸했던 것이다. 그러므로 세네카는 탁월한 로마인으로서 자유 교양학을 강조한 과두정치의 엘리트로서 정사를 이끌어 갔다.

제4장 세네카의 영혼과 양심

- 영혼은 주인 육체는 정욕의 실체
- 양심은 철학자의 삶이며 생명력

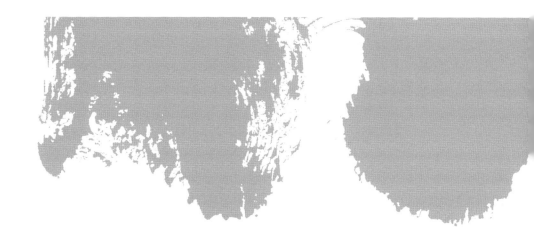

영혼은 주인, 육체는 정욕의 실체

 고전고대 그리스의 철학자 플라톤과 아리스토텔레스 및 스토아 철학자들은 인간 영혼과 육체의 이원론을 일반화하고 그것으로 사회·정치적 관계의 설정과 노예제의 이론적 근거를 기초했던 것이다. 플라톤은 영혼은 전제군주(despotis)이며, 주인이 노예를 다스리듯 육체를 지배하며, 아리스토텔레스는 영혼과 육체의 관계를 주인과 노예, 지배자와 피지배자의 관계로 유추(類推)시킴으로써 우리가 그것을 아리스토텔레스의 형이상학의 가장 보편적인 양식, 즉 현상과 질료의 관계로 연결시킬 수 있게 되었다. 영혼은 육체의 형상이며, 육체는 영혼의 질료라 했다(Aristoteles, *Ethica.* 1161a 32~34).

 이와 같이 고대 사회의 철학자들은 영혼이 육체를 지배하듯 주인(지배자)이 노예(피지배자)를 다스리는 지배자의 권위를 합리화하고 자신을 통제할 수 없는 영혼이 결여된 무능한 사람들이 지배력이 있는 유능한 사람들의 통제를 받는다는 것은 자연의 법칙으로써 피지배자들에게 유익하다는 이데올로기의 발전을 가능하게 하였다. 아리스토텔레스의 선천적 노예는 영혼이 결여된 인간이하의 인간(subhuman), 불완전한 인간, 유형적인 인간으로 그들의 불안전한 영혼은 주인이나 지배자의 도움 없이는 반동과 반발은 동물처럼 폭발한다고 경고한다 (Aristoteles, *Politics*. 1253 a17〜55). 스토아 철학자들은 인간의 영혼과 육체를 현자와 우자로 대비시킨다.

　그리스인들과 로마인들은 영혼과 육체의 이원론으로부터 지배와 예속에 대한 철학적 합리화를 이론적으로 체계화했다. 플라톤은 물론 아리스토텔레스의 '선천적 노예제' 이론은 그리스인들에 대하여는 부모·형제 같이 대하고 외국인(비그리스인: barbaroi는 언어가 없는 자들, 즉 미개인이라는 뜻)은 노예가 되기 위해 생긴 영혼이 없는 자들로 짐승같이 취급하라는 명령이다. 이와 같이 영혼과 육체의 이원적 논리를 일반화한 고대의 지성인들, 특히 플라톤의 정치이론과 우주론에서, 아리스토텔레스의『정치학』에서, 키케로와 아우구스티누스의『국가론』과『신국론』에서 밝힌 지배와 예속의 이데올로기는 나아가 근대 서구 제국주의의 주요 강령들 중의 하나인 '후진국의 보호'라는 정치적 지배원리의 기초가 되었다고 하겠다.

　플라톤은 육체를 한마디로 영혼의 장애물인 장막으로, 인간 본질의 합리적 부분인 영혼은 고상하고 선한 것으로 간주했지만, 아리스토텔레스는 육체를 영혼의 감옥으로 생각하지 않았다. 그러나 스토아 철학자들은 육체를 영혼의 짐이며 형벌이라고 강한 어조로 경시했다. 그들은 영혼을 주인이며 지배자로 보았다. 세네카는 "나는 단지 나의 몸의 족쇄이기보다 더 큰 운명적인 존재로 태어났다. 그런데 이 육체는 나의 자유를 속박하는 쇠사슬이라고 생각한다. …… 나는 이 작은 몸을 애찬하기 위해 존재하지 않을 것이다. 우리의 육체를 경시하는 것이 진정한 자유다"(Seneca, *Ep*. 65. 21~22)라고 하였다. 후기 스토아 철학자 에픽테투스는 "그대는 시체를 메고 다니는 가련한 영혼이다"라고 말한 것처럼 그리스·로마 세계에서 육체는 악의 본질이며 영적인 것만이 우수한 것이라며, 그리스도교 사도 바울의 육체에 대한 영혼 개념구성에 기초가 되었을 것으로 생각된다.

바울은 그리스·로마의 고전학과 스토아 철학을 깊이 연구한 당대의 박식한 지성인이다. 그의 육체는 그리스도와 연관관계에서 전개되는, 유혹 앞에 무력한 죄의 실존으로 이교의 고전적 개념과 일치한다. 단지 구원의 역사적 법칙만이 다를 뿐이다.

바울은 그리스도가 없는(ohne Christus) 상태의 육체를 죄와 결탁하여 죄에 빠지는, 하느님의 도움을 받지 못하는 인간성이며 죄의 교두보를 제공하는 것으로 보았다. 바울에게 있어 육체란 고상한 것을 위해 만들어진 고상한 도구였다. 이교도들은 불결한 방법으로 육체를 욕되게 하였다(로마서 1:24). 따라서 몸 자체는 고귀한 것이다. 사실 죄는 감각적인 인상을 통해서 들어온다. 유대교의 랍비들도 "손과 눈은 죄의 두 중개인"이라고 말했다. 바울은 "육체를 따라 사는 사람은 육체적인 것에 마음을 쓰고 성령에 따라 사는 사람들은 영적인 것에 마음을 쓴다"고 했으며, "육체적인 것은 죽음이요. 영적인 것은 생명과 평화"라고 했다(로마서 8:5~6). 그리스·로마 세계의 고전적 개념에서 육체가 경시의 대상이라고 한다면 바울은 육체를 고상한 것으로 죄, 즉 하마르티아의 보편성에 예속된 죄와 불가분의 관계를 가진다. 바울 사상에서 육체란 신체적인 의미라기보다 윤리적인 의미를 가지며 육체는 그에게 있어 단순한 육체가 아니며 그리스도가 없는 인간성으로 죄의 실존이었다.

세네카에 있어 인간의 본질은 무엇이며, 인류의 기원과 특징에 관한 인류학적 개념은 무엇이었는지 고려해 볼 때 가장 특이한 점은 플라톤의 육체와 영혼의 이원론이라고 하겠다. 세네카는 육체를 보잘것없는, 낮은 단계의 존재로 그가 이 세상에 사는 동안 불평에 찬 어조로 육체의 굴레에 갇혀 있다는 식으로 말하곤 하였다. 또한 그는 인간의 작은 몸(corpuculum)으로 종종 언급된 육체, 작고 하찮은 아니 애처롭기까지 한 육체, 그것은 껍데기 같은 존재요, 잠시 치장된 의상이요, 답답한 재킷이요, 감옥일 뿐이라고 표현했다. 그러므로 세네카는 다른 말은 다 제쳐두고 3년 전에 저 세상으로 떠나보낸 그의 친구 스토아 철학자 크레무티우스 코르두스의 딸 마키아의 아들 세자누스를 생각하며 슬퍼하는 그녀를 위로하기 위해 쓴 편지 『마키아에 대한 위로』에서 이미 이 세상을 떠난 것은 아들의 몸일 뿐이라는 말로 위로한다.

　　"아주 닮은 모습이지만 그대의 아들은 영상만이 총총히 사라져 버렸다. 그는 이제 영원히 불멸하는 모습으로 모든 겉치레 같은 장애물을 벗어버리고 더 나은 모습으로 티 없이 남아 있을 뿐이다. 우리가 보는 이 육체의 의복은 뼈와 힘줄과 우리를 에워싸고 있는 피부, 우리를 시중하는 손과 얼굴, 또한 우리를 감싸주는 그 밖의 것들은 우리 영혼의 쇠사슬이요 어둠이다. 이 어둠의 사슬로 영혼은 분쇄되고 질식되어 그 참 모습은 얼룩으로 더럽혀지고 오류로 감금되어 영혼의 참 모습은 그 본래의 본분과 범주에서 멀어져갔다. 영혼은 그 본래의 모습을 수호하기 위해 끊임없이 육체와 맞서 싸운다. 육체는 떨어져 내린 나락에서 다시 뛰어 오르려고 분발한다. 이 지상의 온갖 잡다함과 어둠과 침울에서 밝게 빛나는 광명의 환영이 지날 때 거기 영원한 평화는 영혼을 기다린다.”[1] 그러므로 세네카는 마키아의 죽은 아들의 무덤에 찾아갈 필요가 없다고 되풀이하면서 다음과 같이 말한다.

"거기 묻혀 있는 보잘것없는 그의 육체는 살아 있을 때 고통의 근원이며 원천이었던 가장 비천한 부분이며, 그의 유골과 회분(灰分)은 이제 그의 것이 아니듯 그의 옷과 육체의 보호 장치들 또한 그의 것이 아니다. 그는 아무것도 남긴 것 없이 이 세상을 떠났다. 그는 현실의 삶에 집착하게 한 더러운 때와 흠을 깨끗이 씻고 우리 위에 머물렀다가 창공으로 날아올라 그곳 성인들의 영혼으로 빠르게 갔다”[2]고 위로한다.

코르시카에서 유배중인 세네카는 그의 어머니 헬비아(Helvia)에게 보낸 위로의 글에서 “마음은 유형(流刑)의 대상일 수 없습니다. 그것은 자유의 실체이며 신들의 혈연이기 때문입니다. 그래서 마음은 세계 모든 곳과 모든 세대와 잘 통합니다. 정신의 사유는 하늘나라 곳곳에 이르며 과거와 미래로 투영합니다. 영혼의 감옥이요 족쇄인 이 가련한 육체는 아무렇게나 여기저기에 내팽개쳐 있습니다. 그것은 육체에 대한 형벌이며, 강탈이고 폐해입니다. 하지만 영혼은 신성하고 영원한 것으로 그 어떤 수완으로도 지배할 수 없습니다.”[3]

이러한 겉치레 같은 육체에 대한 경시의 태도는 세네카의 여러 위안의 서신에서 인용된 내용의 성격과 관련이 있다고 생각된다. 아들을 잃은 아픔을 참고 견디며 사는 사람을 위로하려고 할 때 우리는 자주 위안의 방법을 찾는다. 슬픔에 잠긴 사람이 받을 수 있는 위안은 육체의 삶에서 벗어나는, 육체적인 삶의 가치를 가능한 경시하는 것이다. 하지만 이러한 육체적인 삶의 경시는 세네카의 위안에 관한 작품에서 제한적으로 읽을 수 있는 것일 뿐 다른 데에서는 거의 찾을 수 없고 그의 철학적인 서신에서 영혼의 해방, 영혼의 지배를 강조하는 내용을 읽을 수 있다. 즉

"……루킬리우스여, 그대의 욕망을 그 무엇이 끌어내릴 수 있을까? 나는 마음의 평온에 크게 작용하는 욕망의 문제를 토론하려고 하오. 그래서 나는 나 자신을 먼저 그리고 다음으로 내 주변의 세상을 찾아보는 편이오. 그대가 생각하는 바와 같이 나는 지금의 내가 아니오. 만일 우리가 욕망의 문제를 잘라내지 않아 영혼의 정련(精鍊)이나 순화가 쓸모없이 찢겨진다면 무거운 짐과 욕망에 시달리고 있는 영혼을 해방시켜 그 본래의 자리로 돌아가 즐겁게 해야 할 것이오. 그 이유는 우리의 육체는 영혼의 짐이며 영혼의 형벌이요 고행(animi pondus acpoena)이기 때문이라고 생각하오. 만일 철학이 영혼의 조력자가 되지 못하고 우주를 응시하는 신선한 용기마저 부여하지 못한다면 영혼은 무거운 짐의 고통에 꺾이어 속박에서 헤어나지 못하게 될 것이오. 그렇지 않으면 영혼은 이 세상의 것들로부터 신의 세계로 옮겨 가게 될 것이 확실하오."[4]

세네카는 다양한 은유적 표현으로 육체를 보잘것없는 것으로 경시한다. 영혼은 무거운 짐을 진 육체 안에서 산다. 육체는 짐이며 영혼의 고행이다. 우리의 영혼은 족쇄가 채워져 감옥에 갇혀 있는 것과 같은 육체 안에 있다. 세네카는 육체를 정욕의 실체라고 말한다.[5] 그리고 묻는다. 내가 육체의 고행으로부터 해방할 수 있는가? 육체와 영혼은 동반자이다. 영혼은 육체와 언제든지 단절할 수 있지만 그것은 영혼이 적절하다고 생각할 경우이다. 이와 같이 영혼과 육체는 동등한 조건의 파트너는 아니다. 영혼은 지배적인 권력을 언제든 행사할

수 있다. 세네카는 "우리의 육체를 경멸하는 것이 참 자유다(contempus corporis sui certa libertas est)"라고 말한다.[6] 나는 이 육체를 나의 자유를 구속하는 수갑으로 생각한다. 그러므로 나는 육체를 일종의 운명의 완충물로 본다. 그래서 나는 영혼으로 침투해 오는 그 어떤 침해나 모욕도 받아들이지 않을 것이다. 그 이유는 나의 육체는 상해를 입을 수 있는 유일한 부분이기 때문이다. 이러한 위험이 노출되어 있는 영혼의 집에서 영혼은 자유롭게 산다.

세네카에게 있어 육체에 대해 이렇게 강한 어조로 경멸적 표현이 사용된 때를 발견할 수 없다. 그는 인간의 주요 기예는 미덕이다. 포세이도니오스가 지적했듯이 육체는 음식물을 삼키는 데에만 적합할 뿐 별로 쓸모없고, 덧없는 것으로 주요 기예인 미덕과 동료가 되면서 이 신성한 미덕은 악덕과 부정으로 경건과 존엄의 상징을 잃고 기력 없는 동물과 한패가 되고 만다.[7]

왜 우리는 그렇게도 바보스럽고 덧없는 육체를 사랑하는가? 이 덧없고 무상한 육체 말이다.[8] 육체는 우리의 영원한 안식처가 아니다. 육체라는 것은 우리가 주인에 지우는 무거운 짐이라는 것을 인식하자. 그것은 잠시 머물다가 떠나야 하는 일종의 여인숙(breve hospitium)이다.[9] 루킬리우스여, 그대의 주변에 있는 것을 확인해 보아라. 그것이 마치 여인숙 주인의 수화물인 것처럼 말일세. 세네카는 임종의 자리에 있는 자들에게 그대들은 한 육체를 떠나보내는 마지막 시간에 있을 뿐, 그것은 영혼을 보내는 시간이 아니라는 것을 일깨웠다.[10]

우리의 영혼은 어떤 어려운 상황에서도 기상하려고 하지만 항상 육체의 방해를 받는다. 그러므로 우리는 육체의 결함을 이성적으로 극복하기 위해 지속적인 노력을 해야 할 것이다.[11] 세네카는 플라톤의 '이데아'에 의해 어떻게 우수한 사람이 될 수 있단 말인가? 나의 욕망을 억제하는 데 플라톤의 이데아 철학에서 어떤 교훈적인 것을 이끌어 낼 수 있을까? 우리를 흥분케 하고 자극케 하는 우리의 감각을 지배하는 것이 있다는 사실을 플라톤은 거부한다. 그러한 것들은 상상의 존재이다. 상상의 존재로써만 존재하는 관념적 존재들은 외적인 모습으로 잠시 등장하는 표상일 뿐, 영원한 본질적인 것은 아니다. 우리는 실존하지 않는 것에 묻혀 살아가는 나약하고 무미건조한 존재이다. 세네카는 말한다. 우리의 마음을 영원한 것으로 돌아가게 하자고, 그리고 일체 만물 가운데 가장 이상적인 최고의 이데아는 선의 이데아이다. 선의 이데아는 세계전체의 동인(動因)이며 안내자이다. 그 역시 육체는 영혼을 가로막는 훼방자로 인간 본질의 가장 합리적인 부분인 영혼만이 고귀하고 선하다고 생각했을 뿐만 아니라 영혼은 영원히 불멸하는, 영원한 세계보다 선재(先在)하는 것으로 간주했다. 이성의 힘으로 육체의 결함을 극복할 수 있으며 세상만물이 생존할 수 있는 것은 영원한 불후의 존재 때문만이 아니라 일체를 지배하는 신의 보호 때문이다.

육체에 빠진 어리석은 자는 더 높은 것을 원하지 않는다. 그러므로 쾌락은 영혼을 육체에 예속시킨다.[12] 그것은 피할 수 없는 일이다. 하지만 인간의 모든 실체가 예속되는 것은 아니다. 영혼은 육체의 감옥에 갇히게 되지만 육체는 주인의 뜻에 지배된다. 육체는 죽음에 이르러 주인에게 넘겨진다. 그래서 주인은 육체를 팔 수도 있고 살 수도 있다. 인간의 중추인 영혼은 누구의 지배를 받지 않는 자치체이며 주인이기 때문에 예속될 수 없다. 세네카는 『자선론』에서 "노예의 예속상태가 인간의 육체와 영혼 전체에 침투해 온다고 생각하지 않는다.

인간의 가장 우수하고 존엄한 부분인 영혼은 예속될 수 없다. 주인은 육체를 자신의 의지대로 지배할 수 있으나 영혼은 주인이기 때문에 자유이며 속박받지 않으므로 육체의 감옥도 영혼의 힘을 제한하거나 막을 수 없다."[13] 이와 같이 세네카는 육체의 위안과 안일에 대해 경시하는 태도를 분명히 밝힌다. 그는 육체는 필요악(onus necessarium)일 뿐이라고 말한다. 그렇다고 우리는 육체 없는 존재일 수 없으며, 무시해 버릴 수 없다. 분명 육체는 제2의 가치를 가지는 우월적인 것이다. 세네카는 "인간은 육체에 대한 천부적인 애정을 가지고 있으며, 육체의 후견자로 위임받았다"고 생각한다. 세네카 자신도 육체에 빠지고 육체의 만족을 바라지 않는다고 말하지 않았다. 단지 인간이 육체에 예속되는 노예가 되어서는 안 된다는 것을 강조한 것이다. 그는 육체를 주인으로 하는 육체에 의해 판단하는, 육체를 지나칠 만큼 걱정하는, 육체에 대한 지나친 사랑은 우리를 불안의 늪으로 근심의 짐을 지워 결국 무례와 모욕으로 품위를 손상하게 한다.

　세네카는 육체를 영혼에 예속되는 것으로 엄격하고 가혹하게 다루어야 하고, 배고픔이 면할 정도만 먹고, 갈증을 해갈할 정도의 물을 마시고, 찬 공기를 차단할 수 있을 정도의 옷만 입고, 불편을 덜어줄 수 있는 보호막이면 살 수 있다. 그리고 그는 다시 집이 잔디 정원으로 아니면 황홀한 색채를 띤 수입 대리석으로 지어졌는지는 문제가 되지 않는다. 황금지붕으로 비를 피하든, 초가지붕으로 비를 피하든 무엇이 다를 게 있는가? 아름다운 장식을 만드는 쓸모없는 노역을 무시해 버리라고 충고한다. "아름다운 가치는 영혼만이 가질 뿐이다. 영혼을 생각하여라. 영혼은 무(無)이며, 그것은 위대하다."[14]

　육체는 영혼을 위해 보호되어야 한다는 것을 명심해야 한다. 세네카는 일체의 외적인 것들은 육체의 만족을 위해 추구된다고 하였으며 육체는 영혼을 보호하고 영혼은 인간을 다스리고, 생동하게 하고 생명을 유지하는 힘이라 했다. 아리스토텔레스의 『윤리학』 I.13에서 영혼을 이성적인 부분과 비합리적인 부분으로 구분하여 설명한다. 그는 더 나아가 비합리적인 부분을 1) 성장과 증대, 2) 욕망(그러나 욕망은 이성에 복종한다)으로 세분한다. 하지만 세네카는 영혼을 넓은 의미로 사용한다.[15]

만일 육체가 필요악이라면 인간은 육체를 사랑하는 자(amator)이기보다 육체를 감독하는 감독관이어야 할 것이다. 그래서 육체에 매달려 예속되어 있는 자는 누구도 자유로울 수 없다는 것을 기억해야 한다. 그러므로 인간은 무엇보다 영혼과 마음을 잘 다스려야 한다. 교양 있고 지혜로운 사람은 지나친 신체적 훈련이나 외적인 것에 대한 욕구나 향락의 유혹을 멀리하고 경시할 것을 세네카는 강조한다. 그리고 그는 친구 루킬리우스에게 다음과 같이 권고한다.

"나의 친애하는 루킬리우스여, 근육의 발달, 어깨의 확대, 폐의 강화에 최선을 다하는 것은 교양 있는 사람에게 매우 부적절하고 바보스럽다. 설사 그대의 많은 음식이 건강한 육체를 만들고 그대의 근육이 튼튼하게 되었다 하더라도 체력이나 중량에 있어 제1급 황소의 경쟁상대가 될 수 없다. 다시 말하거니와 그대가 먹은 음식으로 육체에 많은 부담과 영혼을 질식시켜 활동을 약화시키므로 가능한 육체의 부담을 제한하여 영혼이 자유롭게 움직이도록 하기 바란다. 문제는 철학에 있다. 철학이 없는 영혼과 정신은 병약하다. 아무리 강하고 힘 있는 육체라도 철학이 없는 강한 힘은 정신이상자의 강함일 뿐이다."[16]

엄격한 신체적 단련이나 훈련은 많은 고통이 따르기 마련이다. 하지만 육체에 대한 지나친 관심은 유해하다고 말할 수 있다. 그러므로 세네카는 "그대가 무엇을 하든 육체로부터 정신으로 빨리 돌아오라. 정신은 끊임없는 훈련으로 단련되어야 한다. 그 이유는 정신은 적절한 고통이 따라야 함양되는 것이기 때문이다. 이와 같이 운동과 수련은 추위나 더위 심지어 늙어 노쇠해지는 것도 막아준다. 하지만 루킬리우스여, 흐르는 세월 따라 날로 증진하는 선을 연마하여라."[17]

육체의 진정한 가치가 무엇인지 그 결정은 사람의 마음에 있다.

"그 사람이 어떤 사람인지는 그의 내면의 가치가 무엇인지 자세히 성찰해야 하고, 그의 있는 그대로의 상태에서 보아야 할 것이다. 그가 받은 상속재산, 직함, 작위와 부는 모두 젖혀 놓아야 하며, 심지어 그의 외관인 육체의 껍데기도 벗겨 버려야 한다. 그의 영혼, 그 영혼의 수준도 깊이 생각해 보아야 한다. 영혼의 위대함이 차용된 것인지 아니면 영혼의 것인지 확인해야 한다."[18]

정신은 그 무엇에도 구속되지 않는 자유이기 때문에 육체의 감옥에 감금되기를 거부하고 천체의 동료가 사는 무한한 곳으로 여행하는 것을 그 무엇도 막지 못할 것이다. 인간의 정신은 신적 기원이다. 인간은 노년의 잠식을 버틸 수 없는 모든 것들 가운데에서 할 수 있는 것을 찾아야 한다고 세네카는 말한다.

"그것이 무엇인가? 그것은 영혼이다. 그러나 고결하고 선하고 위대한 영혼 말이다." "루킬리우스여, 그대는 우리 육체 안에 손님으로 사는 영혼을 도대체 무엇이라 부를 수 있는가? 이 같은 영혼은 해방 노예의 아들이나 노예로 혹은 로마 기사로 한결같이 전해 내려올 것이다. 도대체 로마의 기사는 무엇이며 해방노예의 아들과 노예는 무엇인가? 그들은 욕망이나 사악함에서 탄생한 단순한 칭호일 뿐이다. 우리는 바로 이런 빈민의 소굴에서 천국으로 약동하며 솟아오를 뿐이다. 그리고 그대의 신과 혈족을 이루리라."[19]

그리고 우리는 위대한 인간의 영혼이 신적 기원임을 알고 있다. 영혼의 신적기원은 인간 고유의 것(proprium hominis)으로 인간으로부터 떠나가 버릴 수도 없다. 이성은 영혼 안에서 완전에 이른다. 왜냐하면 그것은 인간이 이성적 동물이기 때문이다. 물질적 재산은 사실상 모든 사람의 것이 아니다. 단지 그 주변만 덧없이 분장했을 뿐이다. 우리가 무엇인가 자랑하고 싶다면 영원한 재산인 우리의 영혼을 자랑해야 한다. 이 재산을 계속 유지해 가는 것은 어려운 일이 아니다. 필요한 것은 본성에 따라 사는 것이다. 흔히 볼 수 있는 광기는 본성에 따라 사는 것을 어렵게 한다. 영혼은 신성하고 영원하며 그 무엇도 침해할 수 없다.[20]

인간 이성은 육체 안에 있는 신성한 정신의 한 부분(pars divini spiritus)이다. 신보다 더 신성한 것은 없으며 천국보다 더 거룩한 것은 없다. 신적 이성은 모든 것을 뛰어넘는 초월적 존재로 그 누구에게도 예속되지 않는 우리들의 것이다. 이성은 삼라만상을 지배하는 최고의 명령이다. 우리 안에 있는 이성은 신적 이성에서 유래하기 때문에 똑같은 이성이다.[21] 세네카는 우리의 행복한 삶은 이성에 의지하는 삶이므로 완전한 이성에 도달하는 것이 행복한 삶이라 했다.

세네카는 신이 인간에게 다가올 뿐만 아니라 우리 안에 들어온다고 말한다. 신들은 거만하지도 질투도 하지 않는다. 루킬리우스여, 신들이 그대를 반기는데 그대는 우리가 신들에게 가는 것을 불가사의하게 생각하는가? 신은 인간에게 온다. 아니 더 가까이 온다. 사람들 속으로 들어온다. 신을 품지 않은 마음은 선하지 않다(nulla sine deo mens bona est). 신으로부터 떨어져 있는 마음과 정신은 건전한 정신이 아니다. 신성한 씨앗들이 죽을 수밖에 없는 것이 우리의 육체에 널리 퍼져 있다. 문제는 이 씨앗들을 싹트도록 소중하게 기르는 것이다. 훌륭한 농부가 씨앗을 정성을 다해 보호하고 양육한다면 그것이 본래 가지고 있는 모습을 드러내 꽃을 피울 것이다. 그러나 서툴고 미숙한 농부는 척박한 습지의 땅에서처럼 씨앗을 죽이고 말 것이다.[22]

이 사실에서 인간은 신과 혼합한 존재임(mixtum divini humanique)을 인식해야 한다.[23] 한편 신의 마음의 일부가 인간의 마음 안으로 들어와 인간은 영혼과 이성에 의해 신의 세계에 귀속하게 되었는가 하면 이와는 반대로 인간은 이 세상에 사는 동안 감옥에 감금된 비천한 인간육체, 그 육체에 묶여 있다.

영혼은 인간의 신성한 부분이다. 그렇다면 영혼은 과연 무엇인가? 영적인 것인가 아니면 물질적인 것인가? 영혼은 어디에 존재하는 것인가? 세네카는 이 질문에 쉽게 답할 수 없음을 인정하고 고대에서 주장되었던 여러 견해를 인용하고 있다. 그는 자주 영혼을 물질적 혹은 비물질적인 것으로 표현한다. 그에 의하면 육체의 재산은 구체적이고 유형적인 것으로 영혼의 재산이기도 하다. 그 이유는 영혼도 육체이기 때문이다.[24] 또한 세네카는 정신(spiritus)을 생명의 호흡, 영혼 그리고 생명의 원리의 한 유형이라고 말한다. 그러나 세네카는 어떻게 물질을 정신이라고 생각하는지 의문을 제기한다. 하지만 그는 인간의 육체는 공기의 압력으로 결합된 것이라고 하면서 영혼을 물질로 생각하고 있다. 누군가가 영혼의 본질이 무엇인지 정확히 그 개념을 밝히려 할 때 세네카는 어려운 문제가 제기될 것을 잘 알고 있지만 기본적으로 이원론, 이른바 육체는 인간의 열등한 경멸의 대상, 인간정신을 구속하는 쇠사슬, 감옥이라는 세네카의 거듭되는 주장을 저지하지 못했다. 이렇듯 영혼과 정신은 인간의 신성한 부분이지만 이 양자 사이에는 근본적인 차이가 있다.

세네카는 그와 동시대에 살았던 바울의 초기 그리스도교의 복음과 그의 여러 서신의 구체적인 틀을 형성하는 데 도움을 주었다. 그러나 그들의 인류학적 개념은 매우 다른 차이점을 보인다. 무엇보다 그것은 육체에 관한 견해에서 확연하다. 세네카가 이미 언급했듯이 육체는 인간에게 있어 비천하고 천시해야 할 부분이라고 했다. 세네카의 육체는 바울이 육체를 의미하는 소마(soma)와 다르다. 바울은 앞으로 올 부활의 삶을 육체 밖의 삶으로 생각하지 않았다. 여기 이 지상의 육체와 같은 몸이 아니라 영적인 몸, 영광스러운 몸으로 다시 살아난다고 했다.[25] 세네카는 사람이 죽은 후에는 육체의 무거운 짐으로부터 해방되었다고 말한다. 여기서 우리는 육체에 대한 세네카와 바울의 태도에서 기본적인 차이를 발견한다. 만일 바울이 육체와 영혼을 첨예하게 구별했다면 음행의 죄에 관해 말할 수 없었을 것이다.

바울이 코린트 교회에 적의를 보인 것은 플라톤의 육체와 영혼의 이원론을 믿은 자들과 세네카의 이원론을 고수했던 자들, 그리고 영혼은 감옥과 같은 육체에 갇혀 있다는 그들의 도덕적 행위에서 이러한 결론을 내린 자들이었다고 생각했기 때문이다. 그러나 영혼은 비열한 육체로 더럽혀져 질 수 없다. 바울은 코린트 교회의 구성원에게 다음과 같은 사실을 기억할 것을 촉구한다. "여러분의 몸은 여러분이 하느님으로부터 받은 성령이 계시는 성전이다. 여러분의 몸은 여러분 자신의 것이 아니다. 여러분의 몸은 하느님께서 값을 치르고 사셨다. 그러므로 자기의 몸으로 하느님의 영광을 드러내십시오."[26]

바울과 세네카의 인류학적 문제의 접근에 있어 그들 사이에 나타난 차이는 유사한 단어를 전혀 다른 의미로 사용하였다는 사실이다. 세네카의 작품에서 자주 묘사된 인간의 고결한 본능과 비열한 본능 사이의 내적 고투는 바울의 여러 서신에서도 등장한다. 세네카에게 있어 영혼(animus)으로 호흡하는 개인의 삶과 그 힘으로 인간의 열등한 부분(육체)에 맞서 싸우는 고투는 영광을 보증한다. 바울은 이러한 내면의 투쟁에 관해 언급한다. 크라이허(Kreyher)는 로마서 8:9, 13을 그 예로 소개한다.

"사실 성령이 여러분 안에 계신다면 여러분 육체를 따라 사는 것이 아니라 성령을 따라 사는 것입니다……. 만일 여러분이 육체를 따라 산다면 여러분은 죽을 것이요. 그러나 성령의 힘으로 육체의 악한 행실을 죽이면 여러분은 살 것입니다."

세네카는 "인간을 뛰어넘어 능가하는 신에게 우리가 선을 부를 권리가 있는지 루킬리우스여, 심사숙고해 보아야 한다. 최고선을 영혼으로 제한하자"라 했고 리히텐함(R. Richtenham)은 육체와 정신의 상관관계를 해석하는 글에서 "최고선은 영혼 안에 살아야 한다(Das hoechste Gut muss im Geiste wohnen). …… 우리의 모든 행복은 육체 안에 있어서는 안 된다"[27]는 사실에 대해 비판한다.

그러나 이제 여기에서 육체와 정신의 투쟁에 관해 바울과 세네카의 유사성을 발견할 수 있다. 바울은 "나는 내 안에 다름 아닌 내 육체에 그 어떤 선도 존재하지 않는다고 알고 있다. …… 나는 마음속으로는 하느님의 율법을 기뻐하지만 내 몸 속에는 내 이성의 법과 대결하여 싸우고 있는 다른 법에 있다는 것을 알고 있다(로마서 7:18, 22). 육체의 욕망은 성령에 반하며 성령의 욕망은 육체에 반한다. 왜냐하면 이 둘은 서로 반대되는 것이기 때문이다(갈 5:17)."

세네카도 바울과 유사한 표현으로 우리가 보고 있는 육체를 덮고 감싸는 의복, 우리들을 싸고 엄호해 주는 뼈, 근육, 피부, 우리를 시중하는 얼굴과 손 그리고 그 밖의 것들 모두는 우리 영혼의 쇠사슬이며 어둠이다. 크라이허는 이것을 영혼을 어둡게 하는 것들(Verdunkelungen der Geister)이라 표현했다.

이런 것들로 영혼이 부서지고, 질식되고, 더럽혀지고 진리의 경지에서 멀어져 갔다. 이와 같이 영혼은 육체에 질질 끌려도 타락하지 않으려 육체와 끊임없는 투쟁을 계속한다. 그러므로 세네카는 아들을 잃은 마키아에게 아들의 무덤으로 서둘러 가지 말 것을 당부한다. 거기 무덤에 누워 있는 것은 살아서 많은 고통의 원천이었던 그의 보잘 것없는 비천한 부분, 그의 유골이다. 그것은 그에게 중요한 것이 아닌 것처럼 그의 몸을 감싸주었던 의복, 다른 보호물들이 중요하지 않았던 것과 무슨 차이가 있겠는가. 이제 그는 이 세상을 떠나간 아무것도 남겨놓지 않은 완전한 존재이다.[28]

바울은 "우리는 육체를 따라 살지 않고 성령에 따라 산다"고 했다 (로마서 8:4). 그것은 세네카가 말하는 영혼과 육체와는 다르다. 세네카는 육체를 보잘것없는 몸(caro ista)(Ep. 65:22), 쓸모없는 무상한 몸 (Ep. 92:10), 이 무거운 몸에 끌려 침몰하지 않기 위한 투쟁으로 표현한 것으로 보아 그는 육체를 심히 업신여겼던 것이다. 바울은 육체를 죄의 자체가 아니라 죄의 법에 예속되는 종이 되는 것이라 했다. 로마서 7:24에서 바울은 "누가 이 죽음의 육체에서 나를 구해 줄 수 있는가? …… 나는 이성으로 하느님의 법을 따르지만 육체로는 죄의 법을 따르는 인간이다"라고 했다. 세네카는 육체를 영혼의 감옥으로,

영혼을 구속하는 쇠사슬로 그리고 영혼의 암흑으로(*Marc.* 24:5) 규정한다. 세네카는 우리의 육체는 영혼을 괴롭히는 무거운 짐이요 고행(pondus)이다. 영혼이 철학의 지원이 없을 때 예속의 굴레를 벗지 못한다고(*Ep.* 65:16) 하였다.

세네카의 이와 같은 주장에 이어 바울은 다시 로마서 7:24에서 육체 구원의 외침을 보게 된다. 누가 죽음에 갇힌 이 육체에서 나를 구해 줄 수 있느냐고 바울은 세네카와 전혀 다른 것을 말하려고 한다. 그것이 바로 죄의 종이라고 한다면 죽음으로부터 돌이킬 수 없는 운명에 처해진 육체의 해방을 위한 요구이다. 그러므로 바울에게 있어 육체는 감옥이나 구속의 쇠사슬이 아니라 죄와 결연된 죽음이라 할 수 있다.

양심은 철학자의 삶이며 생명력

세네카의 작품에서는 양심의 일반개념이 자주 등장한다. 그러므로 그가 양심(conscientia)의 언어를 어떻게 사용하였는지 동시대의 철학자와 그리스도교 사도와 비교해 보는 것도 의미 있는 일이라고 생각한다. 특히 세네카의 작품에서 양심은 도덕적 개념의 핵심이 되는 문제다. 스토아 철학의 최고 권위자 플렌츠(Pohlenz)는 "양심이 우리들의 생명력으로서 인식되게 된 것은 그리스·로마 철학의 영향"이라고[29] 밝히고 있다.

양심은 실로 생명력이다. 그 이유는 세네카가 양심을 순수 이론적·철학적으로 설명하고 해석하기보다는 우리의 일상생활에서 나타나는 행위와 의미를 명시하기 때문이다. 우선 양심을 의미하는 라틴어의 콘시엔티아는 무엇을 의미하는가? 양심의 기본적인 의미는 다른 사람과의 공동 인식이며 이해인 것이다. 세네카도 자주 그런 의미로 사용한다. 세네카는 그의 여러 『도덕의 편지』에서 우리가 서로 만나 이야기하면서 사사로운 개인문제까지 다 털어놓고 말하는 사람이 있는가 하면 가장 친근한 친구 사이라 하더라도 알고 있는 사실을 말하기조차 두려워하는 경우도 있다. 이와 같이 세네카는 인간교류에 두 부류가 있다는 것을 밝히면서 우리들의 인간관계에서 모든 사람을 신뢰하여 맡기는 것과 그 누구도 믿지 않고 의심하는 것 모두가 똑같은 잘못이라고 지적한다. 전자의 잘못은 천진난만함이요, 후자는 위험이나 손해가 염려되어 무사와 안일만을 추구하는 신중의 극치라 했다.[30]

세네카는 지혜의 결과는 영원히 깨지지 않고 지속되는 기쁨이라고 말하면서 "현자의 마음은 초승달이 떠 있는 창공과 같다. 끝없는 고요와 평온이 저 창공에 가득하다. 현자가 환희의 은총을 누리는 것을 본다면 그대는 현자를 소망하며 이성으로 무장해야 한다. 이러한 기쁨은 미덕을 가지는 지혜와 양심에서만 온다. 기쁨은 용감하고 정의롭고 자제력이 있는 자만의 것이다." 세네카는 루킬리우스에게 보내는 도덕의 편지에서 "그대는 어리석고 사악한 자들이 기쁨을 누리지 못한다는 것을 아는가? 어리석고 사악한 자들의 기쁨은 사자들이 먹이를 잡는 기쁨에 불과할 뿐이다"[31]라고 말한다. 다시 세네카는 "진정한 기쁨은 멈추지도 않고 고통과 슬픔으로 바뀌지도 않는다." 아니 그 기쁨은 성쇠부침에 좌우되는 것도 아님을 강조한다.

세네카는 악함이 인간을 불행과 슬픔으로 몰아가고 덕성은 행복으로 인도한다. 우리가 감사함이 무엇인지 인식한다면 그 감사의 양심 (conscientia grati)은 신성하고 정화된 영혼에서만 오는 것이라는 사실도 인식하게 될 것이다. 그러나 사악한 감정에는 큰 불행이 따른다. 감사의 마음이 결여된 자는 장차 불행하게 될 것이다. 나는 그런 자에게 단 하루의 은총도 허락하지 않을 것이다. 그런 사람은 곧 불행하게 될 것이다.[32] 그러면서 세네카는 감사하는 마음을 늘 간직할 것을 강조한다. 그것은 다른 사람을 위해서가 아니라 자신을 위해서이다. 참 사랑은 인간의 모든 근심걱정을 추방시킨다.[33] 우리 안에서 무엇이 일어나게 될지 알게 되는 것은 세네카가 자주 언급한 바와 같이 마치 몸이 병들어 있을 때 살짝 스치기만 해도 아파 신음하듯이 마음이 연약하여 지나치게 민감해진 자의식으로부터 오는 것이다. 이러한 의식이 인간에게 어떤 감정을 일으켜 도덕적인 영향을 준다면 양심은 양심에 의해 정상적으로 이해의 경지에 이르게 하는 것과 매우 유사하다.[34]

세네카는 "은혜를 모르고 배은망덕을 하는 사람은 신들의 두려움 속에 살아가고, 신들은 배은망덕을 하는 모든 사람의 목격자이다. 그래서 배은망덕 하는 사람은 은혜를 외면했다는 자각 때문에 심한 고뇌와 아픔에 시달린다"[35]고 충고한다.

이것은 인간에게 양심이 무엇이며 비양심이 무엇인지 양심의 존재를 말해주는 것이다. 인류의 순결함과 결백함이 지배했던 시절, 과거 오랫동안 우리 안에 양심이 살아 생동한 황금시대는 다 지나가 버렸다. 순결과 양심의 응답은 철학자의 삶에서만 있을 뿐이다. 도의가 바르게 서고 양심이 살았던 황금시대의 순결은 다시 오지 않는다.[36]

3년 전에 아들 세잔누스를 잃은 마키아에게 보낸 글에서 세네카는 "만일 그대가 아들의 죽음을 슬퍼한다면 질책을 받아야 할 일은 그대의 아들이 태어난 때로 돌아가는 일이다. 그대 아들의 죽음은 그가 이 세상에 태어날 때에 이미 선언되었기 때문이다. 그는 이런 상황에서 생겼으며 이런 운명은 자궁에서부터 온 결과다. 우리는 운명의 여신의 왕국에서 왔다. 그 여신의 힘은 잔혹하여 극복할 수 없다. ……

여신은 우리의 육체를 난폭하고 잔인하게 학대할 것이다"[37]라고 충고한다.

이제 도덕적으로 순결하여 죄악이 없었던 황금시대는 지나가고 선과 악이 대적하는 양심의 문제가 심각하게 일어나기 시작했다. 불안한 양심을 가진 사람의 겉모습과 그리고 밝은 양심과 의식으로 기쁨을 누리는 사람들 사이에 많은 차이를 보인다. 불안한 의식과 양심은 인간의 행위에서 여실히 드러난다. 한 실례를 들자면 킨나(cinna)의 경우에서처럼 아우구스투스가 황제 살해의 계획을 말했을 때 그는 침묵으로 일관했다. 살해의 음모가 백일하에 폭로되었을 때 킨나는 그의 맹약 때문이 아니라 양심 때문에 침묵했던 것이다.[38] 킨나의 양심이 양심의 소리를 알아듣게 했다. 분명 양심을 가진 사람은 자신의 생각이 어떠했으며, 목소리는 어떠했는지 들을 수 있다.[39] 불안한 양심은 부끄러운 표정을 보인다. 세네카는 양심의 현상을 자주 우리에게 말한다. 그는 『자선론』에서 황제 티베리우스가 다수의 로마인들이 왜 부채에 허덕일 수밖에 없었는지 그 이유를 원로원에 공식적으로 해명하는 조건으로 그들의 많은 부채를 갚아주게 된 사실을 기록하고 있다. 이 부채해결은 로마제국의 보조금 지원으로 가능했다. 그러나 그것은 양심의 '가책이 없이는' 생각할 수 없는 것이기 때문에 관용이 아니다.[40] 세네카는 왕으로부터 지원과 보조금을 받았다고 외치는 양심의 가책이 없는, 부끄러워 얼굴을 붉힐지 모르는 자가 베푸는 자선은 자선이 아니라고 생각한다. 그러나 비행을 범한 자는 부끄러워 얼굴이 빨개지는 순수함을 보인다면 그에게 호의적인 마음이 생긴다. 세네카는 당시의 많은 로마인들 가운데 양심의 가책이나 부끄럼 없이 죄악을 범하는 악한들이 얼마였으며, 도둑질을 하고도 전혀 양심의 가책을 느끼지 못하는 자들의 수가 또한 얼마였는가? 더욱이 그 양심불량자들은 간음과 불의를 행하고도 그것을 자랑으로 여기지 않는가!⁴¹⁾ 하고 개탄한다.

선은 사악함에서 오는 것이 아니다. 그러나 부는 탐욕의 결과물이다. 그러므로 부는 선이 아니다. 선이 악에서 기인하는 것이 아니라는 것은 사실이 아니다. 왜냐하면 돈은 신성모독과 도둑질에서 얻어지는 것이기 때문이다. 따라서 신성모독과 절도행위가 사악하다고 하는 것은 선보다 악을 더 많이 범하기 때문에 악할 뿐이다. 신성모독과 절도로 이득을 얻지만 두려움과 심신의 불안과 고통이 따른다. 이러한 사실을 말하면서도 신성모독이나 성물탈취 행위를 용인해야 한다고 억지를 부리는 자도 있다. 심지어 그런 절도행위가 어느 정도 선을 이루기 때문에 선한 부분도 있다고 외치는 자도 있다. 세네카는 도대체 이것보다 더 심한 궤변이 있을 수 있는가 하고 반문한다. 신성모독이나 성물탈취, 절도 그리고 간통을 선으로 여긴 세상이 분명 있었다는 것을 우리는 기억해야 한다. 간통을 자랑스러워 뽐내는 자들의 수가 얼마나 많았는가! 하찮은 성물탈취로 징역을 살았는데 대형 성물탈취한 자들은 마치 전쟁에서 승리하여 의기양양하게 돌아오는 개선장군처럼 만인의 축하를 받는다. 성물탈취가 어떤 점에서 선이라고 하는 것은 그 행위가 우리의 이해(利害)에 관계되는 것이기에 명예롭고 정당한 행위로 칭송된다. 그것은 그들의 양심과는 거리가 먼 별개의 행위이다. 그러나 인간은 이 같은 양심불량을 결코 인정하지 않을 것이다.⁴²⁾

세네카는 죄와 악의 결과는 그냥 지나가는 법이 없으며 죄와 악의 값은 양심으로 아파하는 고통과 불안의 연속이라고 말한다. 그리고 그는 지은 죄를 목격한 자들과 복수하는 자들로 보이는 신들과 동료에 대해 얼마나 두려워할까? 사람은 자신이 저지른 행위가 더 이상 돌이킬 수 없을 정도에 이르렀다는 사실에 얼마나 공포에 떨까? 양심을 버리고 부도덕에 빠질 수밖에 없는 사람보다 더 불행한 사람은 어떤 사람인가? 바로 비참한 처지에서 헤어나지 못하는 사람이다. 세네카는 다시 말한다.

"칼이 두려워 칼에 의지하고 칼에 도움을 구하는 자, 친구의 성실함도 자식의 사랑도 믿지 않는 자, 그대가 이미 완성한 것과 앞으로 계획한 것을 대강 설명하고, 죄와 고통의 무거운 짐을 진 자, 양심을 있는 그대로 드러내고 죽음을 두려워하면서 죽음을 위해 더 많은 기도를 하고, 노예보다 자신을 더 증오할 수밖에 없는 자는 비참한 처지에 있는 사람이다."[43]

세네카는 다른 사람의 귀와 눈을 피하고 숨기 위해 은신처를 찾는 것이 얼마나 득이 되는 일인가 하고 묻는다. 선한 양심은 대중을 환대하지만 선하지 못한 양심은 대중과 격리되어 고독 속에서 불안과 고통의 늪에서 산다. 만일 그대의 행위가 양심에 반하는 것이라면 그 누구에게도 알리지 말라고 했을 것이다.[44]

악은 어두움을 두려워한다. 죄는 안전하게 감추어질지도 모른다. 그러나 죄를 범한 범인은 안전하다는 것을 절대로 느끼지 못할 것이다. 범죄는 밝혀지지 않을 수도 있지만 범죄행위는 죄인의 마음에서 영원히 떠나지 못할 것이다. 도덕적·종교적인 죄인들에게 가장 큰 형벌은 죄를 지었다는 것이며, 범죄에 대한 법률상의 형벌은 범행 그 자체일 뿐이다. 운명의 여신의 은혜로 죄가 덮여지고 엄호되었지만 죄인의 형벌은 피할 수 없다.[45]

사람들은 행운이 있어 형벌로부터 모면할 수 있지만 그렇다고 공포로부터 벗어날 수 없다. …… 아무리 죄를 숨기려고 해도 숨기는 것으로 될 수 없다. 양심은 그들이 저지른 죄를 입증하고 감추어져 있는 베일을 벗겨 버리기 때문이다. 죄는 두려움의 상태에서 무서워 떠는 특징을 갖는다.[46] 형벌을 받을 것이라고 예상하는 사람은 형벌을 받을 것이다. 또한 형벌을 꼭 받을 것이라고 생각하는 사람은 누구든 형벌을 예상할 것이다. 양심이 사악한 사람이 다행히 안전한 곳에서 살아갈 수 있을지는 몰라도 마음은 철쇄에 묶이어 평화를 누릴 수 없을 것이다. 인간이 비록 지금은 구속 상태에 있지 않을지 모르지만 언젠가는 나도 모르는 사이에 구속이 따를 것이며, 잠 못 이루는 고통이 엄습해 올 것이다. 다른 사람의 죄를 말할 때에 자신의 흠도 곰곰이 생각해야 한다. 사악한 양심은 우리를 늘 불안에 떨게 한다. 심지어 꿈속에서도 불안의 고통은 이어진다. 다른 사람의 범죄 사실에 대해 이야기를 할 때에도 나의 죄와 연결시켜 생각한다. 어떤 범죄자는 남의 눈에 띄지 않게 도주하는 데 성공하는 경우도 있지만 보장받을 수 있는 것은 아니다.[47] 범죄자의 삶의 모든 기쁨과 환희는 망가져 버린다.[48]

인간의 기쁨은 무서운 공포로 불안하여 평정을 잃게 된다. 기뻐 환희에 찬 순간에도 불안이 엄습해 온다. 아, 불안이 얼마나 갈까? 불안한 감정은 왕들이 누리고 있는 권력마저도 한탄에 이르게 했다. 왕들이 행운과 번영을 기뻐하지 않았던 것은 언젠가 필연적으로 도래할 종말의 두려움이 앞섰기 때문이다. 페르시아 왕은 자만심에 빠져 그의 군대와 넓은 평원으로 진군했다. 그러나 생각만큼의 성과를 거두지 못했다. 트레이스의 도리시쿠스의 평원은 만 명을 보유할 수 있는 넓은 공간이었다. 거기에는 수만 명으로 짐작되는 거대한 지상군 부대로 꽉 채워져 있었다. 왕은 백년 안에 유능한 군대의 한 병사도 살아남지 못할 것이라고 눈물을 흘렸다. 그러나 눈물을 흘렸던 왕은 병사들의 생사의 운명을 그들에게 돌렸다. 그리고 왕은 바다에서, 육지에서, 전투에서, 도주에서 죽을 자의 운명은 이미 예정되었다고 말했다.[49]

세네카는 선한 양심을 가진 사람의 삶이 정말로 다른가 하고 사람들은 의아해하지만 정말 다르다. 아니 다를 수밖에 없다고 강조한다. 사악한 양심은 우리가 외로울 때 두려움과 불안에 떨게 하지만 선한 양심은 자신을 심판할 목격자를 불러낼 수 있으며 그들의 판단을 두려워하지 않는다. 만일 존경할 만한 행위를 하는 사람이라면 모두가 알려고 할 것이다. 사악함과 부정은 어둠을 두려워하지만 선한 양심은 우리들 앞에 자신을 드러내려고 한다.[50] 사악한 양심을 가진 사람은 불안하고 악한 꿈으로부터 벗어날 수 없다. 참 평온과 평정은 선한 마음에서 도달하는 경지이다.[51] 그는 육체의 건강은 일시적이고 덧없으며, 의사에 의해 회복될 수 있으나 보장할 수 없으며, 그래서 자주 환자를 방문해야 한다. 그에 비해 마음은 언젠가 치유되면 영원히 치유된다. 세네카는 친구 루킬리우스에게 말하거니와 마음의 자족과 자신에 대한 확신을 갖는다면 그것이 건강이라고 말한다.[52]

세네카는 현자는 모든 전투에서 승리한다고 말했다.[53] 그러나 현자는 싸움에서도 양심의 손상을 경계해야 하며, 양심을 속이는 일을 특히 경계해야 한다.[54] 세네카는 현자는 여론을 생각해서 하는 것이 아니라 양심에 따라 양심을 위해 해야 할 것이라고 권고한다.[55] 양심에 따라 바르게 투표한다면 양심에 따르지 않은 투표는 계산되지 않게 되고, 양심은 양심에 따른 투표만으로 이길 것이다. 양심은 미덕이 넘쳐흐르고 의연하여 극도의 시련을 불굴의 용기로 이겨낼 수 있을 것이다.[56] 진정한 선의 욕구는 어디로부터 오는가에 대한 질문에 세네카는 다음과 같이 대답한다.

"나는 그대 루킬리우스에게 말한다. 선(善)에 대한 욕구는 선한 양심과 가치 있는 훌륭한 목적에서, 정당한 행위에서, 우연하게 얻게 된 선물을 명예롭게 생각하지 않는 데서, 한 길을 밟고 걸으며 살아가는 인생의 평온한 길에서 온다."[57]

따라서 수치심, 공포, 사악한 양심을 가진 사람은 끊임없는 불안 속에 살지만 선한 양심을 가진 사람은 안으로의 왕국에서 자유와 평화를 누린다. 세네카는 양심은 살아 맑고 또렷하게 말하는 것으로 양심을 묘사함에 있어 다양한 비유를 대어서 설명한다. 그는 양심은 도덕적으로 굽은 데가 없는 올바른 정신을 가진 변론자이며, 거짓이 아우성치고 소란을 피우며 싸우는 데에서도 오직 한 목소리만을 듣는다. 그렇다면 양심의 소리는 어떤 소리인가? 그것은 자기만을 앞세우는 이기적인 소란 속에서도 귀머거리의 귀에 잔잔한 귀엣말로의 속삭임이다.[58] 그러므로 끊임없이 우리의 귀를 괴롭히는 소란과 말다툼을 막아낼 수 있는 수호자가 필요하다. 만일 그러한 양심의 수호자를 무시해 버린다면 불행한 일이 아니겠는가![59]

세네카는 양심에 귀를 기울이는 선한 양심을 가진 자는 양심의 증인이다. 그러나 루킬리우스여, 그대의 행동으로 세상을 증거하고, 그대의 선한 양심과 선한 노력을 사랑했음을 증거로 대었음에도 신이 그대의 생명을 요구하거나 그대의 이성의 생기를 떼어 놓을 때 죽음에 이를 수 있다. 그리고 세네카는 "나이 50이 넘은 자는 법적으로 병사로 징집하지 않는다. 또한 60세가 넘은 자를 원로원 의원으로 부르지 않는다. 우리는 법으로부터 보다 자신으로부터의 여가를 얻는다는 것이 훨씬 어렵다. 반면에 우리들이 강탈하고 또 강탈을 당하면서, 또 서로서로의 침착함과 평정을 깨면서 그들 서로가 슬퍼하면 우리들의 삶은 유익도 기쁨도, 평화의 마음으로의 호전도 바랄 수 없다. 죽음에 눈을 떼지 않는 자 누가 있으며, 또 원대한 희망을 포기하는 자 누가 있겠는가? 참으로 어떤 사람들은 생의 저편, 저 세상의 것들까지 배열하고 정돈하는 거대한 무덤들, 이 세상의 공적을 봉헌하고, 화장용 장작더미와 겉치레로 가득한 장례행렬을 준비한다. 그러나 진실로 그런 사람들의 장례식은 마치 그들이 잠시 머물렀다가는 짧은 인생처럼 횃불과 밀랍초의 불빛으로 행해져야만 할 것이다."[60]

세네카에게는 올바른 양심을 가진 자가 양심의 증인이다. 양심의 소리, 양심의 증인, 양심의 수호자는 어디에서 오는가? 그 답은 분명하다. 신으로부터 온다. 대체로 우리는 세네카가 양심conscientia이라는 단어를 언급하지 않은 여러 진술에서 콘시엔티아의 유래를 추론해야 할 것이다. 그럼에도 세네카는 양심의 의미가 무엇인지를 비유적인 표현으로, 수호자를 의미하는 쿠스토스custos로 사용하고 있다. 그가 신에 관한 그의 신념을 말한 가장 의미 있는 대목은 루킬리우스에게 보낸 『도덕의 편지』에서 "루킬리우스여, 그대는 유익하고 훌륭한 일을 하고 있소. 그대가 나에게 보낸 편지에서처럼 그대는 완전한 이해를 위해 노력을 계속하고 있지 않은가. 그대 스스로의 힘으로 그일을 성사시킬 수 있을 때 기도로 비는 것은 어리석은 짓이네. 우리가 하늘을 향해 손을 들어 올리거나 하는 그런 식의 우리 기도를, 마치 천국에 울려 퍼지는 것처럼 사원의 수호자같이 간구할 필요가 없지. 신은 그대 옆에 그대와 같이 그대 안에 있음을 잊지 말게. ……

루킬리우스여, 성령sacer spiritus은 우리 안에 살며, 우리의 선행과 악행의 기준을 정하시는 우리의 수호자이시다. 우리가 이를 성령으로 대하듯 성령은 우리를 다스리신다. 진실로 신의 도우심 없이는 그 누구도 선하게 될 수 없네. 신이 그대를 일으킬 수 있는 지팡이가 되어 주지 않는다면 더 높은 상급의 길로 오를 수 있을까? 신은 고결하고 정의로운 지혜와 조언을 주시는 분이시네."[61]

우리는 인간의 신적 요소에 관한 세네카가 언급한 여러 대목에서 신이 양심을 중시한 내용을 자주 발견한다. 예를 들어 그는 인간의 영혼은 권고와 훈계로 고무되어 선의 열매를 맺으며 그러면서 "영혼은 영광스러운 세상만물의 씨앗 안에 있다. 그래서 이 씨앗은 평온한 미풍의 힘으로 생성된 불꽃이 자연의 불을 일으켜 성장의 계기가 되었다. 미덕은 외적작용과 충격으로 눈을 뜨게 되었으며[62] 자연은 우리 모두에게 미덕의 씨앗을 심고 그 토대를 세웠다. 우리는 모두 이 보편적 특권에서 태어났다"[63]는 것이다. 세네카는 선하고 유익하고 아름다운 의지를 어떻게 얻을 수 있는가의 질문에 "자연은 우리에게 지식의 열매를 주었으며 지식 자체를 주지 않았다. 자연은 지식을 직접 우리에게 가르칠 수 없다." 세네카는 다시 말한다. "고통을 잊는 것이 고통을 치유하는 길이며 운명의 여신은 언제나 용감한 자의 편이다. 그러나 겁이 많고 비겁한 자들은 용기가 없어 좌절하고 만다." 이 말은 퍼브리리우스 시루스(Publilius Syrus)의 경구이다. 실로 이 경구는 우리의 마음을 솟구치게 한다.

세네카의 양심의 개념에 관한 언급에서 영혼의 실체에는 인간의 신적 요소가 존재한다는 의미를 발견할 수 있다. 이는 우리가 그가 영혼을 인간의 신적 부분으로 성령이 우리 마음 안에 들어왔다고 언급했음에서 상기할 수 있다.[64] 그는 이제 영혼은 우리의 육체 안에서 손님으로 살고 있는 신이라고[65] 말한다. 세네카에게 있어 양심은 신의 소리이다. 그 이유는 양심은 신이 인간의 내면으로 들어왔다는 사실을 증명하는 성령의 소리이기 때문이다. 신과 양심을 구분해야 하는가? 폴렌츠는 다음과 같이 말한 바 있다. "인간의 목적은 자연과의 조화로운 삶이다. 인간은 타고난 소질과 고유한 의지력으로 목적에 도달할 수 있다. 인간의 양심에는 행위를 주관하는 안내자가 있다. 그러나 양심 저 위에는 우리를 지켜주는 최후의 권위이신 신이 있다. 신은 우리의 생명의 은인이며, 우리는 이 우주의 삼라만상의 변화에 따라야 할 의무가 있다."[66]

폴렌츠는 계속해서 "우리의 비밀스런 생각을 신만이 알고 있다. 신은 우리가 행한 행위를 결코 숨길 수 없도록 영원한 파수꾼을 우리의 내면 깊숙한 곳에 넣어 주셨다. 이 파수꾼은 우리의 모든 생각과 우리의 입에서 나오는 모든 말을 변론하는 강직한 재판관이다. 그것은 결국 우리의 행동을 높이 고양하고 우리에게 상벌을 가하는 양심"이라고 정의한다.[67]

세네카도 이미 이와 같은 사실을 정당화 하는듯한 주장을 했다. 신은 인간에게 신의 소리를 알아듣게 하였기 때문에 그는 모든 것이 인간의 내면에서 일어난다는 사실을 확신했다. 폴렌츠는 세네카의『도덕의 편지』41.2를 실례로 들면서 인간의 양심과 신과의 관계에서 우리에게 수호자를 보냈다고 하는 말은 신에 대해 너무 지나칠 만큼 그의 개인적인 의지를 강조한 것이라 하였다. 이와 같이 그의 신에 대한 언급에서 개인적인 방식으로 기술한 사실을 부인할 수 없다. 예를 들어 그의 다음과 같은 언급에서 알 수 있다. 즉 "전 세계가 나의 국가요, 전 세계의 통치자들이 신들이다. 신들은 나의 위에서 그리고 나의 주위에서 살고, 나의 언행을 검열하는 비판자이다."[68] 세네카는 은혜를 모르는 배은망덕한 행위를 하는 양심의 불량자를 찾아내는 증인인 신들에 관해 언급하면서 신들의 지혜와 혜안의 추적으로부터 벗어날 수 있는 것은 하나도 없다고 강조한다.[69]

세네카는 신이 마치 밖에서부터 사람의 몸 안으로 오듯이 모든 사람에게 온다. 아니 신은 더 가까이 와서 사람들에게 들어온다. 신을 몸에 지니지 않은 자는 선하지 않다. 신은 우리 영혼의 입회인으로 우리 마음속으로 들어온다. 신의 신성한 씨앗은 우리들 몸 전체에 뿌려져 있다.[70] 이렇게 하여 세네카는 우리 안에 있는 신성한 정신, 성령을 따르는 것을 양심이라고 말한다. 성령을 따르는 양심은 선악을 구분하며 우리를 지켜주는 수호자이다. 세네카는 우리 안에 사는 성령이 양심의 명령자인 것은 신이 그대 바로 옆에, 그대와 함께, 그대 안에 있기 때문이다.

제5장 세네카에 있어 죽음과 자살은 무엇인가

- 자살은 도덕적 삶의 용기이며 자유
- 죽음의 종말론
- 신은 세계정신, 영혼의 목격자

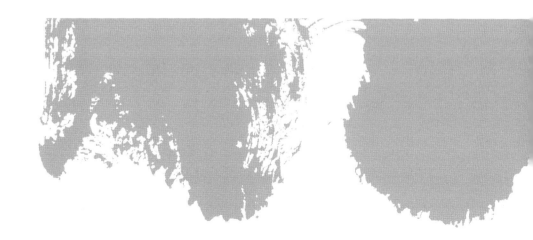

자살은 도덕적 삶의 용기이며 자유

　고전고대 철학자들이 자살을 어떻게 생각하고, 자살을 인정한 배경은 무엇이었는지 적어도 고전고대와 그 후 시대에서의 자살을 자유의 표준으로 인식한 고전적 전거를 우리는 플라톤의 『파에도』(*Phaedo*)에 나타난 소크라테스와 케베스(Cebes) 사이에 이루어진 논쟁에서 읽을 수 있다. 피타고라스학파의 철학자들은 자살 행위를 비난했다. 인간의 윤회와 응보를 믿는 신비적인 종교 오르페우스교와 피타고라스학파는 영혼은 출생하기 이전의 죄를 씻기 위해 육체 안에서 참회의 고행을 하는 것으로 생각했다. 그러므로 자살은 그들에게 있어 신의 뜻에 반하는 것으로 각자는 신의 뜻에 따라 해방의 몸이 될 때까지 기다리는 것이 의무였다. 플라톤의 『파에도』와 그의 후기 작품 『법률론』에서 법의 요구(소크라테스의 경우처럼)뿐만 아니라 고통이나 피할 수 없는 불행, 불명예 같은 수치심이 자살을 정당한 것으로 유도하는 것으로 생각되어졌다.

　아리스토텔레스는 자살을 가난, 욕망, 고통과 같은 개인의 해악으로부터 도피하기 위한 비겁한 행위로 간주했다.[1] 또한 그는 범죄자의 자살을 자신의 범죄를 정당화하는 것으로 친구나 국가를 위해 자신의 생명을 희생시키는 '고귀한' 이타주의의 경우를 제외하고는 국가와 종교적 윤리에 반하는 그리고 도시국가를 타락시키고 파괴하는 반국가적 범죄행위로 규정했다.[2] 그리고 그는 분노를 못 이겨 자살할 경우에는 그것이 반국가적 위법행위는 아니지만 국법을 어기고 불안한 나머지 자살을 하는 행위이므로 엄벌하도록 요구했다.[3]

플라톤과 그의 제자가 취한 자살에 대한 부정적인 태도에도 불구하고 스파르타의 클레옴브로토스(Cleombrotos)의 다음과 같은 이야기에서 자살은 플라톤이 독자에게 감명을 줄 수 있는 이른바 육신 안에서의 영혼불멸과 영혼의 감금이라는 메시지에 위축되어 자살을 택하는 경솔한 독자에게 영향을 줄 수 있었다.[4] 그 후 자살은 모든 독단적인 헬레니즘학파에 직면한 딜레마, 즉 죽음과 같은 외견상의 해악과 외적인 것에 대한 가치절하 그리고 부(富)의 허무로부터 벗어남으로써 삶을 행복으로 인도한다는 교의가 인생을 황량한 그리고 죽음을 매력적인 것으로 드러나게 했다. 그러므로 에피쿠로스학파는 삶을 증오하여(odium vitae) 도피하는 행위에 대해 경고했으며,[5] 스토아 철학자 세네카는 로마제국 초기에 자주 발생한 자살에 대한 충고의 글에서 죽음에 대한 지각없는 경향이 나타나 비겁하고 곤궁한 사람은 물론 고결한 정신이 충만한 사람까지 죽음을 갈망(libido moriendi)하기에 이르렀다고 경고했다.[6]

퀴니코스학파는 전통적인 사회윤리와 도덕개념을 비판하고 자살을 제한하는 요소를 제거할 것을 강조함으로써 자살에 의한 개인의 자유와 해방을 애찬했다.[7] 그들은 미덕만이 선이기 때문에 생명은 현자들에게만 가치 있는 것이었다. 왜냐하면 현자만이 미덕을 가지며 우자는 생명을 이어줄 만한 매듭이 없기 때문이다. 우자에게 필요한 것은 잘 알려진 바와 같이 '이성이거나 목매는 밧줄'이었다.[8]

에피쿠로스학파는 일반적으로 자살을 반대했다. 하지만 에피쿠로스학파 철학자 디오도로스(Diodoros)에 관한 세네카의 언설에서 디오도로스는 자살을 함으로써 에피쿠로스의 가르침을 따르지 않아 비판받았다. 디오도로스는 머지않아 자살하여 생을 마감할 것이라고 말하고 얼마가 지나서 곧 자신의 목을 베고 죽음을 맞이했다. 혹자는 그의 자살을 미치광이 짓이며 분별없는 행위라고 비난했지만 그는 마음의 평정과 내면의 평화와 같은 행복을 생명으로부터 떠난 자살이라고 강조했다.[9] 디오도로스의 자살을 비난한 사람들은 그의 자살행위를 어리석고 부적절한 행위라고 비판했다. 에피쿠로스는 삶에 대한 낙담과 절망은 본래 죽음에 대한 분별없는 공포에서 온다고 생각했다. 그리고 그는 "삶에 지쳐, 삶 자체를 부정하며 죽으려고 하는 것은 정말로 어리석음의 극치다. …… 인간은 사려 깊지 못하고 정신이 건전하지 못한 탓에 그리고 죽음에 대한 두려움 때문에 죽으려고 한다"[10]고 말했다.

에피쿠로스 철학자들은 아름다운 삶을 위해 죽음의 공포를 털어버리는 것이 그들의 과제였다. 그들에게 있어 인생의 최고선은 쾌락이었기 때문에 삶의 장애물은 고통스러운 것이다. 하지만 삶의 고통으로부터 벗어나게 하는 것이 자살이라고 하는 사실을 완전히 부인할 수 있을까? 이와 같은 사실에서 자살의 가능성을 주장한 사람은 쾌락주의 철학자 헤게시아스(Hegesias)였으며, 그는 자살의 매력을 설교하기에 이르렀다. 죽음에 대한 그의 호의적인 인식 때문에 '죽음의 선동자'라는 별명까지 가지게 되었다. 키케로에 의하면 키레네의 프톨레미 왕은 인간을 구우일모(九牛一毛)와 같은 허무하기 이를 데 없는 존재라고 말한 헤게시아스의 강연을 금지시켰다고 한다.

심신이 아픈 것은 삶이 일체의 선으로부터 떠남에 있다. 일체의 악폐로부터 삶을 보호하고 지킨다는 것이 참 삶이라고 말할 수 없다. 왜 나는 인간의 삶을 슬퍼해야 하는가? 필요한 것은 죽음 후에 올 비참함과 현세의 삶이 계속 슬픔에서 헤어나지 못하게 될 것이라는 생각에서 벗어나는 것이다. …… 죽음은 악으로부터 떠나게 하는 것이지 선으로부터 물러나게 하는 것이 아니다. 이러한 사상은 키레나이코스학파의 헤게시아스가 자주 한 말이다. 그러나 그가 프톨레미 왕으로부터 그러한 주제의 강의를 더 이상 하지 말라는 경고를 받았던 것은 그의 강의를 청강한 많은 사람들이 자살을 했기 때문이다.[11]

에피쿠로스학파는 기쁨보다 고통의 아픔을 참을 수 없는 사람들에게만 자살을 인정하였다.[12] 그러나 이런 해결방안을 무시한 현자는 에피쿠로스처럼 마지막 고통까지도 이겨 쾌락의 균형을 유지해야만 했다. 에피쿠로스는 『자연에 관하여』(De Natura)에서 현자는 결혼도 가족의 부양도, 정치참여도 하지 않으며 또한 폭군도 되지 않는다. 더욱이 퀴니코스 철학자들처럼 되지 않을 뿐더러, 탁발 수도승처럼 구걸하지도 않으며, 설령 현자가 시력을 상실하여 눈먼 장님이 된다 하여도 삶을 결코 포기하지 않을 것이다. 키케로가 말한 바와 같이 에피쿠로스는 '많은 사람들의 끊임없는 쾌락의 추구'에서 보듯이 자살의 권고를 받아들이지 않았다. 그러나 그는 삶에서 쾌락이 멈추게 되는 경우 자유민을 위한 구급약은 죽음으로써 자살을 일관되게 회피하지는 않는 것이다. 그래서 키케로는 에피쿠로스를 테베(Thebae)의 명장 에파미논다스(Epaminondas)와 스파르타 왕 레오니다스(Leonidas)에 비유하면서 고통이 기쁨과 쾌락으로 완화되고 균형을 유지하게 된다는 에피쿠로스의 죽음을 원용했다.[13]

스토아 철학의 자살론은 아주 정교하다. 그 철인들은 자살을 정당한 행위로 평가하고 인간이 삶으로부터 떠나 죽음으로 가는 것을 온당한 행위라고 생각했다. 그것은 합당한 이유에서의 떠남(Exagoge)이다. 스토아 철학자들은 소크라테스의 사상을 높이 칭송하며, 그들의 가르침을 소크라테스의 신적 필연성의 내면화로 묘사하고 자신들의 교의를 인간이성의 명령이라 생각했다. 이와 같이 그들의 인간이성의 명령은 인간이 자연에 따라 사는 삶이 더 이상 가능하지 않을 때 내려지게 된다.[14]

플라톤 사상의 완화와 수정은 세계 신성이 내재한다는 스토아 신앙을 통해 성취되었다. 세계 신성은 로고스 즉 이성에 있으며, 세계 신성은 인간이성으로서 인간 안에 존재한다. 이런 식으로 스토아 철학자들은 어떤 상황에서든 자살을 인정했다. 전설에 의하면 스토아 철학의 창시자 제논은 그의 발가락 하나가 골절되는 사건이 있은 후 그는 슬퍼하며 손으로 땅을 치면서 말하기를 "나는 이제 죽음의 세계로 간다. 당신은 왜 나를 부르십니까" 하고 외쳤다고 한다. 그 이후 그는 숨을 거두었다고 하는데 이 사건에서 그는 신의 암시 같은 것을 받고 자살한 것으로 보인다고 디오게네스 라에르티우스는 기록하고 있다.[15]

스토아 철학자들은 자살의 이유는 무엇이며, 그 이유는 수긍될 수 있는 것인가에 대해 많은 생각을 하였다. 그들에게 있어 모든 적절한 행위, 다시 말해 의무나 혹은 합리적이라고 생각되는 행위는 정당한 변명을 할 수 있는 행위이다.[16] 그러나 자살은 특별한 부류의 의무이다. 이러한 의무는 어떤 외적인 상황에서 부과된다.[17] 왜냐하면 인간의 기본적인 의무는 타고난 천부적인 본능에 일치하는 삶을 살아야 하기 때문이다. 그러므로 특별히 강한 이성이 내재되어야만 했다. 디오게네스 라에르티우스는 현자는 자기 나라를 위해서, 혹은 자기 친구를 위해서, 혹은 참을 수 없는 고통이나 수족절단으로, 심지어 불치병으로 시달리는 경우에 삶으로부터 합리적인 퇴장인 자살을 기도할 것[18]이라고 말했다. 스토아현자는 자살의 이유를 잘 차린 연회에서 떠나는 사람에 비유한다.

자살의 이유는 두 범주로 나눌 수 있다. 연회에서 떠나는, 이른바 자살의 첫 번째 이유에 일치하는 범주는 국가와 친구를 위해서이며, 그것은 모든 사람이 속해 있는 공동체의 합리적인 존재로서 여러 의무를 가진다는 스토아 사상에 근거한다. 이러한 이유는 고대 초기 자살의 몇 가지 형태를 수용한 고대 로마의 애국과 충성의 전통과 잘 조화를 이루고 있다.[19] 두 번째 범주인 아픔, 수족의 절단, 불치의 병은 육체의 기능을 막는 것으로 연회를 떠나게 하는 이유와 일치하는데 그것은 스토아 철학에 기초한다. 설사 미덕이 유일한 선이고 악덕은 해악이고 모든 것이 무관심적인 것일지라도 그 무관심적인 것 가운데 긍정적인 것(proegmena, 선호하는 것)과 부정적인 것(apoproegmeva, 회피되어야 할 것)이 있다. 죽음, 아픔, 가난은 부정적인 것에 속하는 것이며, 생명, 쾌락, 재산, 건강은 긍정적인 것에 속한다. 생명은 미덕의 행위를 위한 실체로 가치를 갖는다. 그러므로 생명을 유지해 갈 것인가 아니면 유지하지 말아야 할 것인가는 퀴니코스 철학자에서처럼 참 행복은 생명에 대한 소극적인 무관심보다 적극적인 무관심의 균형에 있다. 이를 두고 키케로는 "인간의 처지가 자연과 일치하는 것이 많을 때 인간은 살아남을 가치가 있지만 반자연적일 때 인간은 삶에서 떠나는 것이 합당하다. 현자는 행복하더라도 생명을 포기하는 것이 경우에 따라 자연스러운 일이지만 우자는 비참하고 불행하더라도 생명을 유지해 가는 것이 좋다"[20]라고 말했다.

　삶의 불균형은 미덕의 행위가 심히 방해되거나 혹은 불가능해지는 것을 의미한다. 제논이 죽음의 신호로 인식했던 것은 고통과 수족절단이다. 그때 그는 이미 나이가 들은 늙은 몸이었다. 그는 미덕의 삶을 살아갈 수 없을 정도로 몸이 쇠약하여 뜻밖의 사고를 당했다. 이것과 유사한 내용을 나이 먹은 클레안테스에 관한 이야기에서 찾을 수 있다. 그는 심한 잇몸 염증치료를 받아야 한다는 의사의 권고에도 이틀 동안이나 아픔을 참고 식사도 거부한 점에서 제논과 유사한 점을 발견하게 된다. 우리는 긍정적인 무관심과 부정적인 무관심의 균형을 어떻게 비교할 수 있겠는가? 우리는 국가와 친구를 위해 얼마나 최선을 다해 봉사할 수 있는가? 무소니우스 루푸스(Musonius Rupus)는 만일 자신의 죽음이 정말 유용한 것이라면 죽음이란 많은 사람에게 가치 있는 의무일 수 있다고 생각했다. 그러므로 세네카는 소크라테스가 감옥에서 금식에 의한 자살보다 독약을 기다리며 철학적인 대화로 그의 친구를 도우려했다고 주장한다.

　소크라테스는 독약에 의해서보다 굶어 죽으려고 감옥에서 한 달을 보냈다. 그때 그는 모든 것에 희망을 걸지 않았다. 오히려 그는 아테네의 국법에 복종하는 것을 보이려고 친구들에게 덕성을 고양(高揚)하기 위해 최후의 순간을 장식했다. 독약을 두려워하고, 죽음을 거부하는 것보다 더 바보스러운 것이 어디 있겠는가?[21]

소크라테스의 사약에 의한 죽음 앞에서 그 당당한 의지와 소신은 그로 하여금 장기간에 걸친 해방과 투옥의 아픔을 덜어주었다. 스토아 철학자는 자살의 제2의 동기를 수치스러운 일을 하게 하고 말하게 하는 폭군의 전횡에 있다고 말한다. 또한 스토아 철학에서는 현자만이 자유민이라고 강조한다. 스토아의 자유는 물질적 혹은 정치적·법적인·외면적 자유가 아니라 미덕에 따른 내적인 자유이며 외적인 강제와 속박으로부터의 합리적 기능의 자유다.[22] 스토아현자는 행위를 스스로 기꺼이 수행하지만 사악한 행위를 강제에 의해 행하지 않는다. 스토아 철학자인 현자들은 수치스러운 일을 하지 않을 뿐더러 폭군 앞에서도 그리고 죽음이나 고문의 고통 앞에서도 동요하지 않고 자신들의 주장을 자유로이 구사한 그들의 실체를 항상 보여주었다. 에픽테투스는 자유에 관한 언급에서 "자신의 의지대로 사는 사람은 자유로운 사람이다. 그런 사람은 강제나 폭력에 굴종하지 않는다. 그가 선택한 것은 방해받지 않으며 그의 욕망은 목적에 도달하게 된다"[23]라고 말했다.

스토아현자는 어떤 정치적 상황에서든 자살의 정당성을 분명히 밝힌다. 하지만 그 정당성은 자살 그 자체가 아니라 미덕을 유지하기 위한 대가로 택한 죽음이었다. 스토아 사상은 사치스러운 일을 하기보다 현자의 미덕을 수행하는 데에 겪는 고통이나 죽음을 가치 있는 행위로 생각했다. 이와 같이 스토아 철학자들 가운데 세네카와 에픽테투스는 정치적인 혼돈으로 야기되는 불의의 형벌에 의한 고통이나 죽음을 두려워하지 않았다. 설령 죽음이 직면한다 해도 스토아현자는 사형집행자를 기다리는 여유를 보였다.[24] 로마 공화정기의 애국자 카토의 자살은 현자는 결코 죽음을 두려워하지 않는다는 것을 잘 보여

주고 있다.[25]

참을 수 없는 수치로부터 떠나기 위해, 혹은 국가와 민족을 위해 희생을 요구하는 많은 이유 때문에 자살하는데, 그와 같은 자살을 로마공화정에서는 영웅적인 자살로 평가했다. 영웅적 자살은 로마공화정의 특징과 아주 일치하기 때문에 이러한 자살은 로마초기의 역사에서 아주 두드러진 현상이다.[26] 조국을 위해 자신을 희생시킨 대표적인 예는 데키우스(Decius) 가문에서 볼 수 있다. 지금까지 전해오는 자료에 의하면 조국을 위해 자신의 생명을 바친 사람은 소 데키우스(younger Decius)였다. 그러나 이 두 경우의 영웅적 죽음은 역사가 리비우스(Libius)의 기록에 비길 데 없는 산문에 소중히 기록되어 있다. 대(大) 데키우스는 기원전 337년 베스비우스 산 근처에 있는 라틴인과의 전투에서 급진당의 지휘권을 행사하고 있었다. 이와 유사한 이야기가 소 데키우스에게서도 전해지고 있다. 그 역시 기원전 295년 센티눔(Sentinum) 전투에서 고울(Gaul) 지역의 병사들을 공격하는 데 죽음을 각오했으며, 결국 그도 죽고 말았다.

섹스투스 타르퀴니우스(Sextus Tarquinius)는 도덕적으로 불미스러운 성적충동의 결과에 의한 참을 수 없는 수치감을 피하기 위해 자살을 했다. 목을 매어 죽는 자살은 그리스 사람들에게는 수치스러운 죽음이었다. 오이디푸스는 자신의 죄가 무엇인지 알게 되었을 때 목을 매어 자살하는 것 외에는 속죄할 방법을 찾을 수 없었다. 로마의 정서도 이것과 유사한 방법의 속죄였다. 이와 같이 목을 매어 죽는 자살이 많은 비난을 받았던 것은 윤리적인 측면보다 종교적인 측면에서 비난의 대상이 되었기 때문이었다.

고전고대의 아카데미학파, 아리스토텔레스학파, 그리고 에피쿠로스학파에서는 이론적으로 자살을 반대했다. 특히 아리스토텔레스학파에서는 영혼과 육신이 다른 외적인 것보다 더 우월하다고 생각했다. 그들에게 있어 생명은 국가시민과 그의 동료 그리고 철학적 사색과 비교될 수 없었다. 그러므로 그들의 자살에 대한 태도는 스토아 철학자와 첨예한 대조를 보이고 있다. 에피쿠로스학파는 인간이 죽음으로써 모든 것은 다 소멸해 버리고 생명은 최소한의 가치만이 있을 뿐이라고 생각했다. 그래서 그들은 공허한 것에 생명을 던져버리고 공포와 두려움 때문에 자살하는 것을 어리석은 행위로 보았다. 세네카는 사람들이 죽음을 가장 악한 것으로 꺼리지만 불의의 고통과 재난으로부터의 도피수단으로 비겁한 죽음을 선택한다고 하였다. 그러나 스토아현자는 생명에 대한 거부나 죽음도 피하려 하지 않을 뿐더러 또한 생명을 증오하거나 악으로 생각하지 않았다.[27]

로마제국의 지배하에서 자살이 널리 유행했던 계층은 교양지배 계층이다. 당시의 자살 원인으로는 아마도 다음의 두 가지 요인들이 생각될 수 있다. 그 하나가 종교적 신념의 쇠퇴이고, 다른 하나는 자살을 옹호한 스토아 철학이 로마 지배계층에게 인기가 있었다는 점이다. 로마 공화정 시기만 하더라도 자살은 충분한 이유가 있어서가 아니라 경건한 신앙심에 일치하는 삶을 살아가지 못한 데에서 발생했다. 일반적으로 스토아 철학의 가르침은 전형적인 로마인의 정서적 특성에 일치하였다. 로마제국 시대에 자살은 가치 있는 행위로 자주 언급되곤 했다. 잘 알려진 타키투스의 기록에서[28] 자살은 재산처분과 사형집행자의 위협이라는 점에서 비난받았던 일이지만 사후의 이익을 확보하기 위한 수단이기도 했다. 당시 유죄선고를 받은 사람의 재산은 항상 몰수되었으며 장례식도 할 수 없었다. 그러나 자살로 죽은 자에게는 장례식 거행은 물론 자살한 사람의 유언에 따라 그의 재산이 양도되고 증여도 가능했다. 이렇게 하여 얻게 된 이익을 타키투스는 '민첩한 보상'(pretium festinandi)이라고 표현하고 있다.

스토아 철학의 자살에 관한 교의는 플라톤의 주장과 유사하다고 할 수 있다. 플라톤은 참을 수 없는 심신의 고통(ananke)으로 죽음의 끝자락에 몰렸을 때 자살은 불가피하다고 생각했다. 심신의 고통, 즉 그리스어로 '아난케'의 본질은 로마인들의 말하는 불가피성(necessitas 혹은 necessitudo)이며 결코 피해갈 수 없는 것으로 그 의미는 분명치 않다. 중기 스토아 철학자 파나이티오스와 포세이도니오스는 자살을 유발하는 '아난케'는 외부에서 오는 압력이 아니라 내적으로 억제하기 힘든 충동이라고 해석한다. 당시의 자살은 더 이상 수치스러운 것도 아니었으며, 윤리적으로 정도(正道)를 벗어난 행위도 아니었다.

스토아 철학자에게 있어 죽음은 자유와 평등으로 가는 길이다. 스토아 철학자가 중시한 죽음은 자살을 말한다. 퀴니코스학파, 스토아학파에서 자유와 평등의 전제조건으로 자살이 자주 언급되고 인정되었다.[29] 특히 후기 스토아학파, 세네카 시대에 자살을 인정하고 강조함으로써 로마제국 시대의 철학자와 지식인들이 자살로 많이 죽어갔다. 그래서 스토아 철학자들의 작품에서 자살이 철학자의 주요 관심사였던 것이다. 세테카는 자살을 자유에로 가는 도정(道程)이며, 궁극적으로 자유 그 자체였던 것이다. 자살이 만연되기 시작한 것은 키케로 이후 자살이 영원한 자유로 인식되면서부터이다. 자살에 대한 이론적 기초는 앞에서 언급한 바와 같이 플라톤의 『파에도』에서 간헐적으로 나타나고 있다. 플라톤은 여기서 자살을 조장하고 예찬하면서 인간이 바르게 사는 합리적 수단인 동시에 한편 법에 반하는 행위로 규정했다. 그는 자살이 인간이 자의적으로 할 수 있는 것이 아니며 삶과 죽음은 제신이 주관하는 속성이기 때문에 자살행위를 월권하는 불법적 행위로 보았다. 하지만 플라톤은 그리스 사회에서 자주 발생하는 자살을 신에 반하는 행위로 비난하면서도 한편 신이 인간을 괴롭힐 때 고통으로부터 벗어나기 위해 행하는 자살의 가능성을 인정했다. 플라톤은 지극한 고통과 가난에 대한 수치심, 슬픔, 피할 수 없는 운명의 쇠락에서 자살을 인정했다.[30]

플라톤은 인간이 무엇 때문에 가장 존귀한 자신을 죽음으로 몰아가는 자살을 택해야 하며, 그 목적이 무엇인가 자문하면서 자살에 대한 법적 문제를 고려한 나머지 그는 각자의 시민적 의무에 일치하는 삶을 강조했다. 이것은 스토아의 자살과 연관성이 있다. 소크라테스의 경우에서 자살은 국가의 명령에 따라 허용되었으며, 플라톤이 금지하려고 한 것은 단순한 나태와 평범한 고통의 두려움 때문에 야기되는 자살이다. 이와 같이 플라톤은 국가를 자연적 현상으로 국가와 제신과의 관계를 불가분적임을 역설했다. 그러므로 국가에 반하는 행위는 제신에게도 반하는 범죄행위이며, 그 반대로 제신에 반하는 행위는 국가에 반하는 범죄행위였다. 이와 같이 플라톤은 정당한 이유 없이 자살하는 행위를 범죄행위로 취급했다.

아리스토텔레스는 그의 『윤리학』에서 플라톤과 유사한 주장을 하였다.[31] 자신의 분을 참지 못한 나머지 자살하는 자는-아리스토텔레스는 감상적인 자살행위를 반국가적인 행위로 생각했다-국가로부터 형벌을 받아 마땅한 범죄자로 간주했다.

퀴니코스학파의 철학자들은 폴리스 시민의 생활보다 그들의 삶이 더 자유롭고 인간적이라고 생각했다. 그들은 폴리스의 시민을 자유를 상실한 자로, 자신들만이 진정한 자유, 이른바 내면적인 자유를 향유할 수 있는 현자임을 강조했다. 그들은 외부의 압력으로부터 자유로우며 동시에 미덕을 갖춘 현자로 자처했다.[32] 퀴니코스학파의 철학자들은 그들의 동료와 가족은 물론 그 누구와도 관계하는 것을 꺼려한 유아독존적인 존재로서 국가의 제도, 법, 전통적 관례, 인습, 심지어 국가의 존재마저 인정하기를 거부했으며, 그들에게 있어 이 모든 것들은 모두 자유의 구속물로서 오로지 자살만이 현자의 욕구를 충족시키고 영원한 자유를 열어주는 것이라 생각했다.

이와 같은 퀴니코스적 삶을 누릴 수 없는 구속으로부터의 해방은 자살에 의해서만 가능하며, 자살을 심지어 가장 좋은 구급약으로, 가장 현명한 삶의 정책이자 수단으로 생각했다. 그러나 그것은 그들이 자신들의 자유를 강조한 나머지 자살을 주장했던 것이지 현자가 아닌 우자들에게 자살을 조장한 것은 아니다. 이와 같이 그들은 자살을 현자만이 할 수 있는 고유한 권리이며 자유에로 가는 길이라고 생각했다.[33] 사실 퀴니코스학파의 철학자들에게는 도덕적 규범에 반하지 않는다면 자살마저 그들에게는 자유였다.

디오게네스에 관한 이야기 가운데 흥미 있는 내용은 그가 자신을 다른 현자들보다 유복한 자라고 생각하면서도 항상 시대적 상황을 고뇌하며 살았다는 점이다. 어느 날 그에게 다음과 같은 질문이 던져졌다. "왜 당신은 고통 속에 있으면서 자살하지 않는가? 그리고 자살로부터 얻어지는 자유를 기피하는가?"라고 묻는 말에 "현자는 살아야 한다. 현자는 자살하기 보다 더 좋은 일을 해야 한다. 그러나 우자들은 죽는 편이 낫다"[34]고 대답했다. 이와 같이 디오게네스는 현자에게 자살이 자유의 조건이 될 수 없다고 말했다. 그가 강조한 자살은 우매한 자들의 속성이었다.

당시의 역사가의 기록에 의하면 스토아 철학자 제논, 클레안테스 그리고 안티파트로스 등은 모두 자살한 대표적인 인물이다. 이와 같이 스토아 철학자는 그리스 사회의 전통적 관행을 수용하고 자살의 가능성을 인정했다. 초기 스토아에서 자살은 강조되었지만 무절제한 자살행위는 금지했다. 일반적으로 스토아 철학자에게 있어 합리적인 행위는 행위자체를 수행해도 좋은가 혹은 좋지 않은가에 대한 숙고를 요하는 행위를 의미한다.

자살을 해도 좋은가, 해서는 안 되는가. 그 정당성을 따져 보는 것은 그들에게는 가치 있는 일이다. 스토아 철학자들은 인간의 조건이 자연에 일치할 때에 생을 유지해 가는 것은 지극히 당연한 일이지만 반자연적인 기대 속에 물질을 소유하려고 할 때는 오히려 생을 포기하는 것이 온당하다고 생각했다. 현자는 설사 행복하다고 하더라도 반자연적인 기대에 몰입하게 될 때에 생을 과감히 포기하지만 우자는 비열하고 비참한 처지에 있을 때에도 삶을 영위하려고 애쓴다. …… 생을 유지하는 것과 포기하는 것, 이 양자에 대한 이유는 전적으로 자연, 즉 이성에 의해 측정된다.[35]

퀴니코스학파와 스토아학파의 철학자들은 미덕에 일치하는 삶이 그들이 추구하는 궁극의 목표였다. 그들에게 있어 미덕은 곧 행복으로 가는 길이며, 그들이 필요로 하는 것은 선한 삶을 위해 요구되는 인격적·도덕적 힘이다. 이런 힘을 가진 현자는 외적인 힘이나 요구에 지배받지 않으며, 보잘 것 없는 음식과 단벌의 옷을 입으면서 검소하게 사는 것이 현자의 신념이기 때문에 명예나 높은 신분은 현자에게 무가치한 것이다.[36] 이와 같이 현자의 행복은 재부나 명예가 아닌 미덕 자체였다. 그러므로 스토아 철학자들이 말하는 자살은 물질적 행복이나 불행과 관련된 것이 아니라 그들의 도덕적 삶을 얼마나 조장해 나가는가에 달려 있다. 그러므로 스토아 철학자의 행복한 삶은 자연과 조화를 이루며 사는 삶이며 적합한 시기, 이른바 죽음의 시기를 포착하는 것이 무엇보다 중요했다. 키케로 역시 만일 적절한 시기에 죽을 수 있는 기회가 주어진다면 최고의 행복을 누리는 현자라도 삶을 포기해야 한다고 말했다.[37]

세네카와 동시대의 후기 스토아 철학자들은 자살의 시기와 관련한 적시(適時)의 문제를 제기했다. 로마제정 시대의 퀴니코스학파의 이상을 추구한 철학자 에픽테투스는 윤리적 인격의 함양을 위해 금욕적인 육체훈련의 필요성을 주장하면서 "행복은 집정관의 권위의 영광에서도, 네로 황제의 궁전에서도 찾을 수 없다. 바로 우리 곁에 있다. 도덕적 자유를 위해 집도, 아내도, 자식도, 국가도, 재산도 모두 포기해야 한다"고 말한 그는 자연에 일치하는 삶을 유지할 수 없을 경우 자살로 무한한 자유에로 향해야 한다고 강조했다.[38]

세네카는 "……그러나 현자는 필요로 하는 것을 적절하게 채우기 위해 자연과 조화를 이루어가지만 필요로 하는 것을 채우지 못하게 될 경우에 현자는 삶을 포기하고 자살로써 고통을 끝내야 한다"고 말했다. 세네카와 에픽테투스의 영향을 받은 철인군주 마르크스 아우렐리우스도 인간이 더 이상 선하고 신실할 수 없다면 생명의 연장이 무슨 필요가 있겠는가 하고 말했다.[39] 이와 같이 후기 스토아 철학자들에게 있어 자살은 그때그때의 기회에 따른 형식적인 기준과 자연에 일치하는 실질적 기준의 조화에 따라 결정되었다.[40] 그들에게 있어 자살의 적시는 도덕적 삶을 상징적으로 조건 지우는 중요성을 갖는다.

세네카는 도덕적 삶의 과정에서 인간이 지켜야 할 기준을 설명하면서 "네 자신을 살펴보라. 그리고 다음에 네가 입은 옷과 네가 살고 있는 집이 조화를 이루고 있는지, 또 네가 사치스런 생활을 하고 있지나 않은지, 또 너의 가족이 비굴하지나 않은지, 네가 검소한 식사를 하고 있는지, 혹은 네 집이 호화롭게 지어지지나 않았는지 등에 대해 곰곰이 생각해 보아야 한다. 그리고 너는 도덕적 표준에 따라 살아야 한다는 것을 잊지 말고, 인생을 조화롭게 살아야 한다는 것도 잊지 말라……"[41]고 말했다. 스토아 철학자들 가운데 몇몇 현자들은 자살에 직면했을 때 자살이 과연 합당한지에 대한 답을 플라톤의『파에도』와 소크라테스가 자주 사용한 신의 부르심의 사명에서 자주 원용했다. 그들은 신이 우리를 부르지 않았음에도 직분을 버리고 삶을 포기하는 자살이야말로 온당하지 못하다고 생각했다.[42]

디오게네스는 현자는 정당한 이유가 있을 때에 국가를 대신하여, 또 친구를 위해 자살한다고 말했다. 앞에서도 언급했듯이 아리스토텔레스는 자살은 국가를 해치는 행위이며, 도시국가의 시민은 사회적 의무 때문에 살아야 한다고 자주 말했다. 아리스토텔레스의 이러한 견해는 그의『정치학』1권에서 다소 피상적으로나마 피조물에 대해 언급한 데에서 제시되고 있다. 즉 식물은 동물을 위해 존재하며, 동물은 인간을 위해, 인간은 국가를 위해 존재한다. 그는 이 목적론을 통하여 모든 정치적인 발전과정의 최후목표와 완전을 국가에서 찾았다. 사회적 의무를 중시하는 아리스토텔레스에게 있어서 국가는 가정 등 여러 단체를 내포하고, 선한 삶이라는 국가의 목표는 우애라는 공동생활의 목표와 같은 여러 부수적인 목표를 내포한다.[43] 이러한 목적론적 개념이 아리스토텔레스로 하여금 가정을 튼튼하게 견지하고 자살의 반사회적 의무를 비판하도록 이끌었다.

세네카는 "나는 고통 때문에 자살하지 않을 것이다. 고통을 극복하지 못하고 자살한다는 것은 패배이기 때문이다. …… 고통 때문에 죽는 자는 나약하고 비겁하다. 그렇다고 아픔을 이기며 용감하게 산다고 뽐내는 자 또한 어리석은 자"라고 말했다. 세네카는『도덕의 편지』에서 혹자는 주인집 문 앞에서 혹자는 노예의 굴종을 벗어나기 위해 죽음을 택하지만, 어떤 사람은 삶이 싫어서, 혐오스러운 것이어서 죽었다고 하는 사실을 기록으로 남기고 있다. 그는 이러한 죽음을 정당한 죽음으로 인정하지 않았다.[44] 그럼에도 불구하고 세네카는 자살을 자유에로 가는 길임을 끊임없이 밝히면서 죽음을 애찬했다.

> 죽음을 생각하라. 죽음은 자유가 무엇인지 인식하게 한다. 그러므로 죽음을 아는 자는 자유가 무엇인지 인식할 수 있으며, 어떠한 외부의 압력이나 세력에도 굴종을 모른다.[45]

세네카는 삶에 대한 가치에서 죽음의 용기를 찬양하고 조언하였으나 죽음 자체를 모욕하는, 더욱이 자연이 준 선물인 생명을 무의미하게 던져버리고 자연으로 돌아가는 행위에 찬성하지 않았다.[46] 로마제국 초기에 자주 나타난 자살에 대한 강한 욕망의 발로는 시대적 환상의 산물로 비난의 대상이었다. 세네카는 인간에게 피할 수 없는 강제나 속박이 상존한다는 것을 인식하면서도 자살을 명령하지 않았다. 그러면서도 그는 우리가 어떻게 죽을 것인가에 대한 드라마틱한 글을 소개한다.

> 우리에게는 어떠한 사회적·정치적 억압이나 구속이 접근한다 해

도 자유를 향해 전진할 수 있으며, …… 또 영혼이 병들어 온전치 못해 불행하다면 영혼의 고뇌를 죽음으로 종결지어야 할 것이다. …… 그대의 눈이 어떤 곳으로 향하든 그대의 슬픔을 멈추게 하는 길이 있다. 저 절벽을 보는가? 자유에로 가는 저 낭떠러지 아래를 보라. 저 바다, 저 강, 저 우물을 보는가? 저 깊은 물속에도 자유가 있다. 저 왜소하고 시들어 버린 그리하여 이제 열매조차 맺지 못하는 저 나무를 보는가? 저 나무의 가지에도 자유가 걸려 있다. 그대는 그대의 목구멍, 그대의 식도, 그대의 심장을 보는가? 그것은 예속으로부터 탈출하는 자유의 길이다. 내가 그대에게 안내하는 길은 협류 같은 좁은 통로이며 울안에서 빠져나가기에 고통스러운 길로 많은 용기와 힘을 요구하지 않는가. 그대는 무엇이 자유에로 가는 대로(大路)인지 묻는가? 그대의 육체 안에 정맥이 있지 않은가!⁴⁷⁾

고대 사회에서 자살에 의한 죽음이 우리를 놀라게 하였을지는 몰라도 당시의 자살은 일상적인 일이었다. 로마인들은 그들의 생명을 차분한 마음으로 외부의 영향 유무에 관계없이 자신의 자유로운 의지에 따라 자살을 했던 것이다. 로마인들의 자살에 대한 태도는 우리의 생각과는 정반대였다. 그들은 자살을 신의 뜻에 반하는 죄로 생각하지 않았으며 오히려 생명에 대한 지나친 애착을 명예롭지 못한 비겁한 행위로 생각했다. 하지만 다른 한편 고대 사회에서 자살은 비난의 대상이 되기도 하였다. 그 원인은 종교적인 데에서 찾을 수 있다. 플라톤은 신들이 인간을 구해주시고, 또 인간은 신들의 소유물이기 때문에 생사의 주권을 인간의 의지에 따라 행사할 수 없음을 경고한다.

올바른 감정을 가진 사람이 자살을 시도할 때 깊이 고려해야 할 점을 세네카는 다음과 같이 소개한다. "우리는 특히 감정과 정념에 빠져 있다. 이성적 책임을 가지고 있음에도 목숨을 버리고 사랑하는 사람에게 크나큰 고통과 아픔을 주면서까지 자살을 굽히지 않는다. 왜냐하면 현자는 목숨이 자신을 기쁘게 해주는 날까지 살 것이 아니라 기뻐해야 할 날까지 살아야 하기 때문이다. 그의 아내나 친구를 소중히 여기지 않는 자는 더 오래 살려고 목숨을 질질 끄는 데 열을 낸다. 죽음을 완고하게 고집하는 자는 주색에 빠진 사람이다. …… 하지만 다른 사람을 위해 다시 일어나려고 하는 사람은 사랑과 애정을 가진 고결한 사람이다." 세네카는 다른 사람을 위해 살아남아 사랑을 실천하는 것을 최고의 덕목으로 삼았다. 그는 청년기에 몸이 너무 아프고 괴로워 자살을 기도했다. 그러나 늙은 아버지 생각으로 자살을 이루지 못했다. 세네카는 생명을 지킨 자신의 용기 있는 행위에 고마워했다. 그는 자살을 결정하기 위해서는 자신의 책임임을 깊이 인식해야 한다고 충고한다. 현자는 자신의 생명을 다스리는 최고의 주권자이다. 현자는 하찮은 이유로 자신의 생명을 버려서는 안 된다고 경고한다.

세네카는 자살을 인간이 신으로부터 받은 특권이기 때문에 언제라도 생명을 버리고 떠나는 것은 자유라고 생각했다. 그러나 세네카는 도피수단으로 자살을 인정하는 분별없고 비겁한 사람들을 힐난하게 비난한다. 거기에 덧붙여, 세네카는 사소한 이유로 생명을 경시하는 충동 또한 경계한다. 어떤 사람은 여 주인의 문 앞에서 목매어 죽고, 어떤 사람은 심술궂은 주인의 조롱과 욕지거리를 참지 못해 지붕꼭대기에서 몸을 던졌는가 하면, 체포되어 억류생활을 벗어나기 위해 도망쳐 생명을 끊는 자도 있다. 하지만 세네카는 미덕이 지나친 공포만큼 효력이 있다는 것을 생각해 보라고 충고한다.[48]

아름다운 죽음은 사악한 삶의 위험으로부터의 해방이다. 스토아현자는 생명의 질(qualis)을 생명의 양(quanta)보다 더 중시했다. 현자는 마음의 평화를 훼손하고 고통을 받을 때 그것으로부터 벗어나기 위해 자살한다. 현자는 생의 종말에 해야 할 것이 무엇이며 하지 말아야 할 것이 무엇인지 인식한다. 현자는 이 세상으로부터 떠나는 시간을 그렇게 문제 삼지 않는다. 현자는 죽음이 마치 거대한 손실인 것처럼 두려워하지도 않는다. 인간이 조금 일찍 죽고 늦게 죽는 것이 문제가 아니라 어떻게 살고, 어떻게 죽으며 모든 사람이 존경하는 아름다운 죽음인지(bene mori) 아니면 증오의 부덕한 죽음인지가 중요하다. 아름다운 죽음은 비굴한 삶으로부터의 해방이다. 인간은 소량의 물방울 정도의 여분만을 가진 존재일 뿐이다.[49]

세네카는 현자는 아무리 더럽고 비열한 죽음일지라도 그것은 예속의 굴레보다 낫다고 생각한다. 다시 언급하거니와 아름다운 죽음은 사악한 삶의 위험으로부터의 해방이다. 유명한 로도스(Rhodos) 사람 텔레스포루스는 전제폭군 리시마쿠스로부터 위협을 받은 상태에서 했던 그의 말 때문에 가장 남성답지 못한 겁쟁이로 여겨졌다. 그래서 그는 폭군에 의해 옥사(獄舍)에 던져졌으며 거기에서 야생동물처럼 지냈다. 그때 어떤 사람이 텔레스포루스에게 당신은 단식으로 생명이 거의 다한 것 같다고 경고했을 때 그는 다음과 같이 대답했다. "사람은 생명이 있는 동안 무엇인가 희망을 가질 수 있을 것이다." 이 말은 그럴 듯하지만 그와는 다르게 세네카는 말한다. "생명은 어떤 값으로 얻어지는 것이 아니다. 아무리 확실한 보상이 주어지더라도 나는 수치스러운 자백의 대가로 큰 보상을 얻으려 하지 않을 것이다." 이와 같이 아름다운 신의 축복을 받는 명예로운 죽음은 현자만이 결정할 수 있다고 세네카는 강조한다. 세네카는 그 한 예를 스파르타의 한 소년의 경우를 루킬리우스에게 소개한다. 스파르타의 소년은 안티고누스(Antigonus)에 포로로 잡혀 "나는 노예가 되는 것을 원치 않습니다"라고 도리스 지방의 방언으로 울며 외쳤다. 하지만 그에게는 자존심을 상하게 하는 아주 비천한 일을 하라는 명령이 내려졌다. 그 명령은 침실용 변기를 가져다 놓고 다시 치우는 일이었다. 그 소년은 참다못해 그의 머리를 벽으로 돌진하여 부딪혔다. 여기에서 세네카는 다시 말한다. 아주 가까운 곳에 자유가 있는데 아직도 노예인 자가 있단 말인가? 루킬리우스여, 그대의 아들이 무기력하여 굴종하면서 노년에 이르기보다 오히려 죽는 편이 낫지 않겠는가? 그대는 스파르타 소년의 용감한 죽음을 왜 슬퍼했는가? 그대가 그 소년의 용기를 외면했다고 한다면 그대는 다른 사람의 노예가 될 수밖에 없을 것이다. 그대는 다른 사람의 지배와 통제로부터 그대의 지배와 감독 안에 자신을 맡겨라. 루킬리우스여, 그대는 스파르타 소년이 외친 "나는 노예가 아니요. 노예라니! 당치도 않은 말이오"라고 한 그 당찬 말을 어떻게 받아들이는가? 불행하게도 그대는 생명에 급급해 하는 비굴한 노예가 아니고 무엇인가? 살아남기 위해 용기를 버린다면 그 생명은 노예이다.[50]

세네카는 생명을 타의에 의해서가 아니라 자의적으로 떠나보내는 자살을 인간이 가지는 자유의 신호이며, 인간의지에 반하는 그 무엇에도 종속될 수 없다는 사실의 징표이기도 하다. 그래서 세네카는 자주 자살을 자유에로의 가는 길이라고 말한다.[51] 그는 로마 공화정기의 애국자 카토를 가장 남성다운, 가장 용감하게 죽은 모범이 되는 인물로 칭송한다. 세네카는 카토가 자신의 생명을 끊음으로써 자유로운 해방자가 되었다고 생각한 것이다. 카토 이후 자살은 자유에로 가는 길로 널리 인식되었다. 세네카는 인간이 지금 이 세상을 떠나 하직할 수 있는 기회는 신들이 준 선물이다. 그는 에피쿠로스가 말한 "강제와 압박을 받으며 산다는 것은 사악한 일이다. 그러나 압박을 받고 사는 사람이라고 해서 강제의 삶을 사는 것은 아니다. 지금 우리가 사는 도처에는 자유에로 가는 쉬운 길이 많이 있다. 생명에 억압받는 사람은 아무도 없다는 것을 신에게 감사드리고 우리에게 억압하는 것을 추방해야 한다."[52]

신은 인간에게 신의 의지에 반하는 이 세상의 삶에 갇혀서는 안 된다는 것을 보여준다. 세네카는 어떤 고난과 불행이 다가오더라도 신은 인간에게 다음과 같이 말한다고 덧붙인다. "루킬리우스여, 그대는 여전히 우리에게 많은 어려움과 슬픈 일들이 닥칠 것이라고 생각하고 있다. 이 고난을 벗어나기 위해 단단한 무장으로 참고 이겨나가야 한다. 그대는 전능하신 신을 능가할 것이다. 신은 악폐와 불행에서 벗어난 존재이다. 하지만 그대도 그것을 뛰어넘는 초월자이기에 충분하다. 가난을 경멸하여라. 태어날 때의 가난만큼 가난하게 사는 사람은 없다. 죽음을 경멸하여라. 죽음은 그대를 이 세상에서 떠나 새 차로 갈아타게 할 것이다. 고통을 경멸하여라. 고통은 그대를 구조하거나 그대가 고통을 구출하게 될 것이다. 운명의 여신을 경멸하여라. 운명의 여신은 그대의 영혼을 공격할 수 있는 무기를 주지 않았다. 길은 열려 있다. 그대는 싸움이 싫으면 멀리 도망쳐도 좋다. 그대에게 필요한 것들 가운데 가장 쉬운 것은 죽음이다. 나는 내리막길로 가는 생명에 마음을 두지 않을 수 없다. 그러나 이때 생명이 연장된다 하더라도, 그대는 그것을 통해 자유에로의 가는 길이 얼마나 가깝고 쉬운 길인가를 알게 될 것이다."[53]

세네카는 자살을 비난한 철학자들을 강하게 비판한다. 이 철학자들은 스스로 지혜로운 자들임을 스스로 공언한다. 그들은 자살을 생명을 모독하는 인간파멸의 수단으로 저주한다. 그들은 죽음을 자연이 명령한 율령이기 때문에 반대하지만 그들에게는 자유에로의 가는 길이 차단되었다. 현자가 자살을 선택하여도 신의(神意)에 반하는 것은 아니다. 오히려 그것은 신성한 질서다. 신은 항상 현자를 위해 문을 열어두기 때문에 고통과 근심의 굴레에서 벗어나게 된다. 신의 사랑과 자유와 해방은 인간의 여행길에 동행하는 간절함의 표현이 아니고 무엇인가.[54]

세네카는 생명을 증오하지도 그렇다고 그렇게 중시하지도 않는다. 우리가 왜 죽어야 하는가에 대한 이유를 심각하게 생각하지도 않았을 뿐만 아니라, 오늘 우리가 여기에 존재하게 된 이유까지도 중요하게 생각하지 않았다. 에픽테투스도 삶과 죽음 그리고 자유의 문제에 있어 세네카의 견해와 일치한다. 그는 인생을 언젠가는 이 세상에서 멀리 떠나야 할 잠시 손님으로 머물고 있는 여인숙에 비유한다. 그 떠남이 언제인지 그에게는 그렇게 중요하지 않다.[55] 그는 또한 우리의 육체를 어느 병사가 우리에게 요구할지도 모르는 무거운 짐을 진 가련한 당나귀에 비유한다. 그래서 우리가 모진 매질만 당하지 않는다면 오히려 당나귀의 신세가 되는 것이 더 나을 것이다.[56] 세네카도 생을 위해 죽을 수 있는 용기가 없다면 노예로 전락할 수밖에 없다고 경고한다.[57] 에픽테투스는 다시 『강론』(Discourses)에서 "누가 그 집을 연기로 채웠단 말인가? 방안에 연기가 없다면 머물러 있겠지만 연기가 가득 차 있다면 나가야 할 것이다. 우리에게는 밖으로 나갈 수 있는 자유의 문이 열려 있다"라고 죽음을 자유의 도피처로 생각한다. 그러면서 세네카는 다시 죽음을 예찬한다.

기름이 쏟아져 기구가 다 타버렸다 해도 나는 마음이 평안하다. …… 먹을 것이 없어 삶이 불행해져도 그것을 극복할 수 있는 길이 있지 않은가? 그것은 죽음이며, 죽음만이 도피의 길이다. 죽음은 모든 사람의 도피처다. 그러므로 우리는 삶을 두려워할 필요가 없다. 그대가 원하면 언제든지 집 밖으로 나갈 수 있다. 연기로 해서 고통을 겪지 않을 것이다. 나는 아테네에서도 로마에서도 살지 않을 것이다. 에게 해변 아티카의 성 기아라(Gyara: 기아라는 로마제국 시기에 정적들이나 반국가적인 행위를 한 사람들의 유배지)에서 살 것이다. 그런데 기아라에서 산다는 것 역시 많은 연기로 가득 한 집처럼 보이기에 나는 그 무엇에도 방해받지 않는 곳으로 떠나리라. 그곳은 모든 사람에게 공개된 거주지인 무덤이다.[58]

에픽테투스의 '열린 문'의 비유는 세네카의 자유에로 가는 노정(路程)인 죽음을 연상케 한다. 스토아 사상의 도덕론과 윤리에 심취한 나머지 『실천이성비판』을 쓰게 된 근대 철학자 칸트도 인생을 연기로 채워진 방에 비유한 바 있다. 18세기에 심금을 울렸던 자살관에 대한 동정적인 소리는 칸트로 하여금 반대할 수 있는 동기가 되었다.

칸트는 인간의 궁극적인 목적이 어떠한 상황에서도 자살이라는 수단에 의해 이루어질 수 없음을 주장한다. 세네카를 비롯한 스토아 철학자의 자살관에 대한 칸트의 비난은 스토아학파에 널리 침투된 엘리트 의식에 대한 비판이라 하겠다. 칸트는 주지하는 바와 같이 루소의 영향을 받은 보통사람을 위한 도덕론자였다.[59] 그는 현자를 찬미하는 스토아 철학자들의 자유, 자율 및 존엄을 소수 유능한 현자들의 특권적 속성으로 생각하는 그들의 편의주의적 해석을 비판했다. 칸트는 자유, 자율, 존엄이 소수의 유능한 자들에게만 제한된 것이 아니라 모든 사람의 소유물임을 강조했다. 이러한 민주주의적 사고와 실천적 이성에 의해 칸트는 자살의 도덕적 부당성과 그 금지의 기초를 제공했다. 스토아 철학자들은 자살행위야말로 생활환경의 변화로 자유의 획득이 불가능하기 전에 자유의 실현을 가능하게 하는 것이라고 주장한다. 그러나 칸트의 자유는 도덕률을 실천함에 있어 내적 구속이나 외적 구속만을 단순히 제거하는 것만이 아니었다. 오히려 합리적 자율과의 연관관계에서 가능하다고 생각했다. 그것이 도덕률 자체의 뿌리요 근원이다.[60] 요컨대 칸트는 자유, 자율, 존엄을 기능적 편의주의보다 구조적·본질적으로 해석했던 것이다.

스토아 철학자는 감정에 기초한 미덕을 병적인 것으로 간주했다. 고전주의자 포우프(Alexander Pope)는 스토아현자를 다음과 같이 표현한 바 있다.

> 스토아 철학자의 이 세상에 대해 냉담하고 무관심한 것을 자랑으로 생각하는 그들의 미덕이야말로 인간사회에서 사는 사람으로서 자격을 상실한 전혀 융통성이 없는 도식적인 존재들이다. 모든 것을 수축해 버린, 그리고 인간적인 정조(情操)와 동정을 외면해 버린 마치 서릿발 속에 결빙되어 있듯이 고착되어 있다.[61]

이처럼 포우프는 스토아현자의 슬픔이나 동정을 마음으로부터 나오는 것이 아니라 외피적인 공손함이며, 세련된 가장이며, 가면이라고 단언했다. 스토아현자의 자선과 애정은 아파테이아가 아니라 감정 즉 위안으로 번역되는 에우파테이아(eupatheia)이다. 제논이 즉흥적으로 말했듯이 에우파테이아는 생의 편안한 흐름이며, 감정의 부단한 지속이다. 세네카는 에우파테이아를 마음의 평정과 평온으로 특징짓고 있다.

세네카는 그의 서한에서 "죽음을 말하는 자야말로 자유를 갈구하는 자이며, 예속으로부터 탈피하는 자"라고 말했다. 그래서 인간이 누구에게 예속된다는 것을 수치로 생각하지 않았다. 그는 황제와 높은 신분을 가진 사람이라도 자신의 운명을 마음대로 주관할 수 없다고 말한다. 인간의 운명은 변화무쌍한 것, 그래서 황제도 가혹한 운명에 처하지 말라는 법이 없다.[62] 또한 그는 "인간은 각자 정해진 운명이 있다. 어떤 사람은 황금빛 찬란한 가벼운 사슬에 얽매였는가 하면, 어떤 사람은 억압과 구속을 받을 자로, 또 어떤 사람은 다른 사람을 억압하는 자로서의 운명을 타고 났지만 이들 모두는 죽음의 운명 앞에 평등하다"[63]고 말한다. 세네카는 죽음만이 모든 사람에게 평등을 부여하는 기회로 생각하고 진정한 자유의 획득은 철학의 노예가 되는 것으로 철학에 자신을 맡기는 순간부터 해방자라고 했다. 그래서 철학을 통해 내면의 자유의 지평을 확대하는 데 실패한 이른바 아파테이아의 경지에 도달하지 못한 자의 영원한 평정은 자살에 의해서만 도달할 수 있다고 강조한다.

도덕적 이상을 애찬한 나머지 인간을 현자와 우자로 구분한 스토아 철학자들은 그들의 편협한 모럴에서 자신들만이 고매하고 우월한 현자요, 인류의 교사로 신적 존재임을 찬미한 과두적 엘리트였다. 그리하여 그들과 대비되는 일반대중을 가르쳐 자유의지가 없는 미덕과 철학의 범주에서 제외시켰다. 그들이 철학을 이상화하고 죽음(자살)을 찬미한 것은 죽음 후에 오는 아름다운 생에 대한 신념 때문에서가 아니라 현자의 자만심과 교만 그리고 철저한 무관심, 가족, 사회, 국가를 초연하는 허약한 허무주의와 이기주의 산물이라 하겠다. 일반대중을 위한 도덕론자 칸트는 인간의 궁극적인 목적을 자살에 의해 성취될 수 있다고 강조한 스토아의 자살관은 아파테이아와 아타락시아의 경지에 도달함에 있어 내면적 갈등이나 외면적 속박을 단순히 제거하는 행위의 동기일 뿐 행위의 실천적, 합리적 자율의 확대는 아니었다고 비판한다. 그러한 의미에서 진정한 자유와 평등은 칸트가 강조한 바와 같이 자살이라는 실체에서보다는 합리적 자율에서 기인한다고 하겠다.

죽음의 종말론

세네카는 『짧은 인생』(*De Brevitate Vitae*)에서 "인간은 지나간 세월을 다시 찾을 수 없으며 보여주지도 못할 것이다. 인생은 그저 출발했던 길을 따라갈 뿐이다. 떠난 길을 되돌아가지도 그렇다고 막지도 못할 것이다. 큰 소리로 가는 세월에 소리쳐본 들 인생길을 되돌릴 수 없다. 또한 인생은 세월이 빠르다는 것을 우리에게 상기시키지 못할 것이다. 인생은 덧없이 가버린다. 그것은 왕의 명령으로도 대중의 박수 갈채와 찬양으로도 연장하지 못한다. 이 세상에 태어난 첫날부터 인생은 끊임없이 흘러간다. 그 어떤 곳에서도 비켜가지도, 지체하지도 않는다. 서둘러 가는 인생에 묻히는 순간 죽음은 내 옆 가까이 와 있을 것이다. 죽음은 좋지도 나쁘지도 않은 것, 이제 우리는 여가를 찾아야 한다"[64]고 그의 제자에게 술회한 바 있다.

세네카는 인생을 세 시기로 분류한다. 과거, 현재, 미래이다. 이 세 시기 가운데 현재는 짧고, 미래는 불확실하고, 과거는 확실하다. 우리의 무자비한 적의(敵意)는 결과적으로 격렬한 공격으로 때로는 무질서를 초래할지도 모른다. 머지않아 죽음에 이르게 되는 가장 잔인한 운명으로 찢어지는 사이가 될 것이다. 이제 우리는 우리의 머리 위로 엄습해 오는, 불안한 운명이 다가오고 있다는 사실로부터 헤어날 수 없다. 우리에게 죽음의 시간이 가까이 올 것이다. 세네카는 인간은 왜 그들의 짧은 인생에서 다른 사람들과 자신을 위해 평화로운 삶을 외면하는가 하고 묻는다. 우리 모두를 평등하게 하는 죽음, 그 죽음의 순간이 언제 올지 누가 알겠는가?

세네카는 분노(ira)에 관한 평론의 끝부분에서 분노를 진정시키는 가장 좋은 방법은 죽음을 곰곰이 생각해 보는 것(cogitatio mortalitatis)이라고 말한다. 분노가 분출해 그것이 증오로 바뀔 때는 교정할 수 없는 위기에 직면한다고 경고한다. 그때 양심의 가책마저 짓밟아 버림으로써 양심은 살인으로 손을 더럽히고 죄에서 벗어나려는 고통마저 찾아볼 수 없고, 명예로운 생각도 저버리고 수치에 대한 두려움도 사라지고 만다. 세네카는 이렇게 말한다. 자, 죄악에서 벗어나자. 우리의 마음에서 죄악을 씻어버리고 뿌리째 뽑아내자. 아무리 작은 악의 뿌리라도 그 흔적을 제거해야 할 것이다. 무엇보다 분노를 조절하기보다 제거하자. 악의 조절이 가능한가? 세네카는 우리의 노력으로서만이 가능하다고 말한다. 그는 죽음으로서만이 분노와 죄악에서 자유로울 수 있으며, 죽음에 대한 깊은 생각만큼 위대한 해방은 없다. 왜 우리는 영원히 살기 위해 태어난 것처럼 분노를 드러내며 짧은 인생을 허비하는가? 왜 우리는 아름답고 고결한 생각과 환희의 날들을 누군가의 아픔과 고통으로 소비하는 것을 즐겨하는가? 우리의 삶의 부침(浮沈)과 성쇠는 그 어떤 낭비도 허락하지 않는다. 우리는 허송세월할 시간의 여유가 없다. 우리는 무모한 난투극에 뛰어드는 무지한 존재인가? 아니면 우리는 명분 없는 고통과 고뇌에 사로잡히는 어리석은 존재인가? 왜 우리는 자신의 허약함을 망각하면서 저 무거운 증오의 짐을 들어올려야 하는가? 증오의 불화로 이제 우리는 혹독한 일을 수행하게 될 것이다.[65]

나이가 든 늙은 사람뿐만 아니라 젊은 사람에게도 죽음의 세계가 어느 순간에 전개될지 예측할 수 없음을 마음에 새겨야 한다. 마치 매일 죽음이 우리에게 접근해 오는 것처럼, 그리고 죽음이 계속 순회하여 우리의 생존을 마지막에 이르게 하는 것처럼, 우리는 자신을 통제하고 조절해야 한다. 세상 어느 곳에 있든 우리는 죽음을 준비해야 한다.[66] 우리는 우리가 언젠가 반드시 죽을 수밖에 없는 운명적인 존재라는 것을 성찰할 때에 가장 신성하다. 인간은 삶과 생명을 다하기 위해 태어났다는 사실을 알고 있지만 나의 육체는 영원한 거처지가 아니며 잠시 머물다 가는 여인숙으로 주인이신 영혼에 고통을 주는 무거운 짐이라는 사실이 인식될 때 미련 없이 떠나야 한다.[67]

죽음은 꼭 위험한 상황에서만이 아니라 이 세상 도처에서 우리를 위협한다. 세네카는 우리의 눈앞에 전개되는 죽음의 현실에 초조하기보다는 늘 평온한 마음가짐이었다. 죽음을 외면하려고 하는 사람은 어리석기 그지없다. 생명체는 모두 죽음의 길로 가고 있다. 죽음은 자연의 법칙이다(mors naturae lex est). 그러므로 우리는 차분히 관조하고 묵상하는 마음으로 죽음에 임해야 한다. 죽음이라는 말에 두려워하기보다는 친숙해야 죽음이 부를 때에 평화로운 마음으로 임할 수 있을 것이다.[68] 어떤 의미에서 죽음은 우리 앞에 놓인 한순간만이 아니다. 죽음은 우리 뒤에 오는 세월의 시간을 관장하는 주인이다. 우리 모두는 죽음의 세계로 한 발 또 한 발을 내딛고 있다는 사실을 인식해야 한다. 우리의 하루하루는 죽음으로 가는 시간이다. 우리의 생명으로 부터 헤아릴 수 없는 수명이 우리에게서 빠져나간다. 심지어 우리가 성장해 갈 때에도 우리의 생명은 달이 기울듯이 이지러지기 시작한 다. 우리는 유년시절과 소년시절 그리고 청년시절을 잃어간다. 심지 어 어제를 헤아리면서 지나간 모든 시간은 잃어버린 시간이며, 지금 지나가고 있는 오늘도, 지금 살아 움직이고 있는 우리 자신 역시 죽 음을 공유한다. 세네카는 말한다. 죽음은 물시계를 비우는 마지막 물 방울이 아니라 이전에 이미 흘러나온 물방울이라는 것을…… 이 세 상에서 마지막 생존을 알리는 마지막 시간이 죽음의 시간은 아니다. 최후의 시간은 죽음의 과정을 마무리할 뿐이다.[69]

플라톤은 시각과 감각을 통해 구체적으로 구상(具象)할 수 있는 것 을 존재하는 사물에 포함시키지 않는다. 왜냐하면 유형적인 구상물은 유전(流轉)하고 변전(變轉)하는 것으로 지속적으로 증감하기 때문이다 (만물은 유전하기 때문이다). 우리들 가운데 그 어떤 사람도 젊었을 때와 늙었을 때가 똑같지 않다. 그것은 오늘이 내일과 같지 않은 이 치와 마찬가지다. 우리의 육체도 흘러가는 물처럼 빨리 지나간다. 눈 에 보이는 모든 사물은 시간과 동행하므로 그것이 고정된 채 불변하 는 것은 아무것도 없다. 이런 변화를 설명하는 나 자신도 변화를 외 면하지 못한다. 이것은 이오니아학파의 철학자 헤라클레이토스 (Herakleitos)의 다음과 같은 유명한 말에서 더욱 분명해진다. "우리는 같은 강에 두 번 들어가지만 실은 다른 강에 들어가는 것이다." 왜냐 하면 그 강의 흐름은 같은 이름으로 계속 흘러가지만 강물은 이미 흘 러갔다. 물론 이러한 사실은 인간에서보다 강에서 더 분명히 드러나 고 있다. 언제인가 죽어야만 할 운명적인 우리 인간의 인생노정은 이렇게 덧없이 지나간다. 이러한 만물유전(萬物流轉)의 변증법적 논리는 일찍이 헤라클레이토스에서부터 출발한다. 즉 영속과 불변은 환상이며 변화만이 현실이다. 우주는 끊임없는 성쇠부침의 흐름일 뿐 정지된 곳이라고는 없다. 그러므로 흘러가는 똑같은 물에 두 번 발을 담글 수 없다(It is impossible to step twice into the same stream).[70] 우주의 법칙에 있어서도 처음으로 로고스라는 말을 사용했다.

헤라클레이토스는 인간이 과제로 삼아야만 할 것은 일체를 총괄하는 세계이성으로서의 로고스를 인식하는 일이며, 이러한 세계이성에 순응하는 것이 현자의 갈 길이라고 생각했다. 그는 다원적 현상을 이끌어가는 근본법칙은 '대립의 통일'이며 모든 발전은 대립적인 힘을 생성해내는 양극 간의 화합으로 이루어진다고 생각했다. 낮과 밤, 창조와 파괴, 삶과 죽음, 전쟁과 평화, 겨울과 여름은 같은 그림의 양면이다. 진보와 변화는 우주의 법칙이다. 오늘 여기에 있는 나무들은 내일 사라져가며 영원히 불변하는 것은 존재하지 않는다. 인간 또한 그러하다. 그래서 헤라클레이토스는 현실 안에 있는 이러한 내재적인 대립현상을 전쟁이라는 용어로 설명한다. "전쟁은 만물의 아버지이며 만물의 지배자이다." 요컨대 세계는 분열된 세계라는 것이다. 이런 까닭에 우리는 육체와 같은 무상한 것들에 애착하면서 언제인가 우리도 허무하게 죽지 않을까 두려워하며 광희의 경이로움에 사로잡히게 될 것이다. 우리는 쉼 없이 죽음의 세계로 전진한다. 우리의 순간순간은 죽음을 의미한다. 매일 일어나는 일이 다시 일어나지 않을까 하는 두려움을 가지지 않아야 할 것이다.[71]

세네카와 동시대에 살았고 스토아 철학에 관한 사상교류를 한 사도 바울의 서신에서도 죽음에 관한 유사한 내용을 발견할 수 있다.

특히 세네카는 그의 『도덕의 편지』 58.23에서 "욕망의 삶에 몸을 내던진 사람의 영혼은 죽음이다"라는 말과 바울은 서신 에페소서에서 "여러분은 이전에 죄와 잘못을 저질러서 죽었던 사람들이다. 죄에 얽매여 있던 때에는 이 세상의 흐름에 따라 살았고 허공을 다스리는 세력이 지시하는 대로 살았으며 오늘날은 하느님을 거역하는 자들을 조종하는 악령의 지시대로 살았다." 다시 바울은 "빛을 받아 드러나면 빛의 세계에 속하게 된다. 잠에서 깨어나라. 죽음에서 일어나라. 그리스도께서 너에게 빛을 비추어 주시리라." 또한 바울은 향락을 죽음으로 간주하여 디모테오 I서에서 "향락에 빠진 과부는 살아 있다 해도 죽은 것이나 다름없다"고 경고한다.[72]

따라서 세네카는 인간의 생명이 덧없고 무상하다고 생각하면서도 결코 죽음을 두려워할 대상이 아니라고 생각했다. 그는 자주 죽음이 악이 아님을 강조한다. 또한 그는 죽음은 악 가운데에서도 가장 사악한 것이지만 죽음 앞에 일어나는 두려움을 제외하고는 죽음 안에 악이란 아무것도 없다고 말한다.[73] 사실 죽음의 실제적 순간은 아주 빠르게 지나가 죽음을 인식할 수 없다. 죽음의 임종은 쉽지만 죽음의 공포는 괴로운 일이다.[74]

세네카에게 죽음은 선도 악도 아니다. 하지만 죽음이 선과 악 가운데 어느 하나라고 한다면 선일 수도 있고 악일 수도 있다. 그러나 죽음은 선일 수도 악일 수도 없다. 그러므로 세네카는 죽음을 무관심적인 것(adiapola, indifferentia)으로 생각한다.[75] 결국 죽음은 당시의 스토아 철학자와 세네카에게 두려움의 대상이 아니었다. 죽음에 대한 경시는 모든 병기와 적에 맞서 싸울 수 있는 실전적 수단이다.[76] 질병으로 괴로워하는 자가 죽음의 마지막 공포와 위압을 무시해 버린다면 어떤 질병도 참아낼 것이다. 세네카가 살았던 로마 제정기에는 죽음을 두려워하기보다 무시해버리는 사람이 많았다.[77] 그러나 죽음의 공포를 벗어버리기란 사실 쉬운 일이 아니다. 그 이유는 우리가 미래에 어떻게 변할지 알 수 없기 때문이다. 죽음에 이르는 곳이 황천길이 아닌지 두려워하는 것은 당연하다. 죽음이 설사 무관심적인 것이라 하더라도 우리가 죽음을 쉽게 무시해버릴 수 있는 것은 아니다. 인간의 영혼은 오랜 훈련으로 강해진 것이다. 그리하여 인간은 죽음을 보고, 또 죽음에 직면했을 때 참고 극복할 수 있을 것이다.[78]

죽음이란 우리의 귀에 듣기 좋은 말은 아니다. 우리가 알지 못하는 것을 비난하는 것은 무모하기 짝이 없다. 많은 사람들이 죽음을 유익하다고 말하는 것은 죽음 자체가 온갖 재앙과 불행으로부터 벗어나게 하기 때문이다. 세네카는 죽음을 우리의 손아귀에서 마음대로 지배할 때에 그 어떤 마귀도 우리에게 접근하지 못할 것이다. 그는 죽음을 두려워하는 자는 살아 호흡하는 자라 할 수 없다고 말한다.[79] 언제인가 우리가 죽어야 한다는 사실을 받아들이기 어려운 일이지만 죽음이란 우리에게 많은 것을 일깨운다. 가치 있는 죽음이란 바로 그 때에 가능하다. 우리가 어떻게 살고 어떻게 죽어야 하는가는 공부해서 알 수 있는 것이 아니다. 그것을 아는 데는 평생이 걸린다.[80] 어떻게 살고, 어떻게 죽어야 하느냐에 관한 문제는 자유 교양학에 해박한 철학자와 사도들의 도움이 필요하다. 그들만이 우리가 어떻게 살아야 하고 어떻게 죽어야 하는가를 가르칠 수 있다.[81] 죽음을 배운다는 것, 그것은 가치 있는 일이다. 그 준비는 삶에 대한 준비에 앞서 해야 할 일이다. 죽음을 기꺼이 맞이하는 자만이 오랜 기간 죽음을 준비해온 자이며, 가치 있는 죽음은 생명의 고귀함을 보증하는 것이다.[82]

세네카에게 죽음은 이원론적 인류학으로 육체로부터 영혼의 분리였다. 육체를 경시하는 어조로 표현한 그는 죽음을 육체로부터 벗어나는 영혼의 축복이라고 서정적으로 묘사한다. 이른바 죽음이란 영혼이 육체의 감옥에서 도피할 때이며, 신성한 영혼이 죽어야 할 운명의 인간으로부터 벗어날 때이다. 바야흐로 그 시간은 육체의 호흡을 저버리고 영혼은 구속의 사슬에서 해방하는 덧없는 순간이다. 세네카는 영혼을 말하면서 "천국이 이승으로부터 떨어져 나가는 날에 나는 이 육체를 여기에 남겨두리라. 그리고 신들에게로 돌아가리라"[83]는 진정 어린 말로 그는 마키아의 죽은 아들을 생각하면서 다음과 같이 위로한다. 역사가의 딸인 마키아가 3년 전에 아들 세자누스(Sejanus)를 잃은 슬픔으로 아파할 때 세네카는 그녀에게 위로의 편지를 보냈다. 세네카는 거기에서 자식을 잃은 다른 어머니의 예를 들며 슬픔을 억제하기 위한 처방을 제공하였다.

그 위안의 편지에서 세네카는 마키아에게 말한다. 그대 아들의 표상은 본래의 모습과 다른 모습으로 사라지고 말았다. 하지만 그대의 아들 세자누스는 몸은 죽어 떠나갔지만 그 영혼은 영원하다. 이제 그에게는 더 안락하고 평화로운 곳에서 밖의 모든 번거로운 장애물을 던져버린 진정한 자기만이 남았다. 세자누스는 어둠의 사슬로 갇혔던 이승에서 영혼의 세계로 떠났다. 이제 영원한 평화가 그의 영혼을 기다린다. 육체는 침울한 풍진(風塵)의 혼탁에서 밝은 광명의 세계로 갔다. 그러면서 세네카는 마키아에게 아들의 무덤에 가지 말 것을 충고한다. "마키아여, 저기 무덤에 묻혀 있는 것은 고통의 근원인 그의 보잘것없는 비천한 부분일 뿐이다. 그것은 다름 아닌 유골과 회분으로 육체의 옷에 불과한 보호물로 그의 일부분일 뿐 더 이상 아니다. 그는 아무것도 남겨두지 않은 채 이 세상을 도망치듯 완전히 떠나버렸다."[84]

세네카가 국외추방으로 코르시카에서 유배의 몸이었을 때 그의 어머니에게 일체 세속의 것으로부터 떠날 수 있는 마음을 가지고 살아가기를 기원하면서 위로의 글을 보냈다. 세속의 것으로부터 벗어난 영혼은 밝고 자유로우며, 저 높은 천국으로 날아오르기까지 육체의 굴레에서 벗어나기만을 기다린다. 죽음은 육체에서 영혼이 분리되는 순간이다. 그러나 세네카로부터 그가 죽음 후의 삶에 관하여 어떻게 생각하고 있었는지 확인하기란 쉽지 않다. 더구나 세네카의 작품에서 이 주제에 관한 많은 모순된 견해를 볼 수 있다. 죽음은 무엇인가? 세네카는 죽음으로써 평화가 도래한다고 선언하면서 다음과 같이 말한다. 죽음은 인간의 종말이거나 변화의 과정이다. 나는 이 세상에서의 존재의 멈춤과 같은 죽음을 두려워하지 않는다.

또 세네카에게 죽음은 존재의 멈춤뿐 아니라, 이 세상에 태어나지 않은 것과 같다고 말한다. 세네카는 죽음과 같은 또 하나의 다른 상태로의 변화를 피하지도 움츠리지도 않으며 그가 어떤 상태에 있어도 지금처럼 갑갑한 구속의 올가미에 갇혀 있지 않을 것이라고 확신한다.[85] 죽음이 종말 혹은 변화의 과정이라는 표현은 세네카가 자주 애용한 것으로 그의 작품에서 다양한 형태로 반복되고 있다. 세네카는 "죽음은 인간의 완전한 전멸이며 몸에 걸친 것을 모두 털어 알몸으로 가게 한다. 죽어서 육신으로부터 벗어나면 육체의 무거운 짐은 가버리고 영혼만이 남는다."[86] 세네카는 다시 말한다. 죽음에 직면한 영혼은 어떤 해악의 아픔이나 고통이 없는 세계로 향하여 자연과 교류하며 삼라만상이 살아 움직이는 세계로 돌아올 것이다. 이것은 큰 위안이 아닐 수 없다. 형을 잃은 폴리비오스는 두 가능성을 생각하면서 위안을 받게 될 것이다. 사자(死者)들이 유쾌, 불쾌의 감정도 기억하지 않는다면 이제 나의 형은 삶의 모든 악에서 벗어나 태어났을 때의 상태로 돌아가 두려움도 욕망도 고통도 갖지 않게 된다. 슬퍼 가슴 아파하지 말아야 할 형에게 비탄함을 멈추지 못하는 나야말로 정말 미친 것이 아니고 무엇인가! 그러나 만일 죽은 형이 슬픔과 기쁨의 감정을 기억하고 있다면, 이 순간 내 형의 영혼은 긴 감금에서 벗어나 그 영혼의 주인이 되어 기뻐 춤을 추며 자연의 아름다움에 환호할 것이다. 그리고 신의 높은 고좌에서 인간의 모든 만상과 신성한 것들을 내려다보며 경멸의 시선을 보낼 것이다. …… 인간의 영혼은 바로 옆의 허깨비를 응시한다. 왜 나는 행복한 나의 형, 그러나 이 세상에 존재하지 않는 그를 이렇게 애타게 그리워해야만 하는가? 행복한 자에게 흘리는 눈물은 질투이다. 왜 그럴까? 이 세상에서 떠나버린 자에게 울며 한탄하는 것은 광희(狂戱)이며 정신착란이기 때문이다.[87]

인간은 인간의 사후에 무엇이 일어날지 마지막 순간까지 확연하게 드러나지 않는다는 것을 잊지 말아야 한다. 세네카가 칼리굴라 황제로부터 사형선고를 받았을 때, 그는 카누스에게서 교훈적인 말을 듣고 최후까지 진실을 밝혀 그의 죽음을 논쟁의 주제로 삼으려 했다. 세네카는 자신에게 내려진 사형선고가 지나친 심문에서 온 결과라고 생각했다. 하지만 그 정확한 사실관계를 말할 수 있는 것은 아무것도 없다. 그러나 그에게 사후의 삶이 있는지 없는지, 또 그 결과가 무엇이든지 죽음은 슬픔의 원인일 수 없다.

세네카는 죽음을 실재하지 않는 것이며, 죽음 이후의 상태를 탄생 이전과 똑같다고 말한다. 이 세상에서 죽어 사라져 간 자는 실존적 존재가 아닌 아무것도 없는 무(無)인 것이다. 죽음은 모든 고통의 종말이다. 죽음은 우리를 이 세상에 태어나기 이전의 저 평화로운 상태로 되돌린다. 만일 죽은 사람을 애석해 한다면 태어나지 않은 자들도 불쌍하게 여겨야 한다. 죽음은 선도 악도 아니다. 그 이유는 죽음이 선과 악이 될 수 없는 것이기 때문이다. 그러나 죽음은 존재하지 않는 무(nihil)이며, 이 세상의 모든 것은 별 수 없이 무에로(in nihilum) 되돌아가는 우리에게 숙명적으로 맡겨진 것은 아니다. 그러면서 세네카는 마키아에게 그대의 아들이 이 세상에 살아 있지 않은 것을 슬퍼해서는 안 된다고 위로한다. 그대의 아들은 예속의 굴레를 벗어나 영원한 평화를 맞아들였다. 이제 부귀의 열망도 번뇌의 괴로움도 다 사라져 버릴 것이다.[88]

세네카는 죽음과 출생이전 상태로의 회귀에 관해 그리고 죽음 이후의 삶, 영혼을 기대하는 영광스러운 삶에 확실한 믿음을 갖고 있었다. 또한 죽음을 신들의 세계로 가는 여정의 시작임을 노래한다. "영혼들은 사람들과의 교류에서 빠르게 벗어나 신들의 세계로 떠난다. 이 세상의 속물들, 가치 없는 무거운 짐들을 다 털어버리고 평화의 땅으로 찾아간다. 영혼들은 경화(硬化)되어 세상 속물에 오염되기 전에 육체에서 벗어나 영혼의 출발인 태어난 곳으로 가볍게 날아간다. 영혼은 불결한 모욕과 오손(汚損)된 상흔을 모두 씻어버린다. 저 위대한 영혼은 육체 안에서 빈둥거리며 기쁨을 찾지 않는다. 영혼은 앞으로 나아가기를 좋아하며 그들을 묶어 속박한 사슬을 벗겨버린다. 이제 영혼은 우주를 지나 저 높은 곳에서 인간만사를 경멸이나 하듯 비웃으며 그들이 머문 비좁은 곳을 벗어난다. 그래서 지난날 플라톤은 현자도 죽음에 대해 깊은 관심을 갖고 열렬히 사모하였다고 외치지 않았던가!"[89] 하고 말한다.

세네카는 마키아에게 그대 아들의 죽음은 육체로부터 영혼의 해방이라고 다음과 같은 말로 위로한다. "마키아여, 아들의 영혼은 언젠가 내려왔던 그곳으로 다시 오르려고 한다. 그곳 저 영원한 평화는 이 세상의 어둡고 혼탁한 늪에서 떠나 맑고 밝은 광명으로 가는 영혼을 기다린다. 육체에서 해방된 그대는 높이 날아 천상에 계신 성인들의 영혼에 이르기 위해 총총히 떠났다. 그는 거기서 성인들의 환영을 받았다. 성인들 가운데에 참 지식과 많은 인생경험을 한 마키아의 아버지도 있었다. 마키아여, 그대의 아들은 거추장스러운 모든 것을 벗어버리고 티 없고 꾸밈없는, 아니 그의 껍데기를 벗겨버린 영혼의 실존만이 있을 뿐이다. 우리를 감싸주는 모든 것은 영혼의 쇠사슬이요, 족쇄요 어둠이다. 이런 것들로 해서 영혼은 밀치고 질식하여 훼손되고 부정에 감금되어 영혼의 본성을 잃어갔다. 영혼은 끊임없는 타락의 늪에서 벗어나기 위해 육(肉)의 세력에 맞선다. 마키아여, 그들은 예전의 그들이 아니었다. 저 높은, 아니 가장 높은 하늘나라에 살고 있는 고결한 존재들이다. 천하고 부패하여 조야한 생각으로 살아온 것을 부끄러워 얼굴을 붉히고 죽어 영원한 평화를 누리는 그들에게 동정의 눈물을 흘리며 슬퍼하는 것이 얼마나 부끄러운 일인가! 무한한 자유가 있고 끝없이 전개되는 우주 곳곳을 편력하는 고결한 자들이 가는 길에 바다인들 막을 수 있을까. 저 높은 산들, 끝없는 계곡, 변화무쌍한 시르테(Syrte)의 광활한 모래벌판도 그들이 가는 길에 방해가 될 수 없다. 그들이 가는 길은 평탄하여 막힐 것이 없다. 그들은 별들의 세계를 쉽게 통과하여 이제 하나가 된다."[90] 스토아 자연학에서 영혼은 신성한 불과 같은 열화적 본질이다. 별들도 불같이 신성하다. 정화(淨化)된 영혼은 별과 하나 된 몸을 이룬다는 화려한 언어로 표현한다.

폴리비오스의 형님의 죽음에 대한 세네카의 위안의 글은 서정적 표현일 뿐이다. 죽음이란 폭풍우가 몰아치는 바다 위에서 오랫동안 버려진 자가 안전한 항구로 들어오는 것과 같다. 세네카는 어떤 은신처에도 죽음은 있는 법 …… 마침내 폴리비오스의 형님은 자유롭고 안전하고 영원한 불사신이다. …… 그는 이제 무한한 천상에서 기뻐 춤추며 침울한 이 땅 구속의 사슬로부터 벗어난 해방된 영혼들을 맞이하는 저 높은 곳으로 날아갔다. 그는 이제 그곳을 자유로이 배회하고 신의 축복 속에서 지상에서 찾지 못한 최고의 기쁨을 향유한다. 폴리비오스여, 당신은 아직도 오해 속에 살고 있는가. 그대의 형님은 광명의 날을 잃은 것이 아니라 더 밝고 순수한 빛을 받았다.[91]

죽음 후에 오는 삶의 광영과 기쁨에 대한 찬양은 세네카의 작품 가운데 『마키아에 대한 위안』과 『헬비아에 대한 위안』 그리고 『폴리비오스에 대한 위안』의 글들에서 접할 수 있는데 이 작품들은 세네카가 친구·친척·자식을 잃은 그 사람들을 위로하려고 쓴 스토아 철학의 윤리와 도덕의 집대성이다. 결국 유족에게 위로할 수 있는 가장 적극적인 존재는 인간뿐이다. 그러나 만일 아들을 잃고 슬퍼하는 자들의 귀에 격려와 위안의 말들이 교묘한 너스레나, 겉치레에 불과하다면 그것은 진정 위로하는 것이라기보다는 위장과 기만이 될 수 있다. 이러한 너스레 같은 위로의 말이 세네카의 『마키아에 대한 위안』에서만 나타나는 것은 아니다. 세네카는 서신에서 이 문제에 갇혀 있지 않았다. 그는 죽음 후에의 영혼의 부활을 분명히 밝힌다. 그의 『도덕의 편지』 102에서 영혼은 또 하나의 탄생을 위한 준비라고 했다. 즉 "천상의 거룩함과 지상 풍진의 혼색(混色)이 갈라져 분리할 때 나는 육체를 이곳에 남겨두고 신들이 있는 곳으로 떠날 것이다. 나는 이제 신들에게서 멀리 떨어져 있지 않지만 이 세상의 괴로운 감옥에 감금되어 있을 뿐이다. 운명적 실존의 생명지연은 보다 나은 긴 생명의 전조이다. 우리가 이 세상 밖으로 나가려고 열 달 동안 어머니의 자궁에서 버티어 있었던 것은 어머니의 자궁을 위해서가 아니다. 우리가 이 세상에 나아가서 숨을 쉬고 살아가기에 알맞을 때 내보내진다는 것은 생존을 위해서다."[92]

세네카에게 일체만물은 주기적인 순환의 반복 작용으로 영원히 사멸하지 않는 존재로 이어간다. 한 시대와 한 무리의 생명체가 가면 또 한 시대와 또 한 무리의 생명체의 시대가 순환하여 등장한다. 그래서 일체만상은 새로워진다. 인간도 덧없이 파멸되고 다시 부활한다. 세네카는 『마키아에 대한 위안』에서 천국에 있는 마키아의 아버지에게 말한다. "하늘에 계신 여러 성인들은 영원히 죽지 않는 영혼들로 세상을 새롭게 하시는 신의 최선자로 지목될 것이다." 그 대표적인 인물로 카토와 스키피오 아프리카누스를 신과 같은 존재로 칭송한다. 세네카는 그들의 영혼이 그들이 내려왔던 하늘로 다시 올라갔다고 확신하면서 그들의 고귀한 정신에 존경을 표했다. 그들은 조국에 대한 충성과 의무감이 투철하고 절제와 온건으로 로마의 자유를 수호한 현자이자 신적인 존재들이었다. 스키피오는 로마의 법과 전통과 관습이 침해받지 말아야 한다고 강조하면서, 로마의 전 시민이 동등한 권리를 누리는 데 최선을 다했다. 그가 말하기를 "오, 나의 조국을 최선의 국가로 만들 것이며 나 없는 시대에도 말이다……"[93]라고 다짐했다.

세네카는 일체만물이 순환반복 작용으로 재생한다는 스토아 철학의 자연관을 고수한다. 그는 자연에 동화되어 사라지고, 영원히 파멸되는 것은 하나도 없다고 말한다. 그는 "단지 순조로운 진행과정의 중단일 뿐 소멸은 없으며, 우리가 두려워하는 죽음도 생명만이 일시 중단되는 것일 뿐 생명 자체를 앗아가는 것은 아니다. 우리가 광명의 날을 되찾을 때에 생명은 다시 회귀할 것이다."[94] 세네카는 죽은 뒤에 영혼이 부활한다는 것을 그의 작품에서 밝히고 있지만 인간이 죽지 않는다는 불멸에 대한 신념을 정당화하려는 시도는 하지 않았다. 물론 그것은 세네카의 인류학의 자연적인 결과라고 말할 수 있다. 만일 영혼이 인간의 신적인 신성한 부분이라고 한다면 그것은 죽음에서 다시 살아날 수 있다고 기대할 수 있을 것이다. 따라서 세네카가 죽음 이후에도 다시 생명을 유지해간다는 그의 확신을 그 어떤 것에서보다 더 적극적이고 명확히 표현한 『마키아에 대한 위안』이 플라톤의 『파에도』 64A에서 인용됐다는 사실에 전혀 이상할 것이 없다. 그러나 세네카가 인류학에서 인간은 불멸한다는 확신의 결과를 이끌었다고 생각하지 않는다. 세네카는 죽음 후에 생명이 가능한가에 대해 매우 회의적이었으므로 그가 생명에 대해 확신의 글을 쓴 것은 마키아를 비롯한 많은 사람들에게 위안을 주기 위한 것이었거나 죽음 후에도 생명이 가능하다는 당시의 지배적인 사상 때문이었을 것이다.

신은 세계정신, 영혼의 목격자

세네카는 우주 삼라만상(森羅萬象)은 잠시 머물다 사멸해 가는데 그 무한한 시간은 무엇으로 채우겠는가? 그 무엇으로도 채우지 못할 것이다. 도시와 사람, 강과 바다를 에워싸고 있는 이 대지는 우주에 비하면 하나의 점에 불과한 존재이며, 우리 인생도 또한 그러하다. 그것은 영원의 나침반이 세상의 나침반보다 훨씬 크기 때문이다. 이 세상은 시간의 경계 안에서 반복하며 새롭게 바꾸어간다. 아무리 시간을 연장하고 또 연장하더라도 도대체 얻어질 수 있는 것이 무엇인가? 그 것은 무(無)일 뿐이다!⁹⁵⁾라고 허무함을 고백한다.

세네카는 젊은 나이에 죽은 자들에 대해서도 다른 유사한 진술을 계속한다. "마키아는 소년시절에 죽었다. 그러나 나는 어린 나이에 생을 마친 그가 예상치 못한 일을 당했다고 말하지 않을 것이다. 우리는 그가 성장하여 늙게 된 경우를 생각해 보자. 그리고 그가 어린 아이 때보다 더 훌륭한 사람이 되었다고 생각하는 것은 얼마나 가소로운 일인가! 루킬리우스여, 그대는 마음의 눈을 저 끝없는 시간의 심연 앞에 놓아라. 그리고 우주를 품어라. 그런 다음에 인간의 삶을 영원한 시간에 비교해 보아라. 그러면 지금 그대는 더 오래 살기 위해 시간을 연장해 달라고 기도하는 일이 얼마나 빈약한 일인지 알게 될 것이다. 지금 이 시간을 비통한 눈물로 지새우는 것이 얼마이며, 마음 졸이며 괴로워하는 것이 얼마인가! 죽음이 다가오기 전에 죽음을 기도하는 자가 얼마인가! 우리는 인생의 절반을 잠으로 보냈다. 어디 그 것뿐인가. 우리가 겪은 고통, 슬픔, 위험한 것들! 그대가 아무리 오래 살았다 해도 실제로 살은 삶은 얼마 안 되는 짧은 시간이었다. …… 인생은 선도 악도 아니다(vita nec bonum nec malum est). 인생은 단지 선과 악이 공존하는 곳일 뿐이다."[96]

세네카는 청소년기에 질병으로 고통 속에서 살았다. 그래서 그는 환자에 주목하게 되고 아픈 자들에게 자신이 질병의 고통을 과감하게 견뎌낸 경험을 도덕적 훈계를 통해 질병을 극복해 나가도록 힘을 주었다. 세네카는 그가 살았던 당시의 의료장비의 취약에서 오는 질병과 고통의 증상을 세밀하게 연구했다. 그는 질병에 대해 특별한 관심과 고통을 이기는 데 숙달된 사람으로 자신에 차 있었다. 이러한 그의 자신감과 용기는 스토아 철학에서 강조한 용기와 남성다움에 기초한 것이다.

세네카는 인간은 인생이 짧다는 것을 왜 애석해 하는가에 대해 답변한다. 아무리 장수한 인생이라도 시간의 단위에서 볼 때 무의미할 뿐이다. 그러므로 인간만사는 헛되고 헛된 것이다. 그런데 왜 인간은 인생이 짧다고 슬퍼해야 하는가. 인간의 생명과 삼라만상은 끊임없이 흘러가는 세월의 광명 속에 투사된다. 시간 속에서 생긴 문제는 세월과 아무런 관련이 없으며, 인간의 생명에 새로운 의미를 주는 그 어떤 변화도 일어나지 않을 뿐더러, 신적 계획을 인지하지도 못한다. 그래서 그때와 시기는 특별한 의미가 없다. 신약성서에서 바울이 데살로니카 교인들에게 보낸 첫 편지에서 "그때와 시기에 대해서는 여러분에게 더 쓸 필요가 없다, 주님의 날이 마치 밤중의 도둑같이 온다는 것을 잘 알고 있기 때문이다. 사람들이 태평세월을 노래하고 있을 때에 갑자기 멸망이 닥칠 것이다. 그것은 마치 해산할 여자에게 닥치는 진통과 같아서 결코 피할 도리가 없다……"[97]에서도 이를 뜻한다.

세네카는 코르시카의 유배지에서 그의 어머니를 위로하기 위해 보낸 편지 『헬비아에 대한 위안』에서 인간은 죽음의 시기가 그렇게 중요하지 않다는 것을 강조한다. 세네카는 코르시카에서 지난날 못지않은 좋은 환경 아래에서 행복한 생활을 하고 있다고 어머니의 마음을 위로한다. 그는 무겁고 고통스러운 짐에서 벗어나 자신의 일을 할 수 있는 자유의 몸임을 기뻐한다. 이제 그는 여러 나라와 바다, 하늘과 땅에서 일어나는 공포의 대상인 천둥, 번개, 폭풍, 비, 눈, 그리고 우박에 대해 많은 것을 알려고 노력했다. 결국 그의 마음은 낮은 곳을 횡단하여 저 높은 곳으로 헤쳐 나아간다. 그리고 거기에서 신비스러움과, 그지없는 장엄함과 그것의 영원무궁함을 향유한다. 그 장관은 영원히 유지될 것이라고 다짐한다.[98]

세네카에 있어, 인간에게 최고의 신성함과 환희는 일체의 세속적인 관심사들이 사라졌을 때이다. 그리고 장소와 시간의 구속에서 벗어나 자유로운 몸이 되어 세속의 어지러운 문제를 떠나보내는 것이다. 참된 나를 찾는 명상의 시간에서 많은 변화를 만날 수 있다. 지나간 시간은 장소에 구분 없이 모두 같은 과거이며 우리에게 같은 모습으로 나타나고 사람에 따라 비켜가는 것이 아니라 모두 동행한다. 그리하여 일체만물은 끝없이 깊은 나락으로 떨어진다.[99] 우리의 몸은 흘러가는 물처럼 빠르게 늙어간다. 내 눈앞에 있는 일체의 만상(萬象)도 비행하듯 빠른 속도로 시간과 동행한다. 삼라만상은 머물러 고정되어 있는 것이 하나도 없다. 이러한 변화를 쉽게 풀이한 나 자신도 변화해 간다. 우리는 이미 영원한 생성을 가르친 헤라클레이토스의 만물유전(萬物流轉)의 법칙을 생각하게 된다. "흘러가는 같은 강물에 두 번 발을 담글 수 없다. 이와 같이 내가 발을 담갔던 때의 강물은 이미 흘러가 버렸기 때문이다." 지금 이 순간에도 다른 강물이 쉼 없이 흘러간다. 그런데도 그 흐름은 같은 강물의 이름으로 흘러갈 뿐이다. 시간은 철학적으로 연구할 만한 아주 흥미로운 주제이기에 우리는 신과 인간, 과거와 미래, 덧없음과 영원에 대해 더 배워야 할 것이다. 그리고 우리는 시간이 무엇이며, 시간의 문제가 얼마나 논의되고 있는지 알아야 할 것이다. 첫째로 시간은 본질적인 것인지, 자연적인 것인지, 둘째로 시간은 시간이전의 존재인지 시간 없이 존재하는 것인지도 인식해야 할 것이다. 그리고 시간은 우주생성과 함께 시작했는지 아니면 그 이전에 무엇인가 존재하였기 때문에 이미 존재하게 되었는지[100] 의문을 제기해야 한다.

세네카가 내세적 가능성을 제시할 때 그것은 역사적으로 중요한 사건이 주기적으로 반복되는 형태이다. 시간과 이 세계 그리고 삼라만상은 시간 안에서 파괴되고 다시 새로운 시대가 전개된다. 이 세상의 흐름은 끊임없는 대립태(對立態)의 상징이다. 그래서 전쟁과 평화, 낮과 밤, 가멸성과 불멸성의 대립들이 나타난다. 세네카는 『마키아에 대한 위안』에서 마키아의 죽은 아버지가 오랜 세월이 지나도록 그의 손자 세자누스가 올 것이라는 기대 속에 자주 밖을 내다보고 있는 사실을 기술하고 있다. 그리고 세네카는 말한다. 이 세상의 왕국들 그리고 대도시들은 몰락할 것이며 지금 남아 있는 것은 아무것도 없을 것이다. 인간뿐만 아니라 이름 있는 여러 곳들, 국가들 그리고 이 세상의 대부분의 지역들은 한낱 여신의 노리개가 될 것이다. 산들은 평탄해지고 바위들은 솟아오르며, 바다는 흔적도 없이 사라지고 강들은 흘러가는 물길이 바뀌게 될 것이다. 그뿐이겠는가? 국가와 국가, 민족과 민족의 왕래나 통신도 두절될 것이다. 도시들은 다 사라져 버리고 지진이 일어나 유해한 연무와 증기가 발생하고 대홍수로 땅은 물로 뒤덮여 대지가 홍수에 잠기게 되고 온갖 생명체들은 죽어가게 될 것이다. 또 엄청난 대화재로 이 세상 모든 생물들은 사멸하고 말 것이다. 새로운 세상을 위해 옛 세상을 파괴해버리는 시간이 도래하게 될 때 생명체들은 사라져간다. 그래서 하늘의 별들은 서로 충돌하고 세상은 큰 불로 확 타오를 것이다. 그때 은총을 받은 정결(淨潔)한 자들의 영혼은 죽지 않는 불후(不朽)의 존재로 이 우주를 새롭게 창조하는 신의 은총을 받는 최선자처럼 보일 것이다. 그리고 그 영혼은 추락해가는 우주 안에서 작은 힘이지만 이 강력한 파괴에 동참할 것이다. 마키아여, 그대의 아들은 행복하고 이미 이 신비를 알고 있다고[101] 위로한다.

당대의 많은 스토아 철학자들처럼 세네카도 자주 화재와 홍수의 범람으로 세계가 파멸하고 말 것이라고 말한다. 특히 세네카는 광범위하고 다양한 자연현상을 다룬 『자연탐사』(*Naturales Quaestiones*)에서 화재와 홍수범람으로 새로운 것으로 바뀌어지는 변화와 부활에 대해 설명한다.[102]

세네카는 세상의 모든 것들은 종말을 고하게 될 것이라고 확신했다. 대지는 사라져가고 부분적으로 혹은 전체적으로 파괴될 것이다. 그다음에 세계는 여러 부분으로 분해되고 신들은 하나로 통일을 이룬다. 일체의 모든 것은 정해진 때에 따라 움직이며, 태어나 성장하고 죽는 운명체이다.[103] 따라서 삶과 죽음은 내밀한 관계에 있어 서로 연관되어 있다. "사람은 살아 있으면서 죽음과 맞닿아 있고, 깨어 있으면서도 잠과 맞닿아 있다." 헤라클레이토스는 만물은 "자신의 대립적 관계를 통해 상호관련 되어 있다"고 가르쳤다. 그러나 모든 것을 근접한 곳에서 보는 우리에게 그 분리는 파멸로 보인다. 실제로 삶과 죽음, 합성과 해체는 연속한다. 세네카는 지속적인 운동과 주기적인 변화는 자연의 신성한 법칙이라고 주장하면서 영원히 성장과 몰락을 반복하는 자연의 순환과 그 주기운동에 대해 관찰할 것을 촉구한다.[104]

세네카에 있어서 신의 개념은 무엇이며 그것은 동시대의 그리스도교 사도 바울의 개념과 본질적으로 다른 것인가? 아마도 세네카는 신의 구원에 관한 바울 서신의 특별한 선언을 알지 못했을 것이다. 그는 신을 인류와 세계를 특별한 목적에 따라 지배하는 존재로 생각하는가? 후기 스토아 철학자들에서와 같이 이러한 진술은 세네카에게서 자주 만난다. 초기 스토아 철학자들은 신을 행동하는 힘이며 창조적인 불이요 물질로 생각했다. 불 같은 활기, 즉 영혼과도 같이 신은 모든 물질에 침투한다. 그러므로 신은 내재적이며 존재하는 모든 것에 나타나는 본질이다. 신 안에 로고스 스페르마(logos spermatikos), 이른바 근원적인 배(胚)나 종(種) 같은 만물이 발생되는 배종이 존재한다. 이러한 개념은 거의 필연적으로 신이 모든 것에 존재하는 만유신적(萬有神的)인 범신론적 개념으로 발전하여 궁극적으로 신과 세계는 동일한 것이었다. 세상의 모든 것은 물질과 신으로 되어 있다. 신은 물질의 안내자처럼 신을 에워싸고 따르는 물질을 다스린다.[105] 물질은 쓸모가 있는 준비된 실체이다.

세네카는 신을 우주의 위대한 창조자요 통치자이며, 신의 지배 하에서 만물은 진보하므로 신은 우주 삼라만상의 조정자,[106] 신성한 창조주,[107] 세계 건설자(mundi conditor)[108]이다. 이러한 신은 시공(時空)을 뛰어넘는 초월자요, 또한 전지전능하다. 신은 우리의 곁에 있으며 우리와 함께 그리고 우리 안에 있다.[109]

세네카에게 신은 인류의 봉사자이며 세상도처의 사람에게 도움의 손길을 보낸다. 신은 우리의 비밀스러운 것도 다 알아내신다. 그래서 숨기려는 생각도 모두 쓸모없다. 신의 선견지명(先見之明)하심을 누가 차단할 수 있겠는가. 신은 우리 영혼의 목격자이시며 입회인이시다. 세네카는 신을 아버지라고 부르는 충동을 억제하지 못해 선한 사람을 신의 제자요, 신을 닮은 자이며 진정한 후예라고 말한다. 또한 그는 신이 훌륭한 부모, 미덕을 가르쳐 주시는 선생님, 엄격하신 아버지처럼 우리를 훌륭하게 가르치신다[110]고 하였다. 세네카는 우리 인간의 아버지를 존경하듯이 늘 감사하는 마음으로 신을 존경하고 찬양해야 한다고 권고한다.[111]

세네카는 신을 위대한 창조자, 세계 지배자로 묘사한다. 그는『섭리에 관하여』(De Providentia)에서 나는 그 무엇에도 구속받지 않고, 내 의지대로 하는 신의 노예가 아닌 추종자이다. 나는 세상 모든 것이 언제나 정해진 법에 따라 집행되고 있다는 것을 알고 있기 때문에 열렬한 추종자이다. 운명은 우리의 안내자이다. 인간이 얼마나 살 것인가는 이 세상에 태어날 때 그 운명이 정해진다. 만물의 근원은 그 근원이 되는 것에서부터 기원한다(causa pendet excausa). 그래서 모든 공적, 사적인 문제는 오랫동안 연이은 사건에서 연출되기 마련이다. 이 세상 모든 사건 중에 단순하게 일어나는 것은 하나도 없다. 모든 것은 결과에서 오는 산물이라[112]고 하였다.

세네카는 세계 창조자이며 지배자이신 신 안에서 나와 너의 관계는 아무 의미가 없다고 말한다. 선한 사람의 본분은 자신을 운명에 맡기는 것이며 그것은 세계의 창조자요 지배자인 신에 복종하는 것이다. 세네카는 다시 『섭리에 관하여』에서 신을 거룩하고 영광스러운 부모로 언급하고 있다. 그런데 그가 이 작품의 같은 대목에서 신을 복수 형태인 신들(gods)로 표현하는 사실에 주목해야 할 것이다. 또 세네카는 "나는 그대를 신들과 화해시키겠다. 신들은 최선자에게 가장 좋은 존재들이다. 그 이유는 조물주인 자연의 신은 선으로 인해 상처받게 될 선을 허락하지 않기 때문이다. 선자와 신들에게는 미덕으로 이루어지는 우정이 존재한다. …… 인간은 신의 제자이며, 모방자 그리고 진정한 후예이다." 세네카는 신을 훌륭하고 영예로운 부모이며 미덕을 가르쳐주시는 온유하고 인자하신 선생님, 엄격하신 아버지로 묘사한다.[113]

세네카의 신에 대한 일련의 생각은 분명하다. 탁월하시고 숭고하신 아버지 신은 인자하신 아버지들과 다름없이 어린이들을 엄격하고 바르게 가르친다. 만일 미덕을 갖춘 현자가 자신의 삶을 냉혹하게 통제하는 운명에 복종한다면 그를 해칠 수 있는 것은 아무것도 없다. 따라서 현자가 신들의 후원으로 세상을 다스리는 것은 우주 삼라만상의 본질이다. 신들은 한결같은 길을 가지만 사실 현자를 해칠 수 없다. 그 이유는 현자가 운명의 신을 뛰어넘는(supra fortunam) 존재이기 때문이다. 그러므로 신들과 현자들은 미덕으로 맺어진 우정이 존재하며 그들 사이에 신뢰의 인연은 의심할 여지도 또 그 어떤 악폐도 현자에게 일어날 수 없다. 이 모든 것은 운명을 감수하는 현자의 미덕에서 나온 것이다.

세네카가 강조하는 현자와 사도 바울이 말하는 '하느님과 우리 주 예수 그리스도의 아버지, 인자하신 아버지이시며 모든 위로의 근원이 되시는 하느님'[114] 또 성령과 오직 그분의 사랑만으로 신성하신 하느님과 죄인사이에서의 갈라진 깊은 불화도 헤쳐 나갈 수 있다는 사실의 설명은 두 사람 사이의 현저한 차이를 보여주고 있다. 결과적으로 세네카는 각 개인에게 친히 관심을 가지는 신을 상상하지 않았다. 그 이유는 세네카가 운명과 행운에 대한 명확한 구분을 하지 않았기 때문이다. 운명은 우리의 안내자이며, 모든 근원은 그 근원이 되는 것에서 기원한다는 또 다른 원인이다. 사실 인간사의 모든 원인이 되는 운명은 자연법의 냉혹한 법령에 상응하는 신들의 보호와 다를 바가 없다. 인간은 스스로의 운명에 복종할 수밖에 없다. 그러나 불변하는 운명에의 복종은 개인적인 관계에 따라 다르며, 이것은 신의 역할도, 인간의 역할도 아니다. 세네카는 신의 도움을 자연법의 작용과 동일시했다. 그는 결코 초인간적 인격적인 신을 주장하는 유신론(有神論)의 방향으로 발길을 옮길 수 없었으며 오히려 범신론에 머물게 되었다. 그러므로 세네카가 신에게 권위를 부여한 사실에 대해 이상하게 생각해서는 안 될 것이다. 신은 세계의 지배자요 보호자이며, 세계의 영혼이며, 정신이며, 주인이며, 창조자이다. 그러므로 모든 권위는 신의 것이다.[115]

그래서 신이란 무엇인가라는 질문에 세네카는 세계정신(mens Universi),

좀 더 자세히 말해 그대가 보고 있는 모든 것, 또 그대가 보지 못하는 모든 것이라는 대답에 놀랄 필요는 없다. 우리가 상상할 수 있는 것보다 더 위대하다는 신의 참 위대하심은 우주 삼라만상을 지배하는 유일무이한 존재이다.[116] 우리는 세네카가 초기 스토아 철학자들의 범신론을 뛰어넘지 못한다는 사실을 그의 여러 진술에서 찾을 수 있다. 세네카의 신은 흔히 말하는 운명이요 자연이며, 신의 행위는 운명의 결정이요 천명이며 자연법의 제정이다. 세네카는 신 혹은 신들을 저항할 수 없는 운명으로 친절한 말씨와 화려한 수식의 문구로만 표현하였다. 그 이유는 인간이 신과 신들의 경쟁상대가 될 수 없기 때문이다. 그러므로 세네카는 지혜가 있다면 스스로 신에게 복종해야 한다고 충고한다.

세네카는 신의 뜻을 받아들이고 순종하는 것은 자연법에 복종하는 것과 같다고 생각한다.[117] 조물주 혹은 자연의 여신은 인간이 지각할 수 있는 규칙적인 변화, 그 변화에 의해 현재의 세계를 다스린다. 세네카는 다음과 같은 말로 계속한다. "겨울에는 한랭한 날씨로 우리는 추워 떤다. 여름은 무더운 날씨로 땀을 흘려야 한다. 불순한 날씨로 우리는 건강의 균형을 잃고 병에 시달린다. 때로는 생각지도 않은 곳에서 사나운 짐승의 공격을 받기도 하고, 짐승보다 더 해를 주는 사람들로부터 위험을 당하기도 한다. 홍수나 화재로 우리의 목숨을 잃는 경우도 있다. 우리는 이 세상을 움직이는 질서를 바꿀 수는 없다. 우리가 할 수 있는 것은 남자다운 용기를 가지는 것이며, 그 용기로 자연과 조화하며 끈기 있게 나아가는 것이다. 조물주는 이 세계왕국에서 신의 이름으로 계절의 변화를 조정해간다. 맑은 날을 먹구름의 하늘로, 다시 바람은 번갈아 불고, 낮이 밤으로 바뀌고, 하늘의 해와 별들은 뜨고 다시 진다. 자연은 끝없이 정반(正反)의 현상을 교환하며 이어간다. 우리의 영혼은 이 신비한 자연법칙에 적응해야 하며 또 이 법칙에 순응해야 한다. 삼라만상의 변화는 필연적인 사건이다. 그러므로 조물주에게 투덜거리거나 불평하지 말아야 한다. 이 우주의 변화하는 만상(萬象)들은 인간의 힘으로 개선할 수 없는 법, 세상만사가 여러 모습으로 전개되는 것은 신의 권능이기 때문에 그것을 따르는 것만이 최선의 길이다. 비유컨대 명령권자인 군사령관의 명령에 불평하는 병사가 있을 수 있겠는가? 있다면 가장 나쁜 병사가 아니던 가"[118]라고 세네카는 충고한다.

자연과 운명은 시간과 신의 동일성이라는 사실을 세네카에서 발견하게 된다. 또한 세네카는 시간, 신, 자연, 운명은 모두 같다는 것을 되풀이하여 주장한다. 그것들은 단지 이름만이 다를 뿐이다. 세네카는 자연이라는 조물주가 나를 충족시킨다고 말하면서 다음과 같이 묻는다.

"신이 또 다른 이름으로 호칭되고 있다는 사실을 모르는가. 이 우주의 도처에 퍼져 있는 자연, 신, 신적 이성은 무엇인가? 우리는 이 세계를 창조한 창시자 조물주를 다른 이름으로 우리가 좋아하는 말로 표현한 것이다. 우리는 그 조물주를 가장 선하고 위대한 신들의 왕이며 하늘의 지배자 주피터로 부르는 것을 주저하지 않을 것이다. …… 만일 우리들이 주피터를 운명의 신이라고 칭한다 하여 잘못된 일이라고 할 수는 없을 것이다. 운명의 신은 세상만사의 고리이며, 만물의 근원이신 창조주이기 때문이다. 어떤 이름으로 부르든, 천계(天界)에서 우주만물을 다스리는 위엄이나 위력을 가지고 있다면 신일 수밖에 없을 것이다."[119]

세네카는 신이라 호칭되는 자연으로부터 많은 은총의 선물을 받는다. 우리가 어디로 가든지 우리를 보기 위해 오는 신을 만난다. 신은 완전한 존재이며 스스로 모든 과업을 수행한다. 우리가 신이 아닌 자연으로부터 은혜를 받았다고 말하는 것은 배은망덕한 일이다. 신이 없는 자연은 존재할 수 없듯이 자연이 없는 신 또한 존재하지 않는다. 자연과 신은 같다. 단지 그 기능에서만 다를 뿐이다. 세네카는 유배지에서 어머니의 마음을 위로하는 글에서 저 세네카가 아닌 다른 사람이 하찮은 일로 우리의 마음을 괴롭힐 수 있다는 사실을 회상시키면서 신과 우리의 미덕은 세상 어느 곳에 가도 우리와 동행한다는 것을 강조한다. 그리고 다음과 같이 말한다. "우리가 어디로 가든 가장 찬미하는 것은 우리와 동행할 세계의 신과 미덕입니다. 나를 믿으라. 바로 그것은 세상의 위대한 창조주의 의지입니다. 창조주는 끝없는 공덕을 계획하는 영적 이성이며 가장 하찮은 것에서 가장 위대한 것에 이르는 세상만물에 널리 침투한 정령 혹은 운명의 신이십니다. 저, 세네카는 말합니다. 신의 의지는 우리가 가지고 있는 가장 하찮은 것들, 그것들은 신이 아닌 다른 것의 지배하에 들어가야 마땅합니다."[120]

세네카는 인간이 운명에 따라야 하는 것은 신성한 의무이며, 마음을 어지럽히거나 평정심을 잃지 않도록 하는 것, 그것 또한 우리의 신성한 의무임을 강조한다. 우리는 신에 복종하는 것이 자유라는 지상명령을 받고 태어났다. 신들을 본보기로 삼고 조물주에 조화하며 사는 것이 우리가 지향하는 목표이다.[121] 신들의 의지는 영원한 법이다. 세네카의 신의 개념의 주요 특징은 합리적 일원론(一元論)과 엄격한 결정론(決定論)으로 요약된다. 그에게 신은 영원한 자연법이며 확고한 운명의 행로로 생각되었을 것이다. 그 이유는 신은 세상 도처의

우리 안에 현재하기 때문이다. 그래서 신은 세상 어디에나 존재하며, 전지전능하고 영원하다.[122]

세네카의 신에 대한 언급과 주장들은 어느 유형이나 모형에 짜 맞춘 것처럼 보인다. 그리고 그는 이런 유형으로 그의 기본원리를 강조하는 딜레마를 의식하는 듯했다.

세네카는 루킬리우스에게 보낸 서신에서 인간의 삶에 신보다는 철학의 중요성을 다시 강조한다. "철학은 정신세계를 도야하고, 인간의 행위를 인도하며, 우리가 해야 할 것과 해서는 안 될 것을 가르쳐 준다. 어떻게 철학을 수학하지 않은 사람이 행복한 삶을 살 수 있으며, 어떻게 그가 다른 사람을 도울 수 있는 삶을 살 수 있다고 생각할 수 있겠는가 …… 나는 그대 루킬리우스가 철학으로 상당히 지혜로운 사람이 되었다고 생각하네. 무엇보다 그대의 말이 가면을 쓴 허울 좋은 말이 아니어서 다행이오. 철학은 대중을 사로잡기 위한 계략이 아니며, 보이기 위해 고안된 것도 아니지. 철학은 말이 아닌 사실에 대한 문제이며, 영혼을 맑게 하고 도야하는 것임을……" 철학은 인생의 지침서요 안내자이다. 철학은 애매하여 불안해하는 많은 무상한 것에 망설이고 주저할 때 갈 길을 안내하는 배의 키와 같다. 철학 없이 마음의 평화와 호담(豪膽)한 삶을 누릴 수 있는 사람이 있을 수 있을까? 매시간 발생하는 많은 사건들은 철학의 도움을 요구한다. 어려움에 직면했을 때 우리의 구원이며 빛의 조언자는 철학이다.[123]

세네카는 아마 누군가가 운명의 신이 존재한다고 생각한다면 철학은 나를 어떻게 도울 수 있단 말인가 하고 말할 것이다. 만일 신이 세계를 지배한다면 철학은 무슨 소용이 있으며, 또한 운명이 세상만사를 주관한다면 철학은 무슨 가치가 있을까? 이미 정해진 일들을 바꿀 수 없을 뿐만 아니라 정해지지 않은 것을 계획할 수 없지 않을까. 신이 나의 계획을 주관하며 운명의 여신이 내가 할 일을 자유롭게 하게 한다. 세네카는 서신에서 루킬리우스여, 참 진리는 철학에 있는지, 운명의 여신에 있는지 판단하기 어렵지 않은가. 그래서 우리는 지혜로운 철학자가 되어야 한다고 생각하네. 운명의 신이 냉혹한 법으로 우리를 얽매였는지, 신이 세계의 조정자, 심판자로 모든 것을 결정했는지, 아니면 인간의 어려운 문제를 운명이 던져버렸는지, 루킬리우스여, 참 진리는 지금 우리가 예측한 것에 있는지 아니면 이 가운데 어느 하나에 있는지 판단하기 힘들지 않은가. 우리는 철학자이어야 하네. 철학은 우리가 신에게 기꺼이 복종하는 용기를 주었지만 운명의 여신에게도 도전하라는 격려와 신을 따르고 운명을 이겨나가는 것을 가르쳐주었지.

세네카는 인격신에게 절대복종을 강조하면서 신을 기쁘게 했던 것처럼 인간을 기쁘게 하자고 촉구한다. 그뿐 아니다. 그는 인간이 극복할 수 없는 마력에 지배되고 악폐에 허우적거리며 예속되는 이들을 가장 강력한 힘인 이성으로 경이로운 존재로 만들자고 한다. 그리고 이성을 사랑하라!(Arma rationem)고 외친다. 이성을 사랑한다는 것은 고난을 막아주는 무기가 될 것이다. 이성에 따라 감성도 강해지고 견고하여 어떤 폭력에도 헤쳐나갈 것이다.[124] 세네카는 신들이 인간의 삶의 활력이며 많은 은총을 베푸는 존재인 동시에 사실상 인간의 양심 안에 내재하는 활동이라고 보았다.

이러한 사실에서, 세네카 작품에서의 인격신과 비인격신의 차이나 구별은 발견될 수 없다. 단 한 가지 경우를 제외하고는 (세네카의 『도덕의 편지』 6.4~6) 인격신과 비인격신을 구분하지 않는다. 세네카는 신(deus), 법(lex), 운명(fatum) 그리고 행운(fortuna) 사이에 확실한 반대 개념을 찾지 못했다. 바울과 세네카의 신의 개념을 주의 깊이 고려해 볼 때, 세네카에 있어 신은 대체로 비인격적이라고 단정 지을 수 있다. 그런 점에서 세네카의 신의 개념은 바울과 기본적으로 다르다 하겠다. 신은 사도 자신에 의해 설명되는 것이 아니라고 말하면서 바울은 서신에서 하느님이시며 주 예수 그리스도의 아버지이신 성부는 인격이며 전지전능하신 신이심을 분명히 밝힌다. 운명이나 자연의 법칙으로부터 구속받지 않는 인격적이며 전지전능하신 신은 세계창조로부터 세상종말까지 그의 구원의 역사를 수행한다.

신의 개념에 관한 세네카와 바울의 반립현상은 다양한 영역에서 충돌한다. 예를 들면 기도의 문제에서 분명하게 나타난다. 세네카는 신의 개념에서 밝혔던 바와 같이 기도에 대해 반대 입장을 보이고 있다. 그는 운명과 자연을 신과 동일시하고 기도를 무의미한 것으로 일축한다. 그는 기도를 피할 수 없는 운명을 묵묵히 따르라는 교훈적인 표현에 불과한 것으로 간주한다. 그래서 세네카는 기도를 인격신의 의지에 순종함을 암시하는 것으로 기술한다. 세네카는 『도덕의 편지』 107의 말미에서 클레안테스의 기도문을 인용하면서 인격신의 의지에 따를 것을 암시한다.

"저 높은 천공(天空)의 지배자이시여, 저를 인도하소서. 나의 아버지시여, 당신께서 원하시는 것이면 그것이 무엇이든 저는 주저하지 않으리다. 명령만 하시면 따르겠나이다. 설사 제 마음에 들지 않아도 가서 행할 것이며 참고 이겨내겠습니다. 제가 저질렀을지도 모르는 일로 죄와 슬픔에 차있습니다. 높으신 자비로 용서하소서. 영원히 기쁜 마음으로 따르겠습니다. 운명의 신이시여, 이끄소서. 마음에 드시

지 않는 자도 인도하소서.”[125]

이 찬가의 첫 행은 주권자이신 신의 의지에 순종할 것을 간청하는 표현인 듯하다. 그러나 신의(神意)는 필연적으로 묵종해야 한다는 것을 명시해 주고 있다. 인간이 신의를 순종해야 하는 것은 운명이 인간을 지배하기 때문이다. 아우구스티누스는 이 기도문을 세네카가 작성한 것으로 생각하고 인용한다. 학자 간에 이견이 있지만 이 기도의 내용으로 보아 세네카의 사상과 일치하는 것으로 그의 도덕의 편지의 종결문에서도 보인다. “자, 우리는 기도하는 마음으로 살자. 또 그렇게 말하자. 운명의 신에게 즉시 간구하자. 운명의 신에게 자신을 맡긴 자는 위대한 영혼을 가진 자이다. 하지만 자신을 새롭게 하기보다 신들을 개선하려는 자는 세계질서를 파괴하는 타락한 자이다.”[126]

그러므로 주권자이신 신에 대한 기도문은 장소가 어느 곳이든 따라야 할 필연적인 운명의 법령이다. 세계의 법칙이 우리에게 강요하는 것을 이겨나가야 하는 데 있어 우리는 무엇보다 강한 용기로 무장해야 한다. 이것이 우리의 신성한 의무이지만 우리가 힘이 미치지 못한다 해서 불안하여 평정심을 잃어서는 안 된다고 세네카는 충고한다.[127]

여기에서 신과 운명은 동의어로 사용되고 있다. 세네카에게는 신에 묵종하는 개인의 기도가 이러한 바탕에서는 상상할 수 없으며, 신에게 무엇인가 청하는 기도 또한 불가능하다. 왜냐하면 앞으로 도래할 사건들이 모두 예정된 것으로 우리의 기도는 무가치하기 때문이다. 세네카는 이 사실을 다음과 같이 밝힌다. “……운명의 신들은 상상할 수 없는 방법으로 그들의 기능을 수행한다. 이 운명의 신들은 기도나 동정 그리고 청원에도 동요하지 않는다. 운명의 신들의 진로와 방향은 변경될 수도 취소할 수도 없다.[128] 그래서 세네카는 세자누스를 잃고 앞으로 긴 세월을 살아갈 마키아에게 다음과 같이 말한다. 죽은 아들을 생각하며 눈물을 흘리며 슬픔에 잠기는 것은 어리석은 일이다. 마키아여, 그대의 아들의 생명은 단축된 것도 아니고 운명의 신이 생명의 연한을 억지로 제한시킨 것도 아니다. 각자에게 약속한 것은 다 변제되었다. 운명의 신들은 주어진 것을 완수한다. 언젠가 약속했던 것에 대해 더하지도 빼지도 않는다. 그래서 기도와 투쟁은 모두 헛되고 헛된 것이다. 이 세상 모든 사람은 태어날 때 얼마나 생명을 유지할 것인가에 대한 신용장을 받게 될 것이다. 마키아여, 그대는 시간의 어느 시점에 던져진 존재일 뿐이다. 시간을 더 연장하려고 한다면 얼마나 더 연장할 수 있겠는가 왜 슬퍼하며 눈물을 흘리는가. 왜 신에게 기도하는가? 그대는 쓸모없는 일에 애쓰고 있다.[129] 무슨 필요가 있겠는가 루킬리우스여, 그대의 열정과 노력으로 행복을 찾아보게. 언젠가 그대가 미덕과 조화하면 무엇이든 선하고, 악덕과 한패가 되면 사악하다는 것을 알게 되면 행복을 이룰 수 있네.[130] 우리의 노력으로 이룰 수 있는 것을 신에게 간청하는 것은 어리석은 일이네. 루킬리우스여, 우리는 하늘을 향해 양손을 높이 들어 올려 기도하는 일을 삼가야 하네. 그뿐인가. 신전 지킴이에게 간절히 기도하는 것도 멈추어야 하네. …… 신은 그대 가까이에, 그대와 함께, 그대 안에 있다는 것을 잊지 말게."[131]

세네카는 지금까지 해왔던 기도를 이제 끝내자고 촉구한다. 우리가 해왔던 기도는 어린 시절 우리의 유모들, 가정교사, 그리고 어머니로부터 배워온 것이 아닌가. 그러면서 세네카는 "마치 우리들이 아직도 자신을 지킬 수 없는 존재인 것처럼 얼마나 더 신들에게 기도와 청원으로 살아가야만 하겠는가"[132] 하고 묻는다. 이것은 스스로 노력하지 않으면 항상 물질적 욕구를 채우려고 너무 성급히 청원하는[133] 당시의 시대상을 전하는 대목이다. 세상만사는 운명에 의해 이미 예정되었다고 한다면 기도로 청해보아야 헛된 일이다. 그러므로 기도로 이룰 수 있는 것은 아무것도 없다.

세네카가 이와 같이 기도로 이룰 수 있는 것은 없다고 생각하고 사람들에게 기도에 의지하지 말 것을 조언했을 것으로 예상되지만 그런데 정작 세네카 자신은 오히려 신들에게 드리는 애원의 기도는 수치스러운 일이 아니라고 했다.[134] 세네카는 번개에 관한 기록에서 번개가 우리에게 호의적이고 유익을 준다면 우리는 신들에게 그들의 약속을 지켜줄 것을 간청해야 하고 만일 번개가 우리에게 유익하지 않다면 신들의 위협을 피할 수 있도록 간청해야 한다고 했다.[135] 세네카는 루킬리우스에게 지난날 그대의 기도를 들어주고 기도 중에 계속해서 불렀던 신들에게 감사하는 마음을 가질 것을 촉구한다. "건전한 정신과 튼튼한 몸을 위해 기도하고 무엇보다 영혼을 첫째로 하고 육체를 다음으로 하여야 하네. 물론 그대는 기도를 멈추어서는 안 되네. 자주 기도하고 대담한 마음으로 신들을 소리쳐 부르게. 그대는 다른 사람의 것을 신에게 간구해서는 안 된다는 것을 기억하게"[136]라고 충고한다. 이와 같이 범신론주의자로서 세네카의 기도에 대한 태도는 일관된 모습이 아니었다.

제6장 세네카의 작품『행복한 삶』과
『도덕의 편지』에서의
노예관과 재산과 부

• 세네카의 노예관과 자유의 문제
• 가난은 위대한 스승, 재부(財富)는 무거운 짐

세네카의 노예관과 자유의 문제

　노예의 법적·정치적 자유와 해방은 기원전 5세기 이후의 소피스트들 이외에 그리스·로마 세계에서 거의 제기되지 않았다고 말해도 지나친 표현은 아닐 것이다. 소피스트 철학자들은 노예제를 반자연적인 것으로 비판하고 인간 존엄성을 강조해왔지만 그리스·로마의 사회적·정치적 현실에서는 전통적으로 노예를 재산의 가치로 취급하여 왔기 때문에 반노예제 운동은 기대할 수 없었다. 당시의 소피스트들은 노예제가 자연법이 아닌 실정법(nomos)에 기초했다는 사실에 대해 비판했다. 그들은 인간에 대한 인간의 지배와 예속을 정당화한 플라톤과 아리스토텔레스의 선천적 노예제 이론이 강제와 폭력을 수단으로 한 강자의 법에 기초했다는 이유에서 그 정당성을 인정하려 하지 않았다.

　서양 고대사회에서 노예제 문제는 정치적·경제적인 문제일 뿐만 아니라 철학적·종교적인 문제이기도 하다. 삐가니올(Ai Piganiol)은 로마제국의 해방노예와 노예에 대해 분석하는 첫 단락에서 '로마제국은 노예제 국가였다'라고 말한 바 있다. 로마에서 노예는 법적으로 재산(res)이었다. 말하자면 노예제는 로마제국의 경제질서였다. 노예제의 폐지는 곧 동시대의 문명의 종언으로 노예제 없는 고대문명은 생각할 수 없다. 이와 같이 로마제국의 지배계층에게는 그들의 일상생활의 교양과 편리를 위해 노예제가 필수적인 것이었다.

세네카를 비롯한 스토아 철학자들은 자유·평등·박애를 역설하면서도 더 많은 노예를 소유하고 노예의 인간화를 강조했지만 그것은 제도에 대한 인간화일 뿐 노예제 폐지는 아니었다. 세네카와 동시대의 그리스도교의 사도 및 교부들도 노예제에 대해 계몽화된 견해는 가지고 있었지만 노예제 폐지와 같은 사회개혁론자들은 아니었다. 그들은 단지 노예에 대해 잔학했던 로마법을 완화시키는 데 관심을 가졌을 뿐 노예제를 현실 제도로 받아들였던 것이다. 중기 스토아의 키케로와 후기 스토아의 세네카가 언급한 인간애와 인간존엄의 표준이 되는 대상은 로마의 귀족이다. 이와 같이 로마의 후마티나스는 로마 귀족정치의 전통과 편견에 의해 형성된 것으로 고대사회에서 귀족을 제외한 인간 부류는 후마니타스의 범주에서 제외된 존재였다. 당시 로마사회가 가졌던 노예에 대한 표준은 오늘날 민주주의 사회에서의 우리들의 표준과는 다르다.

다른 스토아 철학자들은 차치하더라도 동시대에 인간애를 그 누구보다 강조했던 키케로와 세네카는 많은 노예를 소유하고 있으면서도 항상 자유와 박애를 외친 자들이었다. 노예의 육체는 주인의 예속물이며 정신은 그 누구에게도 예속될 수 없는 자유라고 규정했다. 그들에게 있어 인간의 사회적 지위는 의상과도 같이 우리의 외피(外皮)를 감싸주는 것으로 인간을 평가하는 가치의 기준이 될 수 없다고 생각했다. 그들은 일찍이 노예를 생활 도구로 규정한 아리스토텔레스의 노예 사상을 옹호한 자들로 노예제를 동시대의 세계질서로 규정했던 것이다. 특히 지난날 노예였던 에픽테투스는 주인과 영혼은 부패시키지 않는 한 육신의 노예를 가치 있는 직분으로 생각했다. 그는 노예 신분은 신이 인간에게 명령하고 배분한 것으로 다음과 같은 두 가지 의미로 비유한다.

에픽테투스는 인간만사를 전쟁터에 진행되고 있는 격렬한 투쟁에 비유하면서 생사를 결단하려는 의지로 전투에 임해야 하는 전사로, 다른 하나는 거대한 극장으로 보았다. 그는 인간을 이 거대한 세계극장에서 각자의 연기를 발휘하는 연기자로 보았다. 특히 그는 "우리들 모두는 감독이 배정한 배역을 연기하는 배우라는 사실을 잊지 말아야 하며, 감독이 명하는 배역의 성격에 맞게 충직한 연기를 해야 한다"고 강조한다. 그는 훌륭한 연기자의 자격을 규정함에 있어 자신에게 부여된 배역을 충실히 수행하는 자를 표준으로 삼았다. 이와 같이 "각자의 배역을 충직히 이행할 때 조화로운 사회질서가 유지된다"고 했다. 아마도 당시 로마를 비롯한 고대사회에서 노예는 생명을 가진 도구요 생활필수품이며 지배계층의 부의 상징이었던 것이다.

세네카가 노예문제에 관심을 보였던 그의 친구 루킬리우스에게 보낸 『도덕의 편지』 47과 『자선론』 Ⅲ. 3.17~18의 노예취급에 관한 내용에 잘 나타나 있다. 바우어(Bauer)는 세네카의 서신 내용을 진실하고 이해 적절하여 고전고대의 여러 작품 가운데 노예제 이해에 크게 기여하는 아주 희귀한 자료로 평가한다. 세네카는 당시의 노예제를 사회적 현상으로써 비판하거나 거기에 따른 문제해결 방안을 제시하지도 않았다.

세네카의 자유의 문제는 법적·정치적 범주에서 보다는 순수철학의 정신성(Geistigkeit)에 기초했다. 그는 스토아 철학이 지향한 인간내면의 귀족화와 같은 정신의 자유를 가치의 표준으로 삼았다. 세네카의 자유는 동시대의 노예제에 대한 그의 견해에서 이해될 수 있다. 일찍이 아리스토텔레스는 노예제를 하나의 사회현상으로써 주인이 노예를 소유하고 사용하는 것을 현세의 부와 재산으로 그 이상은 고려의 대상이 아니었다. 그는 『정치학』에서 노예는 두 다리를 가진 동물에 지나지 않으므로 그들과의 우정은 말이나 소에서처럼 불가능한 것으로 생각했다. 그리고 노예를 생명을 가진 재산이며, 육체적인 것(soma)으로 로고스가 결여된 정신의 부분품이라 규정했다.[1] 중기 스토아와 후기 스토아 철학 역시 예외는 아니었다. 중기 스토아 철학자이자 후마니타스의 이념적 기초를 제시한 파나이티오스와 키케로의 『의무론』에서 '노예를 상품과 같이 취급하라'는 언설에서 볼 수 있듯이 오히려 노예제를 강화하는 입장이었다. 세네카는 『자선론』에서 노예제 문제를 비교적 상세하게 다루고 있지만 거기에 나타난 노예의 해방과 같은 자유의 문제는 현실과 거리가 먼 관념적 이상론에 불과하다.

세네카는 "노예와 자유민은 같은 이성을 가진 자들이지만 노예의 몸은 주인 마음대로 사고 팔 수 있다"[2] 하였다. 그러면서도 세네카는 노예에게 자유를 선사하고 주인을 자유로부터 도태시키지 않는 우호적인 태도의 말을 해왔지만 그것은 해방의 가능성을 말한 것은 아니었다.[3] 당시 세네카와 후기 스토아 사상가들이 노예의 인간화를 자주 강조했던 것은 주인과 노예의 우의적 관계를 유지하려는 것이었지 노예의 법적 신분을 개선하려는 노예제 폐지는 아니었다.

세네카는 당대 로마 지배계층의 이상적인 지도자였다. 그는 로마 제국의 세계지배의 이상실현을 위해 군주정에서 최고직에 올라 정객들의 음모, 권력투쟁, 지배계층의 주색, 배반과 변절과 같은 병폐들을 보아왔다. 더욱이 제국의 정치지도자들의 사치와 방종, 관능주의의 병든 무기력한 생활상을 보고 허탈감에 빠진[4] 세네카는 그의 『도덕의 편지』에서 "나는 수도승보다 더한 금욕생활을 하면서 젊은 날의 정욕을 억제했다"고 술회하면서 물질주의와 이기심을 극복한 승리감에 충만하여 인간본성의 혁신을 위해 윤리적 신조를 강조하기에 이르렀다. 하지만 세네카 역시 당시의 사회적 현실에서 물질주의와 이기심을 완전히 극복할 수 없었다. 인간애 사상을 누구보다 깊이 인식하고 실천하고자 노력했던 그 자신도 32명이나 되는 노예를 소유하고 많은 재산을 축적하여 네로 황제마저 부러워할 정도의 호화로운 저택에서 살았다. 이러한 사실은 그가 주장한 인간애의 대상과 표준이 키케로에서처럼 로마 귀족의 범주를 벗어나지 못했음을 보여준다.

세네카의 인간애 사상은 당시 스토아 철학자들이 일관되게 말했던 철학적 미덕이며, 고상한 현자들의 이상이고, 인간을 교육하는 교육자들의 가르침으로써 노예에게 위안은 될 수 있으나 노예제를 해체할 수 있는 힘은 아니었다.[5] 당시에 거리를 거닐 때 자신이 소유하고 있는 상당수의 노예를 따르게 한 것은 귀족들의 품위와 권위를 상징하는 그 시대의 일반적인 정경이었다. 이와 같은 모습은 세네카를 비롯한 로마 지배계층의 외식적(外飾的)인 허세인 동시에 재산의 가치로써 노예를 소유한 로마사회의 일반화된 경향이었다.

초기 스토아 철학자들이 인간 영혼의 신적 본성을 인정했듯이 세네카도 인간 영혼의 신적 동질성을 강조했다. 그는 자연이 모든 지체를 동일하게 창조하였기 때문에 인간은 영적으로 동질이며, 한 몸의 지체로서 선천적 동등자임을 강조한다.[6] 이와 같이 지체적 동질성을 강조한 세네카는 그의 친구 루킬리우스에게 보낸 『도덕의 편지』 47에서 우리 모두는 노예와 동등한 존재임을 강조하면서 노예의 취급 방법에 대해 친구 루킬리우스에게 상세하게 설명한다. "노예도 우리와 다르지 않은 인간이나, 인간이라는 말 이외에 더 이상 요구되는 표현은 없네. 그대가 노예들과 친근한 관계를 유지하며 살고 있다는 소식을 방문객들로부터 들어 기쁜 마음일세. 그들을 노예라고 사람들은 말하지만 그들은 우리와 똑같은 사람들이오. 노예들이라니! 아니야. 친구들일세.[7] 루킬리우스여, 그들은 우리와 같은 운명을 가진 친구요 우리의 동료일세. 그대는 노예를 소유하고 있는 만큼 많은 적을 가지게 된다는 말을 이유 없이 받아들이게 된 것은 우리의 잘못이네. 우리가 노예를 얻게 될 때에는 그들은 적이 아니며, 우리가 그들을 적으로 만든 것이지. 우리는 노예를 인간이 아닌 마치 짐을 운반하는 사역용 가축처럼 학대했을 뿐이지."[8]

세네카는 당시의 주인이 노예와 식사하는 것을 불명예로 생각한 사실에 대해 비난하면서 언젠가 주인도 고고한 품위를 추락시킬 수 있는 노예의 가련한 본질을 지니고 있다는 것을 다음과 같이 말한다.

"노예도 우리와 똑같은 인간이다. 그대가 노예라고 부르는 자도 그대와 같은 종(種)의 출신으로 같은 하늘 아래에서 살고, 호흡하며, 같은 운명적 존재로 살고 죽는다.[9] 어떤 사람이 행위에 있어 더 바르고 더 선할 수 있는 한에서는 몰라도 다른 사람보다 더 귀한 태생일 수는 없다. 인간의 근원적인 출처는 신들로부터이다. 그래서 모든 사람은 바르고, 선하고, 위대한 영혼을 가진다."[10] 세네카는 다시 루킬리우스에게 묻는다. "그대는 우리의 육체 안에 손님으로 있는 신 이외의 영혼을 무엇이라 부를 수 있는가? 그 영혼은 해방 노예의 아들이나, 노예, 로마의 기사에게도 전해오고 있다. 그렇다면 로마의 기사나 노예나 해방노예의 아들은 도대체 무엇인가? 그것들은 단순한 칭호일 뿐이야"[11]라고 했다.

세네카는 인간의 운명과 신분은 영원할 수 없는 것으로, 마리우스(Marius) 폭동이 지난 다음 군복무를 통해 원로원의 자리를 획득하려고 한 귀족 가문의 출신자들 가운데 어떤 사람은 가축을 모는 몰이꾼으로 어떤 사람은 문지기로 전락하고 말았다는 것을 상기시키고 있다. 그러면서 세네카는 다음과 같이 충고한다.

"신분이 높은 사람이 그대에게 교분을 청해오기를 기대하듯 그대도 비천한 사람과 친교해야 한다. …… 주인도 언젠가는 노예로 전락할 수 있다는 것을 기억해야 한다. 그러므로 주인은 항상 노예를 호의와 친절로 대해야 한다."[12]

세네카는 인간의 사회적 가치 기준을 무엇을 하느냐보다는 어떠한 인간이냐에 비중을 두었다. 그리고 그는 인간의 가치는 사회적 활동에 있는 것이 아니라 인격과 도덕성에 의해 결정된다고 생각했다. 그러므로 그는 동시대의 사람들에게 신분과 혈통보다 그것으로부터 초연할 수 있는 철학의 가치를 인식시키는 일에 최선을 다하면서 철학만이 인간을 고결하고 선하며 위대한 신성과 같은 영혼으로 이끈다고 말했다.[13]

세네카는 자선을 행하는 데 있어 한 인간이 갖는 신분과 지위를 중요하게 생각하지 않는다. "자연은 우리들에게 인류를 위해 선을 행할 것을 명령한다. …… 노예이든, 자유민이든, 해방노예이든 …… 법이 그들에게 자유와 보조금을 주든지 …… 자연이 어떻게 인간을 차별할 수 있는가? 인간이 있는 곳에 우의와 선을 행할 수 있는 기회가 있다."[14] 세네카는 노예는 주인에게 이익을 주는 자이며, 이러한 사실을 부인하는 사람은 인간의 권리와 법에 무지한 사람이라 말한다. 왜냐하면 그것은 호의를 베푸는 자의 신분보다 그 목적에 가치를 두었기 때문이라고 지적한다. 이와 같이 세네카에게 있어 미덕은 "모든 사람에게 열려 있으며, 모든 사람을 수용하며, 모든 자유민, 해방노예, 노예, 왕 그리고 추방된 자들까지도 환영한다고 했다. …… 미덕은 현존하는 인간 자체에 만족한다"[15]고 덧붙인다. "주인은 노예로부터 이익과 도움을 받는다고 생각하는가? 아니다. 노예로서보다 그저 인간에 대한 인간(homo ab homine)의 관계에서 이루어지는 도움이며 이익이다."[16]

세네카는 법이 노예와의 교분을 허용하지만 생명을 가진 일체의 피조물에 대한 공평한 법적용을 거부한 극단적인 조처들이 있다고 지적하면서 그는 노예를 신분과 직무에 의해서가 아니라 인격으로 평가해야 한다는 지극히 관념적인 이상론을 밝힌 바 있다. 세네카는 노예상태가 인간에게 그 어떤 영향을 주는 요소라고 생각하지 않는다. 그러면서 그는 "도대체 이 세상에 노예 아닌 자가 있단 말인가. 사람은 정욕의 노예, 탐욕의 노예, 명예욕의 노예 그리고 공포의 노예이지 않은가." 그러나 세네카는 노예의 상태가 모든 사람에게 침투하고, 침투될 수 있는 것은 아니라고 보았다. 세네카는 인간의 선한 부분은 노예의 속성과 무관하며 오직 육체만이 주인 마음대로 할 수 있는 주인의 종속물인 데 반해 정신은 그 자체가 주인이라 정의한다.

이와 같이 세네카는 정신과 육체의 이중구조에서 정신은 자유의 속성이며, 육체는 노예의 속성으로 운명의 여신에 의해 주인에게 양도된 것이라 했다. 반면에 인간의 내면적인 것, 즉 정신은 자유이며 노예상태로 양도될 수 없는 고결한 존재임을 강조한다. 세네카의 이러한 정신과 육체의 이원론은 플라톤 철학에 기초한 것으로 육체를 노예의 필연적 속성인데 반해 영혼을 최고선의 일부분인 자유의 속성으로 규정했다. 인간이 육체를 가지는 한 영혼을 악에 물들게 하는 것은 육체이며 육체는 항상 물질을 탐하게 한다. 육체는 우리 인간을 정욕, 공포, 시기 그리고 온갖 어리석음으로 채운다. 그러므로 그것은 우리의 사색을 불가능하게 한다. 인간은 육체의 안락을 시중드는 노예다.

세네카는 각자에게 법적·정치적 자유가 부여되었다고 해서 내면적인 자유가 확보되었다든가, 또는 법적으로 부자유한 노예 신분이라고 해서 내면의 자유로부터 제외되었다고 말하지 않는다. 그에게 있어서, 영혼은 영원히 독립된 자유의 실체이며 주인이다. 세네카는 실정법적 자유와 예속을 외면적인 것으로 미덕에 하등의 기여를 하지 못하는 것으로 인식했다. 그래서 세네카를 비롯한 스토아 철학자들에게는 모든 사람에게 존중되는 생명, 건강, 재산, 명예와 흔히 혐오의 대상인 노령, 질병, 죽음, 빈곤, 예속, 불명예가 좋은 것도, 나쁜 것도 아닌 단지 무관심의 대상일 뿐이었다. 결국 세네카가 말하는 자유는 스토아 철학의 정욕으로부터의 해탈 이른바 무감동의 경지, 즉 이파테이아의 상태에 도달한 현자들만이 성취할 수 있는 것으로 인식된다.

중기·후기 스토아 철학과 그 사상가들의 영향을 받은 세네카에게 있어, 자유의 가치 기준은 법적·정치적 자유에서 윤리적·도덕적인 자유로, 인간의 외면적인 세계에서 내면적인 세계로 전환되었다. 이와 같이 세네카는 내면적·윤리적인 것을 자유와 예속의 표준으로 삼았다.

세네카의 노예관은 플라톤, 포세이도니우스, 키케로와 맥을 같이한다. 세네카는 인간을 구속하는 육체의 감옥을 파괴하는 길은 신의 부르심과 구원으로 가능할 뿐이며, 철학자의 삶 자체가 곧 육체로부터의 구원이며 해방이라고 확신한다.[17] 그러므로 그는 내면적인 것에서 유래하는 모든 것은 자유이며, 인간의 예속 가운데 자유의지의 예속보다 더 불명예스러운 것은 없다고 말한다.

세네카는 다시 『도덕의 편지』 47.18에서 노예에게 자유를 부여하는 것은 주인의 본분을 파괴하는 것이므로 "결국 노예가 굴종 잘하고 주인에 대해 두려워하는 것보다 주인을 항상 존경하도록 만들어야 한다"고 말한다. 이와 같이 세네카가 강조하는 자유와 해방은 사회현실과 유리된, 근대시민사회의 법적·정치적 자유와는 너무 거리가 먼 오히려 초기 그리스도교의 바울의 사상에서 강조된 자유와 유사하다. 세네카는 주인에 대한 노예의 복종은 곧 신들에 대한 복종이며 그것은 곧 영원한 자유의 획득이라고 설명한다. 다시 말하거니와 세네카에 있어 자유는 저 높은 정신의 나라(in jenem hoeheren Staat)로 가는 지고선(至高善)에 도달하는 아파테이아의 극치인 내면의 자유이다. 이와 같은 자유는 현자만이 도달할 수 있는 자족의 경지이다.

자족은 그리스어로 아오타르케스이다. 아르케오에서 유래된 말이다. 아르케오는 '피한다', '쫓아낸다'는 뜻으로 즉 물질적인 것을 배제한다는 의미다. 세네카가 이상으로 한 스토아현자의 자족은 자유와 해방의 상태에 도달하기 위해 '외적인 것'으로부터 벗어나는 내면의 자유다.[18] 그러나 그가 말하는 내면의 자유는 현실 도피적이며 노예의 굴종과 예속을 미화시키거나 무관심한 것으로 간주한 스토아현자의 고고한 이상에 불과한 것이다.

세네카는 인간의 자유와 평등을 강조하면서도 많은 노예를 소유하고 사치를 부린 장본인이었다. 독일의 역사학자 니부르(B. G. Niebuhr)는 스토아 철학자들을 비판하는 글에서 특히 세네카는 거리를 활보할 때 33명이나 되는 노예의 호위를 받으면서 자신의 위상을 뽐내며, 다른 사람을 위해 만든 도덕률을 무용지물로 만든 인물이라고 혹평했다. 영국의 역사학자 매코올리(T. B. Macauly)는 "스토아 철학자들이 행한 일이란 고리대금으로 얻은 많은 돈을 가지고 있으면서도 가난을 찬양하고, 가난하게 살 것을 소리쳐 열변을 토하는 일이며, 폭군이 부린 오만하고 방자한 해방노예에게 아첨하면서, 자유를 외치고 호언장담하는 것이며, 심지어 어머니가 아들에게 살해당한 행위마저 옹호하는 글을 쓴, 그리고 그러한 펜으로 미덕과 자유의 신성함을 찬양하는 일이었다"고 비난했다.[19]

세네카와 같이 인도주의와 만민평등을 강조한 키케로에게도 그가 비천한 노예에 대한 인도적인 취급을 강조하였음에도 지극히 현실적이었던 로마인의 의식이 짙게 깔려 있었다. 인도주의를 찬양하였지만 귀족적이고 현실주의자였던 키케로는 노예를 상품으로 취급하는 등, 실리와 사리의 표준에 비중을 두었던 것이다. 심지어 그는 어떤 사람이 폭풍우가 몰아치는 바다 위에서 선적한 화물의 일부를 바다 속으로 버려야만 했을 때에 값비싼 말과 헐값인 노예 중에 어느 것을 희생시켜야만 할까 하는 질문을 받았을 때에 얼른 판단이 서지 않을 것이라고 말하면서 이 경우에 재산의 가치를 우선 고려하여 후자인 노예를 바다에 버릴 것을 권고한 바 있다.[20]

세네카 역시 예외는 아니었다. 그도 노예를 고문하고 구타하여 불구자로 만들고 심지어 십자가형에 처하는 주인의 권리를 인정하였다.

그러므로 세네카는 자신을 회고하는 글에서 "나는 인간애를 몸소 실천한 실천적인 사람이기보다 위선적인 사람이다. 나는 선한 자도 아니며 …… 그저 사악한 자보다 약간 나은 자에 불과하다. 나는 완전한 자에 이르지 못했다"[21]고 술회한 바 있다. 이와 같이 세네카와 스토아 사상가들은 노예의 주인에 대한 복종을 신에 대한 복종으로 해석함으로써 주인에 대한 노예의 복종을 강화하는 기능적인 작용을 하는 데 기여했다고 말할 수 있을 것이다. 이런 점에서 그들이 강조해온 자유와 박애는 교양 있는 지배계층의 관념적인 도덕률이며 그들이 표방한 인간우의론은 결국 다수의 비판적인 현대학자들에 의해 인간을 현혹시키는 공리공담이었을 뿐이라는 비난을 받아왔다. 이처럼 세네카를 비롯한 스토아 사상가들의 노예에 대한 우의와 인도주의적 교훈은 설사 노예에게 위안은 될 수 있을지 몰라도 실질선이나 법적자유를 위한 정론은 될 수 없었다고 생각한다.

리히터(Willi RIchter)는 세네카가 말하는 자유와 해방은 법적·정치적 자유와 해방이라기보다 한 철학자의 이상에 찬 허울 좋은 예술적 표현이라고 평가했다. 그리고 다시 몸젠(Theodor Mommsen)은 세네카를 가리켜 아직 세련되지 않은 미숙한 건축가처럼 외적상황조차 정확하게 파악하지 못하는 호언장담으로, 또한 그의 인도주의 찬양을 비난하는 글에서 "그를 정신의 타락자인 동시에 바리세파 권속에 비유되는 인물에 지나지 않는다"[22]고 비판했다.

가난은 위대한 스승, 재부(財富)는 무거운 짐

세네카는 『마음의 평온에 관하여』(*De Tranquillitate Animi*) 9장에서 "만일 우리의 마음이 자연에 따라 소박한 요구와 희망을 가지고 일체의 허세와 향락을 억제하며 살아간다면 아무리 보잘 것 없는 재산을 가졌다하더라도 행복할 수 있다"고 말한다. 이와 같은 세네카의 부에 대한 태도는 사실 부 자체에 대한 경시라 하겠다. 세네카는 루킬리우스에게 보내는 편지에서 "부를 경시하는 자만이 신의 세계에 도달할 수 있으며 찬양받을 수 있다"[23]고 전하고 있다.

세네카는 부와 가난의 상관적 개념을 언급하면서 우리에게 아주 인상적인 표현을 던진다. 그대는 더 많이 가지고 더 만족하려 하는가? 많이 가진 자는 더 많은 것을 가지려 한다. 그렇기 때문에 많이 가진 자라도 만족해하지 않는다.[24] 따라서 세네카의 삶은 에픽테투스를 귀감으로 삼고 자연에 따라 사는, 그래서 재산이나 명예의 구속으로부터 벗어나는 삶이다. 세네카는 세속재산의 소유에 관한 문제를 자주 언급한다. 그는 재산에 대한 현자의 태도를 설명하는 가운데 재산이나 부 없이도 검소하고 절약하는 생활에서 행복을 찾을 수 있음을 강조한다. 지극히 가난했음에도 피루스(Pyrrhus)와 삼니움 사람의 사절에게서 뇌물을 받지 않은 청렴한 인물로 잘 알려진 파부리키우스(Fabricius)는 세네카로부터 많은 칭송을 받았다. 파부리키우스가 국사를 뒤로 하고 잠시나마 여가를 보낼 기회가 있을 때마다 밭을 경작하고 있다 하여 그를 불행한 사람이라고 할 수 있겠는가? 또한 피루스 못지않게 부자였던 그가 전쟁을 수행한다고 해서 불운한 자라 할 수 있겠는가? 또한 전쟁에서 승리한 명예로운 노병인 그가 먹고 살기 위해 집 옆의 밭에서 나무뿌리와 잡초를 뽑는다 하여 불행하다 하겠는가?[25] 거짓을 근절하고 진리에 모순되는 교의를 뿌리 뽑고 건전한 정신을 가진 자를 회복시키는 것이 아름다운 덕성이다. 그러한 덕성이 확대되고, 자연으로 돌아가 우리의 과오를 몰아내는 것이 지혜이다.

세네카는 돈을 가지고 있다가 잃어버리는 것보다 가지고 있지 않는 것이 얼마나 평화로운 것인지 기억해야 한다고 권고한다. "잃어야 할 것이 적으면 적을수록 가난으로 고통받을 수 있는 기회가 점점 더 적어지게 된다.[26] 만일 어떤 사람이 디오게네스의 행복을 의심한다면 영원히 불멸하는 신들마저도 의심할 것이다. 그 이유는 신들은 부자가 누리는 이 세상의 장려함이나 화려함을 가지고 있지 않기 때문이다. 신들은 장원도 정원도 소유하지 못하고 외국인의 소작인에 의해 경작되는 값비싼 토지도 없으며, 광장에서 이익을 취하지도 못하는 존재이다. 부에 무릎을 꿇은 그대들, 그대들의 수치심은 다 어디에 있느냐? 오라, 그대의 눈으로 저 하늘을 보라. 그대는 아무것도 취하지 않는 아주 가난한 신들을 보게 될 것이다. 신들은 모든 것을 주고 가지고 있는 것은 없다. 그대는 운명의 여신이 준 모든 선물을 다 떨쳐

버린 디오게네스가 영원히 불멸하는 신들처럼 가난하고 순진한 사람이라고 생각하는가? 부는 인간에게 헤아릴 수 없는 괴로움과 무거운 짐을 지운다."[27]

세네카는 다시 말한다. "노예의 가족은 옷과 음식을 필요로 한다. 늘 굶주리고 있는 노예의 배를 채워줘야 한다. 우리는 노예들을 위해 옷도 사야 하고, 그들의 훔치는 버릇도 지켜보아야 한다. 그들이 눈물을 흘리며 사람들을 저주하며 노역하는 것과 봉사하는 것도 잘 살펴보아야 한다. 노예에게 주어진 일을 편한 마음으로 거절할 수 있는 노예는 얼마나 행복하겠는가!"[28]

대다수의 사람들은 가난하지만 부자보다 더 슬프고 더 괴로운 고통의 짐을 지는 걱정거리는 없다. 이와 같이 가난한 사람은 마음의 짐이 되는 재산을 가지고 있지 않기 때문에 행복하다.[29]

세네카는 에픽테투스가 강조한 "만일 우리가 자연에 일치하는 삶을 산다면 부자가 될 것이다. 그러나 자기의지와 생각대로 산다면 가난해질 것이다"라는 말을 인용하면서 자연의 요구는 적지만 인간의 요구는 무한하다고 했다. 자연은 우리에게 적은 것을 요구할 것을 명령한다. 세네카는 사치와 쾌락이 넘쳐흐를 때 인간은 부의 풍요에서 더 큰 부를 쌓으려고 부자들로부터 부의 축적을 배우게 되지만 자연의 요구는 아주 제한적이다.[30] 가난의 영광은 부의 근심으로부터 짐을 벗어버린 자유로운 몸이 되는 것이다. 이 영광은 가난한 사람들의 얼굴에 투영되어 환희의 미소를 짓게 된다. 이제 가난한 사람의 아픔은 사라져 버린다. 설사 가난한 사람에게 걱정거리가 따라다닌다고 해도 그것은 구름처럼 흘러가 버린다. 행복한 사람의 즐거움은 인위적인 것이어서 자신들의 슬픔을 숨길 수가 없어 슬픔 속에서도 행복한 것처럼 보여야 할 것이다.[31] 부는 철학과 지혜의 도달을 차단하지만 가난은 근심의 짐을 풀어주고 벗어나게 한다.[32]

세네카의 비극 작품에서 부자는 근심 때문에 평화로운 삶이 막히는 데 반해 가난한 사람은 근심스러운 일에 괴로워하지 않고 허식 없는 소박한 생활로 참 평화의 영광을 발견한다. 세네카는 가난을 조금도 두려워할 이유가 없다고 힘주어 말한다. 내면적인 인간에게는 가난 때문에 마음이 동요되는 일은 전혀 없을 것이라고 세네카는 그의 독자들에게 다음과 같이 권고한다.

"가난을 두려워하지 마라. 그 누구도 태어날 때의 처지처럼 아무것도 가진 것이 없이 가난하게 살지 않을 것이다. 고통을 두려워하지 마라. 그것은 해소되든지 그대를 구조할 것이다. 죽음을 두려워하지 마라. 그것은 그대를 이 세상에서 떠나보내든지 다른 데로 옮겨놓을 것이다. 행운의 여신을 두려워하지 마라. 나는 그 여신에게 그대의 영혼을 파괴할 수 있는 무기를 주지 않았다."[33]

설사 우리가 부자라 하더라도 항상 가난을 준비해야 할 것이다. 만일 우리가 가난이 얼마나 무거운 짐이 되는 것인지 알게 되면 우리는 안락을 누릴 수 있는 부자가 되려고 할 것이다. 그러나 자연의 요구에 따라 일을 수행하면 가난은 물론 세상을 놀라게 하는 사건이나 공포로부터 자유로워질 것이다.[34]

로마의 미식가들은 주연(酒宴)을 위해 미식진미(美食眞味)를 세상 땅끝 먼 곳에서 가져왔다. 로마의 미식가들은 먹기 위해서 토하고 토하기 위해서 먹는 자들이다. 이들은 영원히 가난의 공포 속에 빠져들어갈 수밖에 없을 것이다. 하지만 미식가들이 그러한 처지에 빠지는 것을 대수롭게 생각하지 않았다면 그들은 어떠한 상처를 입을까? 세네카는 코르시카에서 8년 동안의 유배생활에서 겪은 가난의 고통은 결코 그에게 고통이 아니라는 것을 외로움에 지친 어머니에게 편지로 위로했다. 탐욕을 채울 수 있는 것은 아무것도 없다. 아무리 보잘것없는 것이라도 자연이 요구하는 가장 기본적인 것을 채울 수 있으면 족하다. 그러므로 국외 추방생활에서 겪는 가난은 고통일 수 없다. 국외 추방과 같은 유배생활은 모든 것이 부족한 불모의 땅으로 충분한 지원은 상상할 수 없다.[35]

세네카는 "가난은 인간의 삶에 숭고한 교훈과 가치를 제공한다. 더욱이 가난은 완전한 인격을 추구하는 사람이 얼마나 많은 의지력과 용기를 가지고 있는지 신의 가장 엄격한 테스트이기도 하다. 그러므로 가난은 인간의 삶에 위대한 스승이다. 지고한 미덕에 도달하려고 하는 사람에게 신은 용기 있는 행위를 할 수 있는 방법의 은총을 보인다. 그대는 폭풍우 속에서도 도선사(導船士)가 해야 할 것이 무엇인지 배워야 하고, 병사는 전선에서 싸울 수 있는 용감한 병사의 전법을 배워야 한다."[36]

"가난은 인간관계를 깨끗하고 확실하게 할 수 있다. 그것은 가난이 한 인간의 참다운 친구가 누구인지 가르쳐 주는 한에서다. 부유하여 많은 재화를 가지고 있는 사람의 부를 탐낸다면 가난을 사랑한다는 사실은 진정성이 없다"[37]고 세네카는 말한다. 세네카는 가난을 그리스인이 생각했던 것처럼 병·고통·유배·죽음·행복·불행과는 직접적인 관계를 가지지 않는, 무관심적인 것(adiapora, indefferentia)으로 생각했다. 부는 도덕적 선은 아니다(Non sunt divitae bonum).[38] 부가 도덕적 선이 아닌 것은 그것이 진정한 자선(bona)과 다른 작용을 하기 때문이다. 그래서 세네카는 "일체의 선이 존중되어야 하는 것은 그것이 순수하고 정신을 부패로부터 막아주고 인간을 유혹에 빠지지 않게 하기 때문이다. 사실 선은 정신을 고양시키고 도량을 넓히며 교만을 멀리한다. 선은 신뢰와 대담성을 낳지만 부는 수치를 모르는 뻔뻔스러움을 낳을 뿐이다. 선은 우리에게 위대한 정신을 주지만 부는 교만을 준다. 교만은 위대함을 가장한 허세와 자기과시일 뿐이다”[39]라고 말한다. 세네카는 부가 선이 아님을 단언한다. 부가 선이라고 한다면 인간을 선하게 만들어야 하지 않겠는가. 이와 같이 사악한 사람의 손 안에 있는 것은 선이라 할 수 없기 때문에 그는 선을 부에 적용시키는 것을 거부한다고[40] 말했다.

이와 같이 세네카는 부를 자선으로 생각하지 않는다. 그는 신전에 헌정한 돈을 창녀의 집에서도 볼 수 있기 때문에 인간에 대한 평가의 참 기준은 부에 대한 태도여하에 있다고 생각한다. 다시 말해 세네카는 부에 냉담했느냐에 따라서 인간의 가치가 평가된다고 말한다. 세네카에 있어 가난은 치욕도 불행도 아니다.[41] 가난에 만족하는 것은 영예로운 것이다. 가진 것이 적다고 해서 가난한 것은 아니다. 더 많이 가지기를 열망하는 사람이 가난한 사람이다. 세네카는 루킬리우스에게 “어떤 사람에게 자신의 금고와 곳간에 얼마나 많은 돈과 보물이 비축돼 있으며, 양떼들의 수가 어느 정도이며, 그가 받아야 할 이익배당금이 얼마나 되겠는가 하며 계산하는 것이 그렇게 중요한 문제가 되겠는가. 돈의 경우, 가난의 나락으로 떨어지지 않을 만큼 가지고, 가난 때문에 마음이 동요되지 않는 것이 중요하다. 부의 적절한 한계는 필요한 만큼 가지는 것이다.”[42]

세네카는 미덕의 상징인 현자에게 가난은 조화로움이며, 가난하게 된다는 것은 고통이 아니라 고통으로부터 벗어나는 것으로, 현자는 그것에 항상 친숙해야 한다고 생각했다. 가난보다 더 나쁜 것은 순간의 감정에서 나타나는 동정이라고 말한 에픽테투스는 퀴나코스학파의 철인들처럼 자족으로 충만했으며, 그래서 그는 "나는 가난하다. 그러나 나는 가난에 대해 올바른 생각을 가진 자다. 내가 가난하다고 해서 나를 불쌍히 여겨 동정한다면 나는 어떻게 해야 하는가? 마치 페르시아 사람이 그리스로 가는 것을 원치 않듯이 가난하지만 재산에 욕심을 부리지 말아야 한다. 가난 속에 행복이 있으며 인간의 참 행복은 부에서보다 아름다운 덕성에 있기 때문이다"[43]라고 말했다.

에픽테투스에서처럼 세네카도 인간은 주어진 운명을 탈피할 수 없으며 행복과 부와 가난의 의미를 다음과 같이 비유한다. "어떤 사람은 녹슨 사슬에 묶이지만, 어떤 사람은 금으로 된 사슬에 묶인다"고 하면서 "녹슨 사슬에 묶이든 금 사슬에 묶이든 사슬에 묶인 것임에는 틀림없다. 묶이는 데 녹슨 사슬과 금 사슬에 무슨 차이가 있겠는가"[44] 하고 반문한다.

스토아 철학에서 부와 재산에 대한 비판과 함께 부와 가난을 인간의 삶에 비본질적인 것으로 규정한 사실을 발견하게 된다. 이와 같이 부에 대한 스토아 철학의 비판은 당시의 가치질서에 대한 부정적인 데서 유래한 것으로 판단된다. 세네카는 칼리굴라(Caligula)와 클라우디우스(Claudius)의 통치하에서 정신(廷臣)이며 궁중대신으로서 막강한 권력과 부를 누린 인물로 당시 의인들의 행위를 방해하는 무정견으로 많은 반감을 사기도 했다. 세네카는 로마제국의 정치적 전횡의 암울한 시대에 살면서 당시의 부패한 사회현상을 목도하면서 도덕성의 부활을 위해 정치적 열정을 발휘했다. 그러면서 세네카는 부의 추구가 가시적 현상에 불과한 것으로 오히려 그러한 점에서, 가난한 사람이 본질적으로 자유롭고 그 누구의 구속도 받지 않는 참 자유인임을 강조한다. 그는 계속해서 부는 지혜에 이르는 길을 차단하고 가난은 근심과 불안을 벗어나게 한다. 그러므로 우리는 부를 축적하기보다 먼저 철학에 도달해야 한다고 절규했다. 인간은 삶의 여정에서 돈 없이도 철학에 도달할 수 있다. 재산과 부를 가진 다음에 철학의 길에 들어간다는 것은 옳지 않다. 철학은 우리가 살아가는 데 마지막 요건이 될 수도 또한 일종의 보충물이 될 수도 없다는 것을[45] 강조한다.

프루사의 디온은 부에 관한 언급에서 향락보다 향락을 위한 마음의 무거운 짐과 근심을 해소시킬 것을 충고한다. 그는 디오케네스가 페르시아의 왕과의 화해를 거부한 이유를 왕이 엄청난 부를 누리고 있으면서도 가난에 대한 공포, 병과 죽음에 대한 불안, 자신에 대한 음모, 심지어 그의 자식과 형제에 대한 공포감에 사로잡힌 그를 불쌍히 여기고 있었기 때문인 것으로 이해했다. 세네카는 "우리가 구속으로부터 벗어나려 한다면 먼저 향락을 멀리해야 한다. 향락은 인간을 나약한 존재로 만들기 때문이다. 그래서 그는 부의 추방을 강조한다. 그는 부가 인간을 노예로 만드는 계약금증서(acuctoramenta sunt servitutum)라고 정의했다. 그는 또 자연법에 일치하는 가난은 거대한 부이며 자연법이 명하는 제한이 무엇인지 인식하고 단지 기아와 갈증과 추위만을 피해야 한다"고 권고한다.[46]

세네카는 사람들이 많은 재산과 부를 축적했다 하더라도 물질적인 재산과 관련된 것은 자유의 속성이 아니기 때문에 우리를 비참하게 만든다고 경고한다. 그는 『도덕의 편지』 87에서 검소한 생활에 대한 몇 가지 요지의 글에서 부는 재산으로 계정(計定)될 수 있는 탐욕의 산물이며 악행에 의해 획득할 수 있는 것이므로 신뢰와 고결함, 그리고 마음의 평정을 불가능하게 하고 오만과 불손을 야기한다. 그러므로 세네카는 외면적인 물질재산과 부는 영혼을 구속하고 사색을 어지럽히는 것으로 규정했다.[47] 세네카는 동시대의 귀족계층 사이에 만연했던 사치와 낭비의 생활이 극도에 달한 사실을 직시하고 개탄과 절박감을 느낀 나머지 "명예를 얻기 위해 돈을 벌려고 한다면 진정한 명예를 잃게 될 것이며[48] 부를 누리면서도 타락하지 않는다면 그 사람은 위대한 사람이며 부 가운데서도 가난한 자다"[49]라고 상찬했다.

부에 대한 평가에서 특히 주목을 끌게 하는 내용을 겔리우스 (Gellius)의 작품에 있는 무소니우스(Musonius)의 일화에서 읽을 수 있다. 무소니우스는 철학자로서 거지에게 1천 누미(numi)를 지불할 것을 명령했다. 하지만 사람들은 그 거지가 한낱 쓸모없는 존재로 그 어떤 자선을 받을 가치가 없다고 말했다. 그때 무소니우스는 웃으면서 "그대들은 은의 가치밖에 나가지 않는 존재들이군"[50]이라고 하였다. 또한 무소니우스는 돈은 품위 없고 가치 없는 사람에게는 형벌의 역할을 할 뿐이라고 말했다.

왜 헬레니즘시대와 로마 제정기에 부에 대한 경시풍조가 만연하게 되었으며 그것이 무엇을 반영하는가를 생각해 보아야 할 것이다. 세네카는 루킬리우스에게 보낸 편지에서 "그대는 상거래에서 혹은 부유한 노인의 유언에서 이익을 기대하려 하는가? 그대는 당장에 부자가 될 수 있다고 생각하는가? 그렇게 생각할 수 없지. 부를 제공할 수 있는 것은 현자의 미덕만이 가능하지. 현자의 지혜와 미덕만이 모든 사람에게 부를 제공한다는 것을 믿어주게"[51]라고 말했다.

세네카는 동시대를 살은 에픽테투스의 '자연법에 조화하는 가난이 참 부이다'라는 말에 감명을 받고 그의 작품에서 두 번에 걸쳐 인용하고 있다. 그는 『도덕의 편지』 4.10: 27.9에서 친구 루킬리우스에게 자연법이 제한하는 규정이 무엇인지 묻는다. 그것은 배고픔과 추위만을 피하라는 것이다. …… "배고픔과 목마름에서 벗어나기 위해 그대는 돈 자랑하는 부유한 사람의 문간에서 아첨할 필요도 없고, 불쾌한 표정으로 얼굴을 찡그리는 자에게 기가 죽어 굴욕적인 친절을 베풀 필요도 없다"고 충고한다. 세네카는 이러한 비유적인 말과 함께 가난하여 재화가 부족한 사람은 그가 누구든 부자라는 역설적인 표현을 한다. 그는 세속의 재산과 부보다 더 큰 재산은 지혜이며, 지혜는 현금으로 부를 제공한다. 현자는 부자가 가난한 사람과 다르지 않으며 오히려 더 비참한 생활을 한다고 말한다. 그 이유는 거지는 원하는 것이 거의 없으나 부자는 가난한 사람에 비해 훨씬 많기 때문이다. 세네카에게 진정한 부자란 정신적인 부를 가진 자였다. 우리는 그가 스토아 금욕주의가 지배적이었던 동시대인에게 부의 허구성을 강하게 시사한 데에서 후기 스토아 철학의 부의 해석에 대한 선험적인 경향성과 사유재산의 개념을 이해할 수 있을 것이다. 후기 스토아 철학자들은 재산과 부를 인간의 신성한 영혼으로 또한 잠시 빌린 대출품에 비유한다.

세네카는 "우리 주변을 화려하게 빛냈던 마르키아(Marcia), 그리고 전혀 예기치 못한, 이를테면 자식, 명예, 부, 가난하고 힘없는 자들로 장사진을 이룬 현관, 명망 있는 자, 명문가 출신자 그리고 미녀아내 등 이 모든 것은 우리의 것이 아니라 장식물로 잠시 빌려온 것일 뿐이다. 이 가운데 단 하나도 우리의 소유물이 아니다. 삶을 장식하는 재산도 모두 빌려온 것이다. 언젠가 이 모든 것은 그 소유주에게로 돌아가야만 할 것이다. …… 우리는 이 모든 것을 잠시 빌려 썼을 뿐이며, 잠시 사용하고 즐기는 것만이 우리들의 것이다"[52]라고 말했다.

세네카는 에픽테투스처럼 재산과 부를 아름다운 무대의 영상에 다시 비유한다. 삶의 무대 위에서 각자에게 주어진 배역을 다하듯이 개인의 재산도 한낱 무대 장식품이거나 생활 장식품일 뿐이며 연기가 끝난 다음에는 다시 주인에게 돌려주어야 한다. 그러므로 스토아현자는 재산을 다른 사람에게 시여하는 선물로 또는 운명적인 것으로 자신의 소유물로 생각하지 않기 때문에 그들에게는 세계가 곧 자신의 것이다.[53] 요컨대 현자의 재산은 그들이 살아 있는 동안만 소유할 수 있는 모든 사람의 공유재산이다.[54] 세네카는 재산을 공유했던 시대를 동경하면서 그 시대야말로 인류의 황금시대로 재산공유와 찬란한 행복을 누렸던 시대로 회상했다. 그러나 인간은 재산과 부의 욕망으로 아름다운 황금시대를 상실하고 가난에 직면하게 되었다.[55] 세네카는 그가 살았던 시대의 재산과 부의 심각한 불공평한 배분의 원인을 지배계층의 부패와 타락에 있었음을 지적했다.

세네카는『행복한 삶에 관하여』(De Vita Beata)에서 현자가 부를 누리는 것이 온당한지 온당하지 않은지에 대해 상세히 밝히고 있다. "현자가 비록 난쟁이일지라도 자신을 경멸하지 않을 것이며, 육체적으로 눈 하나를 실명했을지라도 여전히 강건할 것이다. 현자의 강건함은 육체보다 내면인 정신에 있다. 육체에 결여된 건강과 부 그리고 그 밖의 모든 것은 내면의 힘인 선에 의해 극복될 수 있다."[56] 이와 같이 세네카는 재산과 부의 예속으로부터 금욕과 자제의 미덕으로 고결한 정신의 부를 촉구한다. 그는 스토아현자만이 미덕의 영원한 기쁨을 얻을 수 있다고 생각했는데 그것은 그들이 부와 재산을 사랑하지 않기 때문이다. 이에 재산과 부는 고상한 예술을 창조하고 다른 사람을 이끌어 가는 현자들의 속성이라고 말했다.

사실 우리가 부를 아무 생각 없이 즉흥적으로 비난할 일은 아니다. 대체로 부에 대한 비난은 그것을 소유하고 사용하는 사람이 어떤 부류에 속하는가에 따라 다르다. 세네카는 현자야말로 부를 누릴 만한 자격이 있지만 그들에게는 재화와 부가 통하지 않는다. 현자인 사람과 현자가 아닌 사람 사이에 비교가 되는 큰 차이가 여기에 있다. 세네카는『도덕의 편지』에서 "현자는 보통 사람과는 아주 다르다. 사람들이 가까이에서 현자를 보게 된다면 일반대중과 다르다는 것을 알 것이다. 만일 그들이 현자의 집을 방문할 경우에 현자가 사는 집의 비품보다는 현자를 보고 감탄하게 될 것이다. 현자는 토기를 마치 은 주발처럼 값지게 생각하며 사용하는 검소하고 겸허한 사람이다. 그러나 현자는 은 주발을 마치 토기처럼 사용하는 사람과 보기에는 별로 다르지 않다. 은 주발을 토기처럼 사용하는 사람은 부를 유지해 갈 수 없는 불안한 사람이라는 신호이다. 현자는 운명의 여신의 아량을 밀어내지 않을 것이며 명예롭게 얻은 유산을 부끄러워하지도 뽐내지도 않으며 이유 없이 그것을 줄 것이다."[57]

현자의 재부(財富)는 언제나 명예롭게 얻어진 것이다. 그러므로 철학자가 돈을 가질 수 있는 권리를 인정하지 않거나 가난한 삶을 사는 현자에 대해 비난하는 일을 멈추어야 한다. 현자는 부와 재산을 정직하게 취득하였고 다른 사람들로부터 부당하게 강탈한 것도 아니며, 다른 사람의 피와 가문을 더럽힌 것도 아니다. 그러므로 세네카는 "현자가 돈을 소유하는 것을 막지 말아야 할 것이며 가난하다고 하여 현자의 지혜를 비난한 사람은 일찍이 없었다. 우리는 현자인 철학자에게 부를 누리도록 해야 할 것이다. 그러나 현자의 재산은 정정당당한 것이어야 하며 피의 희생으로 오손(汚損)된 것이 아니어야 한다. ……부와 재산은 획득자체보다 획득하는 과정이 영예로워야 한다. 부와 재산이 원한이나 불평의 대상이 되어서는 안 될 것이다"[58]라고 충고한다.

현자는 전 도시의 사람을 그의 집으로 초대할 준비가 되어 있을 것이다. 그리고 그는 가지고 있는 모든 것을 보게 하고 만일 누군가가 가지고 싶다고 하면 그것을 가지고 가라고 말할 것이다. 참 위대하고 훌륭한 미덕을 갖춘 부유한 현자의 집을 찾아온 사람이면 누구에게나 자유로이 가져가게 허락하는 사람, 그는 위대한 사람이 아니고 무엇인가! 현자의 재산에서 손으로 가져갈 것을 찾지 않는 사람은 솔직하고 담대한 부자가 될 수 있다. 현자는 부정이 들어오는 문턱 안에 단 1페니도 받아들이지 않으나 신의 선물과 미덕의 열매인 부와 재화는 물리치거나 거부하지 않을 것이다. 이와 같이 현자는 명예롭게 얻은 부를 미덕의 실현을 위해 사용할 것이다. 부는 현자에게 미덕의 향기가 더 밝게 빛나도록 많은 기회를 제공한다.

세네카에게 부와 재화는 지혜로 가는 길을 방해하고, 많은 사람들에게 지혜의 도달을 차단해 왔다. 그래서 그는 가난은 무거운 짐이 아니라 근심걱정을 벗어나게 하는 것인데 반해 "금·은 보석과 호화롭게 장식한 집은 우리의 무거운 짐이라고 경고한다. 자유는 공짜로 얻어지는 것이 아니다. 자유의 가치를 높게 평가한다면 우리는 자유 이외의 것에 낮은 평가를 해야 할 것이다."[59] 세네카는 조국을 떠나 해외추방 생활을 하는 동안 가진 것 없는 고난의 생활을 하면서도 그에게 정신적인 동요는 전혀 없었다. 그것은 세네카가 돈에 대한 관심이 없었기 때문이다. 하지만 이 세상에 어떤 고함과 함성이 돈보다 더 클 수 있겠는가! 세네카는 확신하거니와 이 지상의 보물은 현자를 감동시키거나 동요를 조장하지 못하며, 현자의 얼굴을 변색시킬 수 없다고 말한다.[60]

세네카의 재부(財富)에 대한 비판은 당시의 정치적 상황에 따른 것이라고 말할 수 있다. 세네카는 그가 모은 재산과 부 때문에 자주 공격을 받게 되었고 그 사실이 널리 알려져 있어 자신을 방어할 수밖에 없는 처지였다. 세네카가 많은 재산을 소유하여 부와 막강한 권력을 행사했다는 사실을 기록으로 남긴 타키투스(Tacitus)는 수일리우스(P. Suillius)의 아주 아이러니컬한 질문 내용을 우리들에게 전하고 있다. "어떤 철학과 어떤 학파의 사상과 교의에 의해 세네카는 로마황제 티베리우스의 치하에서 왕의 은전으로 재무관의 자리에 오른 지 4년도 채 안 되어 3억 세스터테스라는 어마어마한 돈을 축적할 수 있었을까?"[61] 이러한 사실에 의심을 가지게 된 사람들은 세네카를 향해 많은 비난을 퍼부었다. 그는 상상할 수 없을 정도의 재산을 소유하고 있는 자신에게 비애의 먹구름이 몰려오는 것을 보고 황제에게 그가 가진 재산을 포기하고 헌납할 수 있도록 간청했다.[62] 그가 재산을 네로 황제에게 바칠 수밖에 없었던 것은 네로의 통치하에서 많은 재산을 축적한다는 것이 지극히 위험하다는 사실을 잘 알고 있었기 때문이다. 따라서 세네카의 작품에 기술된 내용들은 입 밖에 내지 않은 숨겨진 변명서라는 데에 이상할 것이 없다.

스토아 철학자들은 공평의 사회적 성격을 강조했다. 그들은 인간이 왜 공평한 존재여야 하는가에 대한 이유를 신들과 인간은 이성을 가진 평등한 존재이며 공동체의 구성원인 동시에 해야 할 것과 해서는 안 될 것이 무엇인지를 명령한 자연, 이른바 올바른 이성의 법에 복종하기 때문이라고 밝히고 있다. 초기 스토아 철학자들은 '공평을 가치에 따라 각자에게 부여되는 것'으로 정의하였거니와, 그 하나는 이성을 가진 모든 인간은 평등한 존재로서 공동체의 모든 것이 공유되어야 하고 공평하게 분배되어야 한다는 전체적인 의미의 공평이며 다른 하나는 아리스토텔레스의 『윤리학』에서 밝힌 계급, 부, 귀족가문 그리고 도덕적 가치를 재산의 공평한 분배를 위한 정당한 기준으로 보는 분배적 정의다. 아리스토텔레스의 국가의 목적과 기능은 도덕적인 삶이다. 따라서 도덕적인 삶에 도움이 되는 물질적 재산과 부를 가진 유한인사(有閑人士)들이 아테네의 시민이며 재산과 부를 소유하지 못하고, 따라서 이 양자를 필요로 하는 목적에 기여할 수 없는 직공과 노동자는 시민이 되기를 결코 기대할 수 없다. 그러므로 목적론의 개념을 강요하는 것은 재산과 여가를 소유한 사람을 제외한 모든 사람의 권리를 빼앗는 것이 된다고 할 수 있다. 이와 같이 아리스토텔레스의 『윤리학』에서 밝힌 계급, 부, 귀족가문 그리고 도덕적 가치는 재산의 공평한 분배를 위한 정당한 기준이다. 다소의 차이는 있지만 초기·중기·후기 스토아 철학자와 세네카의 사상에서도 공평의 가치에 따른 부와 재산의 기하학적 분배가 현자의 재산과 부의 소유를 통해 잘 나타나고 있다.[63]

세네카는 『행복한 생에 관하여』 21~26에서 현자의 행복한 삶과 재부(財富)의 관계를 설명하면서, 부의 허구성으로부터 탈피하여 미덕에 기초한 내면적 정신세계와 자유 교양학의 길을 통해 정욕과 격정의 굴레를 벗어버린 스토아현자와 일반대중 사이에 나타난 재부관의 차이점을 밝힌다. "……그러므로 가난 때문에 현자의 지혜를 버리지 않은 철학자에게 돈의 소유를 허용해야 한다. 스토아현자는 많은 재산을 소유해도 좋다. 그러나 그들은 재산탐욕 때문에 다른 사람의 재산을 빼앗거나 그 누구에게도 손해를 끼치지 않을 것이다."[64] 이와 같이 실제로 세네카는 재산과 부를 반드시 '무관심의 대상'으로만 생각하지 않았다. 그는 일찍이 우리가 '무관심적인 것'으로 생각한 것에도 그 자체의 가치가 있으며 오히려 더 호감이 갈 수 있다고 말한다. 그러므로 그는 부와 재산이 도덕적 이상인 아레테에 기여하는 스토아 현자에게 절대적으로 필요한 것이며 그들에 안락을 주는 것이라고 생각했다.[65]

그러므로 세네카는 정당한 방법에 의한 현자의 재산과 부의 취득을 반대하지 않았다. 가난으로 전락하지 않을 정도의 돈을 가진다는 것은 현자에게 있어 정당한 것이며, 현자의 재산과 부는 항상 명예롭게 획득한 것으로 현자가 가난해야 한다는 생각을 버려야 한다고 세네카는 충고한다. 그리고 다음과 같이 현자의 재산 취득과 부를 정당화한다.

> 현자는 부를 사랑하지 않으나 취할 것이며 …… 미덕의 실현을 위해 부와 재산을 취할 것이다. 그 이유는 부는 스토아현자들의 힘을 증진시킬 수 있는 기회를 주고, 더 많은 미덕으로 중용, 관용, 근면, 순종을 발휘할 수 있게 하기 때문이다.[66]

이와 같이 세네카에 있어 부와 재산을 소유할 수 있는 대상은 극히 제한적이며, 그 대상은 일반대중이 아닌 소수 엘리트인 현자들이다. 세네카는 사회와 국가를 이른바 정·반의 이원론적 변증법으로 설명한다. 즉, 철학자와 일반대중, 현자와 우자, 영혼과 육체, 미덕과 악덕, 정신과 물질 등등 긍정적인 개념과 부정적인 개념의 대립의 역사 발전과정이다. 세네카의 역사관과 윤리관은 다분히 목적론적이다. 역사의 주체는 신이나 일반대중이 아닌 소수의 현자였으며, 현자만이 가치와 존중될 수 있는 유일한 인간이다. 그에게 있어 역사는 현자에 의한 선과 미덕의 실천 장소였다. 인류애·평등·자유를 말하면서도 계급분화에 치밀했던(물론 사회 계층 사이를 이론적으로 구분하지 않았지만) 세네카는 특수한 집단 구성원, 이른바 귀족계층의 지적 엘리트의 미덕을 일반대중을 능가하는 현자로 통용했다. 세네카는 부에 대한 현자의 태도를 밝힌 『행복한 생에 관하여』에서 "왜 저 사람은 철학을 신봉하면서도 여전히 부 안에 사는가? 왜 그는 부가 경시되어야 한다고 말하면서도 부를 챙기는가?" 이에 대해 세네카는 재산과 부의 소유를 막기보다 소유욕을 막기 위해 재부에 대한 경시를 말했다고 했다. 덧붙여서 "현자는 재산이 없어도 정신적으로 동요하지 않으며, 설령 부를 누릴 수 있는 기회가 있다 하더라도 부에 빠지지 않기 때문에 미덕의 발전에 저해받지 않는다"[67]고 말하면서 현자의 인격을 절대적으로 신뢰한다.

세네카는 부와 재산의 전제조건으로 탐욕의 포기와 정당한 방법에 의한 재부의 취득이라고 말한다. 세네카는 가난하다는 이유로 현자의 미덕을 버리지 않는 스토아 철학자들이 진정한 현자로 그들만이 재부를 취할 수 있다고 생각한다. 세네카는 현자야 말로 부를 노예적 속성으로, 무가치한 것으로, 또 이 지상의 그 어떤 보물에 대한 감동도 탐욕도 하지 않기 때문에 자연법에 일치하는 정신적 부를 사랑하는 인류의 교사로 생각했다. 세네카는 스토아현자를 절대적 존재로 이상화했을 뿐만 아니라 우상화까지 했다.

세네카는 현자를 지성과 미덕을 실천하는 귀족적 엘리트로 취급하는 데 반해, 대중은 역사의 울 밖에 선과 미덕에 관련된 철학으로부터 제외된 존재로 다룬다. 따라서 세네카는 부와 재산에 대한 현자와 우자의 태도에 현저한 차이를 보이고 있다. 세네카는 "현자에게 있어 부는 노예인데 반해 우자에게는 주인이다. 현자는 부를 영원한 소유의 대상으로 생각하지 않으며 부 가운데에서도 항상 가난을 유지해 간다"[68]고 했다. 그러므로 세네카에게 있어, 가난 속에서도 현자의 지혜와 미덕을 버리지 않는 철학자들(스토아 현자들)에게 돈과 재산의 소유를 허용하는 것은 지극히 당연하다. 철학자들은 돈의 노예가 아니라 돈의 주인이기 때문에 재산을 소유해야 하며 높은 도덕적·지적 과업의 수행에 부의 요구는 필연적이다.

스토아 철학자인 현자는 최고선에 도달할 수 있고 철학과 같은 탁월한 일을 수행하는 자로서 유복해야 한다는 것은 세네카를 비롯한 로마 귀족계층의 일반적인 경향이었다. 이러한 취지에서 세네카는 현자가 높은 도덕적 능력과 지적·도덕적 과업을 위해 백만장자가 되는 것을 부끄러워하거나 자랑할 이유가 없다고 훈계한다.[69] 더욱이 세네카는 우자인 일반대중은 인간의 궁극적 선 아레테의 도달이 불가능한 오합지졸들로서 진정한 행복이 무엇인지 판단하지 못하기 때문에 부와 재산 취득의 대상일 수 없다고 강조한다. 세네카는 『자선론』 7권에서 모든 것은 현자의 것(omnia sapientis esse)이며 현자의 영혼만이 천국의 영원한 생명을 누릴 수 있는 도덕적 가치를 가지기 때문에 세상의 재산과 부를 축적할 수 있음을 강조한다. 이러한 세네카의 현자에 대한 변증은 현자만이 아레테를 실현할 수 있다는 현자 중심의 인간관과 정치관을 보여주는 동시에 어느 면에서는 현자인 자신과 무관하지 않다는 것을 시사하는 것이라고 생각한다.

제7장 스토아 철학과 세네카의 자연학과 범신론

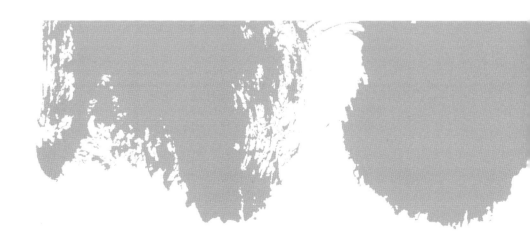

스토아의 우주론

　스토아 철학은 6세기여 동안 발전과 변화를 거듭하는 긴 역사를 갖는다. 그러므로 스토아 철학자들 사이에서도 교의의 불일치로 논쟁이 분분하여 그들 사이의 차이점을 밝히는 데에 그 범위와 내용에 있어 우리의 제한된 지식으로 접근하기란 쉽지 않다는 것이 이 분야 연구자들의 공통된 인식이다. 고대의 여러 철학파에서처럼 스토아 철학자들도 철학을 논리학・자연학 그리고 윤리학의 세 영역으로 구분하고 있지만 이 세 분야 모두가 연구대상이라는 데에는 동의하지 않았다. 어떤 스토아 철학자들은 논리학을, 또 어떤 철학자들은 자연학을 연구대상으로 생각했다. 그러나 일반적으로 윤리학이 가장 중요한 연구대상이었다. 그리고 그 중심에 서 있는 철학자가 세네카였다.

　스토아 철학자들은 자연학・논리학・윤리학의 관계를 하나의 비유를 들어 설명한다. 즉 철학은 담으로 둘러싸인 정원이며, 정원의 담은 논리학이고, 정원의 나무는 자연학이며, 정원의 나무에 맺힌 열매는 윤리학이라고 했다. 우리는 이 세 분야 가운데 어느 하나를 지적

해서 스토아 철학이라고 말할 수 있을 것이다. 왜냐하면 이 세 분야는 모두 하나로 묶을 수 있는 이념과 유기체적인 내적관계가 있기 때문이다. 먼저 스토아 자연학의 내용을 살펴본다.

스토아 자연학이 지향하는 바는 기본적으로 그리스의 어느 철학파에 의해 제기된 정신과 물질의 이원론을 극복하는 것이다.[1] 스토아 사상가는 정신과 물질을 신과 동일시하면서 이원론 극복의 목적에 달성한다. 그러므로 스토아 철학에서 신은 정신이고 물질이며, 세계는 총체적 실재 즉 일원론을 제시한다.[2] 우리들이 말하는 정신과 물질은 스토아 사상가들의 상투적인 표현에 불과하다. 스토아 사상가들에 있어 행동하는 실체는 모두가 육체이다. 정신과 육체는 지속적인 관계를 가지며 육체는 정신, 정신은 육체로 옮겨간다. 이와 같이 정신과 육체는 상호관계에서 정신은 육체의 내용을, 육체는 정신의 내용을 지닌다. 스토아 자연학에서 데카르트의 주장에서처럼 '물질은 사멸하는 것이 아니다' 그것은 생명력이 충전된 동력이다. 정신은 물질의 어떤 외면적인 것도, 추상적인 관념의 본질도, 불완전한 물질계가 가지는 휴지(休止)의 원리도 아니다. 정신은 오히려 동적 원리이며, 우주를 충만하게 하고, 결합시키는 창조적인 힘이다.[3]

신의 본질, 그리고 외적세계와 인간영혼에 대한 신과의 관계에 있어 세네카는 자주 스토아의 전통을 따랐다. 스토아 철학자들에게 있어 신은 매우 탄력적이고 포괄적인 개념이다. 그리고 신은 모든 곳에 있는 무형의, 실체가 없는 공기, 정기(精氣)요, 생의 열정적 호흡이며, 창조적 불이며, 전 우주를 결합하고 우주 안에 있는 모든 것을 결집하는 생명의 힘이다. 이와 같이 신은 영(靈)이며, 세계정신(anima mundi)이며, 세계법이다. 세네카에 있어 신은 도덕적·정신적인 생으로 발전한다.

세네카는 신의 윤리적 개념을 강조하면서 신의 존재를 인간에 대한 사랑과 부조(扶助)로 보았다. 즉 우주의 합리적·이성적 구조물은 영기(靈氣, pneuma)이다. 이 영기 또한 생의 열정적 호흡이며, 창조적 불로서 우주의 결합과 우주 안에 있는 모든 것을 결속하는 생명력인 힘(Tonos)이다. 전체 우주인 신은 살아 있는 유기체이며, 동시에 의식이 있고, 이성적이고 물질적이며 존재 그 자체이고, 다른 힘의 도움 없이 존재한다. 우주는 그 자체가 창조적 힘이며 성장과 발전, 변화와 활동의 원천이다. 신은 세계이며 자신만이 아닌 일체 모든 것의 원인이며 해설이다.

스토아 사상가들은 세계구성에 그들의 선대학자와 동시대인의 사상을 수용했다. 특히 헤라클레이토스로부터 세계 대화재와 재창건 과정을 거치는 순환적 우주론의 개념을 원용했다. 설사 이 과정이 불변적이라 하더라도 모든 것은 변화하고, 그 체계 안에 물질과 힘의 섭리가 상존한다는 것이다. 세계의 순환, 주기의 조정과 제한을 이끄는 신, 즉 창조적 불은 공기를, 공기는 물을, 물은 땅을 생성한다. 창조의 불이요, 행위의 원리인 신은 다른 모든 것에 작용한다. 스토아 사상가들에게 모든 원소는 특별한 계기적(繼起的) 불에서부터 생성되는 것으로 인식된다. 또한 그들은 모든 원소는 다른 원소로 변할 수 있다고 생각했다.

세계 순환의 연소(ekpyrosis)단계에서 원소들은 질서(diakosmesis)의 단계에서 반대의 패턴으로 움직이면서 불로 흡수되어간다. 즉 땅이 물이 되고, 물이 공기가 되고, 다시 공기가 불이 되듯이 말이다. 세계는 파괴로써가 아니라 재창조로써 신성한 불에 의해 소멸된다. 세계

연소는 세계 밖의 공간을 요구한다. 왜냐하면 뜨거운 열은 물질을 팽창하는 원인이기 때문이다. 세계는 물질로 가득 채워진 공간이기 때문에 지엽적인 운동은 다른 운동과의 충돌로 분리되는 과정에서 세계는 진공상태로 둘러싸이게 된다. 하지만 천재적인 과학자 파나이티오스와 포세이도니오스는 순환적 우주론과 허공의 이론에 반대했다.

스토아 사상가에게 있어 허공은 존재하는 것이었다. 그러나 허공은 실체 없는 무형적인 것이다. 또한 허공은 비물질적 '실체 없는'(incorporeals) 실재이며 공간과 시간을 함축하는 구성체이다.[4] 무형의 비실체는 예외적인 것으로 물질적인 존재와 달리 존재하는 것이 아니다. 단지 시간을 초월한 존속일 뿐이며 예외적인 것이다. 허공의 본질은 자기한정이다. 허공의 기능은 이미 밝힌 바와 같이 세계연소 동안 세계팽창과 확대를 위한 여지를 제공하는 것이다. 구어(口語, Lekta)는, 즉 다른 사람이 이해하도록 계획된 의미로 인간의 사상과 언어의 뒤에 깔려 있는 지적인 개념으로 정의되고 있다. 렉타는 구체적인 사상과 단어를 표현하는 외적인 실재와 구분된다. 사상과 말은 구체적이고 유형적이다. 렉타는 순수 내면적이고 정신적인 것이다. 이와 같이 렉타는 스토아 논리학에서 주요한 기능적 역할을 한다.

스토아 사상가들은 공간과 시간은 실체로서 정의되는 중립적이며, 공간은 실체의 외면적인 범위일 뿐이다. 그들은 공간을 시간으로 정의하지 않는다. 그들은 시간을 운동의 거리와 간격으로 정의한다. 우리의 언어가 우리의 과거와 미래를 말하는 것을 허락하지만 사실 현재만이 존재할 뿐이다.[5] 시간은 실체의 행위를 기록하고 나타내는 단순한 수단일 뿐 결코 사건을 유발하게 하는 것은 아니다.

스토아의 전통적 우주론에서 우주는 태양과 위성 그리고 일정한 궤도에서 지구의 균형 잡힌 구형의 형태다. 허공이 시작되는 바로 직전 우주의 밖 끝부분에 불·공기가 정화된 결합체인 일단의 영기(靈氣)가 있으며, 이 영기는 천체의 형성을 응축하는 작용과 천체를 궤도에서 벗어나지 않게 하는 힘을 갖는다. 또한 천체를 허공으로 날아가 버리지 않게 하는 것은 땅의 중심에서 생성되는 우주의 힘인 토노스나 혹은 정령, 즉 영기라 했다. 땅은 성군(星群)과 위성에 자양분을 공급하고 중력과 구심력의 기능과 유사한 힘을 작용하게 한다.[6]

세계는 힘·정신 그리고 로고스를 가진 존재로, 세계 안에 있는 모든 개체는 물리적·형이상학적 대사 작용을 하며 자신을 보호하고 생명의 기능을 유지하는 힘과 정령과 로고스를 지니므로 일체의 사물은 세계와 개체의 작용에 차별을 두지 않는다. 그러나 다른 피조물에는 다르게 작용한다. 생명력이 없는 비유기적인 것은 헥시스(hexis)에 의해 생명력을 가지게 되고 생의 기능을 가진 유기체적인 것은 자연에 의해 그리고 인간은 정신, 즉 프시케(psyche)에 의해 생명력을 가진다. 한편 스토아 사상가들은 프시케와 헥시스, 그리고 다른 한편 프시케와 프시시스를 사이를 엄히 구분하는데, 그것은 단순한 양이 아니라 질이었다. 그들에게 있어 프시케만이 신성한 로고스의 단편으로 합리적인 것이었다. 그들에 의하면 동물은 합리적·이성적 기능이 없어 기본적으로 인간과 다른 그들에게서 그 어떤 도덕적 공동체를 위한 기초를 발견할 수 없다.[7]

스토아 사상가들은 인간이성을 인간의 지배원리로 규정한다. 인간이성은 신의 이성과 같다. 신의 로고스가 세계에 침투하고 세계질서를 확립하듯 인간이성은 모든 인간에게 침투하여 인간의 활동을 주관한다. 고대 스토아 심리학은 자연학의 한 국면으로 일원론이다.[8]

심리학은 정신의 원리에 기초한다. 인간정신은 세계정신처럼 따뜻한 생명이요 호흡이며 공기와 불 원소의 결합체이다. 고대 스토아 사상가는 인간의 영혼이 정신과 육체의 모든 활동을 지시하며, 그 기능을 8개 부분으로 구분하였는데, 그것은 오관과 언어 즉 음성부분과 생식부분 그리고 지배적 로고스인 중추부분이다.[9] 스토아 사상가는 자기보전을 위한 본능을 인정한다. 그러나 본능적 행위와 감각적 행위는 로고스와는 별개의 것으로 육체에서 생성되는 것이 아니므로 감각의 사유작용을 통제하는 힘, 다시 말해 인간의 지배원리인 헤게모니콘에 의해 지배된다.

중기 스토아 철학자 파나이티오스는 정신의 기능을 합리적 기능과, 비합리적 기능 그리고 영양섭취와 성장과 생식의 기능으로 구분한다. 특히 그는 비합리적 기능을 쾌락을 추구하는 탐욕적 기능과 권력을 추구하는 두 기능으로 세분한다.[10] 중기 스토아 사상가들은 윤리학과 영혼의 문제를 구체화함에 있어 플라톤과 아리스토텔레스의 심리학이 기여한 바가 컸다고 생각한다. 중기 스토아의 윤리적 목적은 초기 스토아와 일치하는 이른바 인간 활동은 이성에 따라 판단하고 행한다는 점이다. 세네카와 마르쿠스 아우렐리우스도 로고스를 언급하는 과정에서 영혼과 영혼의 삼중적 기능에 관해 말한 바 있다.[11] 그 삼중적 기능 가운데 두 기능은 비합리적인 기능이다.[12] 이 두 철학자는 육체를 영혼의 거처로 감금하는 족쇄이거나 시체로 정의한다.[13]

스토아의 범신론

육체는 스토아 철학에 있어 복합적 개념이다. 사실 이것은 에피쿠로스학파의 다원적·기계론적 원자론의 개념에 반대되는 것이다. 스토아 철학에서 육체는 구조적으로 서로 분리될 수 없는 질료와 현상이다. 현상은 원인 혹은 행위의 능동적 원리인데 반해 질료는 수동적 원리이다. 전자는 항상 후자에게서만 내재하며, 그 어떤 경우에도 분리될 수도 자존(自存)할 수도 없다. 세네카는 다음과 같이 말하고 있다.

그는 친구 루킬리우스에게 말하기를 "우리 스토아 철학자들은 이 세상의 만물을 생성하게 하는 두 실체를 원인과 질료라고 주장한다. 질료는 사용하기에는 기능적으로 부진한 실체이다. 그래서 그 누구도 질료를 움직이지 못한다면 쓸 수 없다. 반면에, 우리가 이성이라고 하는 원인은 질료를 만들고 또 질료가 원하는 대로 가도록 하는 구체적 결과를 생성한다. 따라서 모든 것은 그것이 만들어지고, 또 그것이 만들어지게 하는 행위자가 있다. 전자는 물질이며, 후자는 그것의 원인이다."[14]

수동적 원리로부터 능동적 원리의 불가분성에 관한 많은 전거가 제시되고 있다. 칼키디우스(Chalcidius)의 주장에서 우리는 두 원리의 구조적 그리고 영속적인 결합의 개념에 대한 매우 효과적인 방법을 발견한다. 존재하는 모든 것 가운데 일부분은 움직이고는 있지만 변하지 않는다. 왜냐하면 질료는 수천가지 모양으로 나타낼 수 있는 밀초(wax)처럼 온갖 자태를 이루기 때문이다. 질료는 고유의 특성을 가지지 않는다. 또 질료는 무에서 유래하는 것이 아니기 때문에 원칙도 목적도 없다. 그것은 무에로 전락하지 않는다. 이성에 따라 움직이는 질료에는 영원한 정신과 활력이 있다. 그것은 세계의 격렬한 변화의 원인이기도 하다.[15] 디오게네스 라에르티우스는 다음과 같이 기술하고 있다.

스토아 철학자들은 세계의 두 원리를 말하면서 하나는 동적·능동적 원리이고 다른 하나는 수동적 원리라 했다. 수동적 원리는 질료 없는 본체이며, 능동적 원리는 질료 안에 있는 이성, 즉 신이다. 영원한 신은 질료로 모든 것을 만드는 창조적 기공(craftsman)이다.[16]

제논의 제자인 테미스티우스는 신은 모든 실재하는 것에 침투하는 지(知)이며, 영혼이고 자연이라고 주장한다. 스토아 자연학은 기본적으로 일종의 유물주의라고 할 수 있다. 그것은 구체적인 물질에로의 복귀이기 때문이다. 스토아 자연학의 유물주의는 에피쿠로스학파에서와 같이 기계주의(우주 기계관)와 원자론적 다원주의보다 물활론(hylozoism)과 일원론을 취했던 것이다. 능동적 원리인 신은 질료부터 분리될 수 없고, 또한 형태 없는 질료는 존재하지 않기 때문에 신은 전체 안에 있으며 또한 전체인 것이다. 신과 우주는 하나다. 디오게네스 라에르티우스는 신과 우주를 다음과 같이 설명한다.

"신의 실체는 우주이며 천국이다"라고 제논이 주장한 바 있다. 크뤼시포스는 『제신에 관하여』(*The Gods*) 제1권에서 그리고 포세이도니오스는 같은 제목의 책 제1권에서 이와 같은 주장을 했다. 안티파트로스도 그의 저서 『우주에 관하여』(*on the Cosmos*) 제7권에서 신을 공기와 유사한 실체라고 말한다. 반면 보에티우스는 『자연에 관하여』(*on Nature*)에서 신의 실체를 항성(恒星)들의 천체라고 말한다.[17] 스토아 철학자는 우주를 세 가지 의미로 정의 내렸다. 첫째, 신이며 그 신의 특성은 세계의 모든 실체의 특성과 같다. 신은 어느 정해진 시기에 세계의 모든 실체를 흡수하고 다시 자신으로부터 모든 실체를 발생하게 하는 세계질서의 창조자로 불멸하며 자생적이다.[18] 둘째, 스토아 철학에 있어, 우주는 천체의 규칙적인 배열이며, 셋째 우주는 온전한 실체로서 신의 존재로 정의된다. 신은 하나이며 이성인 동시에 운명이며 제우스와 같다. 신은 또한 다양한 이름으로 불려진다.[19] 스토아 철학은 우주전체와 그 일부분을 신이라 불렀다.

스토아의 신의 개념

세네카의 신의 개념과 그 정의는 스토아 자연학의 핵심문제라 할
수 있다. 후기 스토아 철학자와 세네카의 신의 개념은 스토아 범신론
에서 그 연속성을 찾을 수 있을 것이다. 이미 스토아 철학에서 신과
자연을 동일시한 사실을 언급한 바 있다. 소크라테스 이전 철학에서
자연학은 유물주의 원리였으나 플라톤에서 자연은 형이상학적 이데
아로 표현되고 있다. 그러나 아리스토텔레스는 자연을 현상(eidos
forma)으로 혹은 사물의 발전과 성장의 내재적 원리 혹은 일체 모든
것의 내재적 부동의 본질로 설명한다. 스토아 철학자들에게 있어 자
연은 물질을 의미하지만 고유한 작인(作因), 어떤 현상의 동인의 원리
다. 그래서 자연은 모든 사물의 형태를 이루는, 모든 것이 생성되고
존재하는 원리다. 스토아의 자연은 자연주의적·정신적인 의미를 내
포하며, 기본적으로 신의 내재적인 범신론적 개념을 갖는다.[20]

스토아 철학에서 신은 자연이요, 로고스이며, 지성과 합리성과 정
신의 원리다. 이러한 지성과 합리성의 원리는 필연적으로 사물에 내

재한다. 왜냐하면 스토아 철학에서 본질과 실체는 존재하나 구체적 유형의 물질의 존재는 인정하지 않기 때문이다.

이미 크뤼시포스와 제논은 신의 존재를 모든 것의 원리로, 가장 완전한 본체로 생각했다.[21] 스토아 철학자는 신을 실체로 생각했기 때문에 유형적 실체가 아닌 것은 실재하는 것이 아니었다. 존재하는 모든 것은 유형적이며 신 또한 유형적·실체적인 존재였던 것이다. 스토아 철학자들은 신-자연-로고스를 일체를 다스리는 헤라클레이토스의 불 및 정령과 동일한 것으로 모든 것을 변형시키고 모든 것을 침투하는 원리라고 생각했다. 키케로는 열(熱)이 모든 탄생과 성장과 같은 일체 생명의 필수조건임을 주장하며 다음과 같이 기술하고 있다.

성장할 수 있는 모든 것은 그 체내에 열을 공급할 수 있다. 열의 공급 없이 모든 생명체에는 성장이 불가능하다. 뜨거운 불의 본성을 가진 모든 생명체는 운동의 원천인 열을 공급한다. 이 같은 운동이 우리 안에 있는 한은 우리의 지각과 생명이 유지된다. 그에 반해 열이 식어가고 꺼져갈 때 우리는 멸하여 사라져 갈 것이다. 클레안테스는 이 사실에 기초하여 모든 생명체에 열의 공급이 왕성하다는 사실을 강하게 주장한다. …… 그러므로 모든 생명체는 그것이 동물이든, 식물이든 간에 열의 생명력을 가진다. 이 사실로부터 열이 전 세계를 침투하는 생명력을 지니고 있다는 것을 증명할 수 있다.[22]

이와 같은 신에 대한 범신론적이며 유물론적 개념은 다신론을 배제하지 않는다. 사실 모든 그리스인처럼 스토아 철학자에게 있어서도 일신과 다신의 개념, 이른바 일신론과 다신론은 서로 반립적이지 않았다. 결과적으로 스토아 철학자들은 일신과 다신에 관해 자유롭게 말했던 것이다. 또한 그들은 인간과 제신 사이의 중간 조정자 '수호신'(daimons)과 '영웅'에 관해서도 말했다. 그리고 그들은 신이 로고스인 동시에 불이며 최고의 행동원리라고 정의했다. 또한 신을 우주의 총체이며, 별이며, 우주의 특권이 부여된 살아 있는 지성으로 인식하였다. 디오게네스 라에르티우스에 따르면, 스토아 철학자들은 인류를 동정하고 인간을 지켜주는 수호신들의 존재와, 육체를 살아 숨 쉬게 하는 정의로운 영혼의 신인(神人)들을 믿는다고 했다.[23]

스토아 철학자는 로고스만이 영원한 신이며 로고스가 아닌 것은 단지 장수하는 제신들로 그들은 태어나 불에 의해 사멸되고 재탄생을 반복하면서 우주의 주기와 함께 죽어간다. 영원히 불 같은 지고한 신을 제외하고는 모든 신들은 태어나 죽어간다. 그러나 제신들은 세계 대화재와 성공적인 혁신으로 살아남게 된다. 다신교 신화를 받아들인 스토아 철학자들은 그 신화의 가르침과 조화할 수 있었다. 디오게네스 라에르티우스는 이 신화가 어떻게 스토아 철학의 가르침에서 다루어졌는지 다음과 같이 밝히고 있다.

스토아 철학자들은 신은 살아 있는 존재이며 영원불멸하는 합리적이고 완전한 지적인 존재라고 말한다. 그리고 그들은 신이 악이 없는 세계의 섭리자라고 믿었다. 신은 인간의 형상을 가지지 않았지만 세계를 창조한 조물주요 모든 사람의 아버지다. 신은 다양한 힘과 권능에 따라 여러 이름으로 불렸다. 디아(Dia)라는 이름도 주어졌는데, 세상의 모든 것은 디아에서 유래한다. 신은 생명에 침투하고 생명의 원인이기도 하다. 신은 하늘 저 높은 곳에까지 지배하기 때문에 아테라(하늘, 영기)라는 이름이 주어졌으며 헤라(Hera)는 대기에까지 뻗어간다. 헤라 신은 창조적인 불로 헤파이스토스(Hephaetos)로 불렸다. 포세이돈(Poseidon)은 바다로 뻗어간 신이다. 데메테르(Demeter)는 바다가

아닌 땅 위로 뻗은 신이다. 인간은 이 신들을 다른 칭호로 불렀다.[24]

스토아의 논리학에서 그리고 세네카의 신의 정의에 따르면 신은 자연과 같은, 아니 자연이기 때문에 인격적일 수가 없다. 그러므로 비인격적인 로고스와 자연인 스토아 신에게 기도하는 것은 아무 의미가 없다는 것이다. 이와 같이 인간은 자신의 삶에 대한 의무를 다하기 위해 신의 도움을 필요로 하지 않는다는 것을 강조한다. 세네카는 우리의 유모들과 어머니로부터 배워온 기도를 이제 끝내자고 촉구한다. 스스로 노력하지 않으면서 기도와 청원으로 살아가야만 하겠는가 하고 그가 살았던 당시의 시대적 허상을 비판한다. 그러나 스토아의 역사에서 점차 신은 영적이고 인격적 특징을 나타내는 경향과 종교적 색채를 강하게 나타내 가고 있었다. 결국 스토아는 유신론으로 회귀하는 경향을 보였지만 완전한 유신론으로의 변화는 아니었다. 스토아 철학에서 신의 영적 본질로서의 종교적 감각은 초기 스토아 클레안테스에 이르러 강하게 나타났으며 잘 알려진 『제우스의 찬미』 (Hymn to Zeus)에서도 종교적 감각과 의미를 보여주고 있는데, 그것은 초기 그리스도교와 사도 바울의 신학논증과 기초에 많은 영향을 주었다.

스토아의 신의 섭리와 합목적성

스토아 철학자들이 에피쿠로스학파의 기계론적 유물사상에 반대하여 엄격한 합목적성의 개념을 주장한 데 반해 플라톤과 아리스토텔레스는 이미 우주의 목적론적 개념을 확실하게 정립했다. 그러나 스토아 철학자는 이 두 철인을 훨씬 능가했다. 사실 세상의 모든 것은 로고스, 지성 그리고 이성과 같은 내재적·신적 원리에 의해 생성되는 것으로 합목적이다. 모든 것은 이성이 바라는 바대로 신의 원리대로 되어야 하고, 이성은 내재적·신적 원리를 벗어날 수 없다. 모든 것이 신적 원리대로 되고 또 될 수 있는 한, 실재하는 모든 것은 완전하다. 사물 자체가 신의 전달수단이기 때문에 내재적인 조물주인 신의 작업에 그 어떤 장애도 있을 수 없다. 그러므로 스토아 철학자에게 존재하는 모든 것은 그 존재적 가치와 의미를 가지며, 최선의 방법으로 만들어졌고, 전체는 그 자체로 완전하며, 개별적인 것은 설사 불완전하더라도 전체의 계획에서 완전하다는 것이다. 이에 대해 키케로는 다음과 같이 밝힌다.

사실 완전한 것은 세계일 뿐이다. 세계는 모든 부분에서 완전하며 모든 것을 갖추고 있다. 크뤼시포스가 말한 바와 같이 방패집은 방패를 위해 만들어졌으며, 칼집은 칼을 보관하기 위해 만들어졌듯이 세계 이외의 다른 모든 것은 다른 것을 위해 창조되었다. 그러므로 땅에서 생산된 곡식과 과실은 동물을 위해, 소는 밭갈이를 위해, 개는 사냥과 집을 지키기 위해 창조되었다. 그러나 인간은 세계를 관조하고 모사(模寫)할 목적으로 태어났다. 인간은 완전하지 않으나 '완전한 세계의 하나의 작은 파편'이다.[25]

세계만이 완전하다. 그러므로 세계는 도덕적이고 합리적이며 신성하다. 세네카는 세계의 종국과 완전을 위해 라이프니츠가 이론적 체계를 세운, 그래서 그를 유명하게 했던 논리를 이미 제시했던 것이다. 주지하는 바와 같이 스토아 철학과 세네카는 다음과 같은 사실을 강조해 왔다.

"두 생명체는 같지 않다. 일체의 존재는 그 실체를 살펴보면 각기 특유의 색과 모양 그리고 크기를 갖는다. 나는 창조주 신의 특징에서 반복 작용이 없음을 발견한다. 많은 유사한 것이 있지만 다르다. 우리가 보는 많은 식물의 잎은 신이 창조했지만 각기 다른 특유한 모양을 지니고 있다. 모든 동물도 크기에 있어 유사하지 않고 항상 차이를 보인다. 창조주는 모든 것을 서로 다르게 만들었다."[26]

스토아 신은 초월적이 아닌 내재적 조물주, 세계정신 그리고 그 자체로 범신론적으로 이해된다. 이 같은 해석에 대한 키케로가 제시한 두 증거에서 제논은 자연을 "생성과 창출의 일을 정연하게 수행하는 장인의 기교를 부리는 불이다"라고 정의한다. 그 이유는 예술이나 기교의 기능은 새로운 것을 창조하고 생성하기 때문이다. 장인과 같은 불은 다른 기술의 교사이다. 이와 같이 제논은 모든 것을 포함하고

포용하는 세계의 본성을 장인다움만이 아니라 실제 장인으로 표현한
다. 세계의 본성은 의지의 행위를 경험한다. 그러한 세계정신의 본성
을 가진 자연은 실천적 지혜, 혹은 신으로 호칭될 수 있다(그리스어로
자연은 신성한 섭리자, 프로노이아(pronoia)로 표현되었기 때문이다).
그리고 프로노이아, 즉 신성한 섭리자는 세계의 안전을 위해 세 가지
목적을 추구해 간다. 첫째, 생존할 수 있는 최고의 적합한 자로 만드
는 일, 그리고 조금도 부족함이 없는 완전한 것으로, 그리고 최고의
미와 온갖 것으로의 장식인 것이다.[27] 그리고 두 번째의 증언을 키케
로는『신의 본질에 관하여』에서 "제신은 그 권능과 힘으로 세상의 모
든 것을 창조하고, 작동하고, 개조할 수 있듯이 인간의 사지도 정신과
의지로 쉽게 움직일 수 있다. 신이 이룰 수 없는 것은 아무것도 없다"
고 강조하면서 이러한 사실을 미신적인 이야기나 혹은 늙은 아내의
이야기처럼 말하기보다 오히려 과학적이고 체계적인 해설로 전개한
다. …… 아무리 갑작스런 변화라 할지라도 질료로부터 만들어지고
변형되지 않는 것은 없다. 이 세계의 실체를 만드는 자와 조정하는
자는 신성한 섭리자인 프로노이다. 그러므로 프로노이아는 무엇이
든 그 의지대로 할 수 있다.[28]

프로노이아는 자연적이고 내재적이다. 프로노이아의 개념은 신과
한 인격체로서 효력을 나타낼 것이다. 세계와 세계의 모든 것은 내재
적 로고스에 의해 결정된 독특한 물질적 토대 위에서 출생한다. 세계
는 유일무이한 것으로 헤아릴 수 없는 많은 것으로 구성되어 있다.
로고스는 일체 사물의 정액이며 많은 씨앗을 포함하고 있는 대표되
는 씨앗과 같은 것이다(logoi spermatikoi: 라틴어로 rationes seminales로
번역된다). 스토아 철학자들은 신은 우주의 생성을 조직적으로 진행

하는 지적이고 창조적인 불이며, 생식적인 이성을 가지고 있음을 강
조한다.[29]

스토아 철학자들에 의하면, 이성이 원하는 바는 실상(實相)의 인식,
즉 실현이요 현실화이다. 동물과 식물은 인간을 위해 존재하며 세계
는 인간과 신을 위해 존재한다. 인간과 신은 세계에 살며, 세계는 인
간과 신이 사용할 수 있는 곳으로 공허한 곳은 하나도 없다.[30] 신은
세계창조의 생식의 이성이다.[31] 플라톤의 이데아와 아리스토텔레스
의 형상은 무한한 창조의 씨 혹은 창조력, 생식력인 유니크한 로고스
를 함축한다. 스토아의 신은 유태교의 신과는 달리 전지전능하지도,
절대적이지도 않으며 그 신의 명령에 의해 세계를 낳은 것도 아니다.
스토아의 신의 개념은 그리스적인 개념이다. 갈렌(Galen)이 말한 바와
같이 모세의 신관(神觀)은 그리스인들의 자연을 바르게 탐구했던 신
관과 아주 다르다.[32] 모세에게 있어 신은 세계를 창조하고자 했던 대
로 창조했다. 그러나 스토아의 신은 그 위력이 제한적이다. 왜냐하면
그 신은 불이기 때문이며, 자연적·비인간적인 힘이기 때문이다.

초기 스토아에서 우주는 공과 같은 구형이다. 별들은 우주의 밖에
있으며 불로 만들어진 생명을 가진 신성한 존재이다. 지구는 별 가운
데 있으며 우주의 신성한 집의 난로와 같다. 에피쿠로스의 주장과는
달리 우주는 유한하며 무한한 공간으로 에워싸여 있다. 그리스 철학
자이자 후기 회의주의의 대표자 섹스토스(Sextos ho Emperikos)에 따르
면, 이제 스토아 철학자들은 '전체'는 '모두'와 다르다고 생각하고 있
다. 그 이유는 전체는 우주인 데 반해 모두는 우주와 더불어 그 밖의
공간으로 생각하기 때문이다. 이와 같이 전체는 우주로 제한되었다.
그러나 모두는 우주 밖의 공간까지 포함하는 무제한적인 것이다.[33]

지상의 식물과 동물은 인간의 목적을 위해 존재하며, 지구상에 존재하는 모든 것은 인간을 위해 창조된 것이다. 그러므로 스토아 철학자들의 우주는 제신과 인간에 의해 형성된 체계이며 그들에 따르면, 모든 것은 제신과 인간을 위해 만들어졌다는 것이다. 막스 폴렌츠에 의하면 스토아 철학의 인간 중심주의 사상이 크세노폰의 『회상론』(*Memorabila*)과 아리스토텔레스의 『정치학』(*Politics*)에서 제시됐다는 이유만으로 그리스적 기원을 갖는다고 말할 수 없는 것이다. 폴렌츠는 이 사실을 다음과 같이 말한다.

　"우리는 스토아 우주론에서 아주 진귀한 생명력을 느끼거니와, 그것은 다름 아닌 인간의 목적이 세계형성이라는 점과, 모든 것은 인간을 위해 창조되었다는 사실이다. 이와 같은 경향은 구약성서를 통해 아주 친숙하게 접근할 수 있는 것인 데 반해 고대 그리스에서는 아주 생소한 것이었다."[34]

　폴렌츠는 제논의 신의 개념과 인간중심주의 사상이 그의 조국 그리스에서 유래했다고 주장하고 있지만 그 개념의 근원은 스토아 철학에서부터였다. 스토아 우주론의 주요개념은 소크라테스 이전의 철학자들이 인식했던 바와 같이 세계는 생성되고 다시 사멸해 버리는 것으로, 불은 창조자일 뿐만 아니라 모든 것을 재로 만들고 파괴해버린다. 불은 생산자와 파괴자의 이중적 속성을 갖는다. 그러므로 언젠가 우주의 연소인 대화재가 나타날 것이다. 그것은 일종의 우주의 정화로 불로서만이 가능할 것이다. 세계파멸이 지난 다음, 다시 새로운 탄생이 따른다. 그리고 모든 것은 같은 방법으로 정확히 회귀할 것이다. 그리고 이것과 똑같은 우주가 다시 생성될 것이다. 인간도 역시 이 지상에 다시 나타나 전생에서 했던 아주 작은 일까지 다시 하게 될 것이다. 이와 같이 불의 로고스는 생식의 이성이고 생식이성 완성의 법칙이다. 네메시우스(Nemesius)는 다음과 같이 밝히고 있다.[35]

> 스토아 철학자들은 행성이 우주의 생성기에 나타나기 시작했듯이 경도와 위도의 똑같은 12궁의 별자리로 회귀할 때 대화재와 인간의 파멸이 발생하고 우주에도 똑같은 모양의 우주가 다시 생성되고 별도 똑같은 길로 운행한다. 전 시대에 나타났던 사건 하나하나가 다시 나타난다. 소크라테스와 플라톤도 다시 나타나고 모든 사람도 지난날의 친구와 시민과 함께 나타나게 된다. 모든 것은 옛날의 존재가치를 그대로 가지게 되고 같은 취급을 받게 된다. 그리고 모든 도시·촌락과 농촌도 옛날과 똑같은 형태로 나타난다. 모든 것은 한 번에 그치지 않고 끊임없이 반복될 것이다. …… 이런 반복으로 윤회되는 것은 전과 조금도 다르게 나타나지 않을 것이다. …… 옛날에 발생하지 않았던 것은 결코 발생하지 않는다. …… 아주 보잘것없는 것도 변함없이 같은 모양으로 윤회할 것이다.[36] 이 같은 사실에 대해 타티안(Tatian)은 다음과 같이 생각했다.

> 대화재에 의해 세계는 다시 새롭게 탄생되고 인간은 물론 아주 미세한 것까지도 다시 만들어진다. 똑같은 조건과 활동으로 아니투스(Anytus)와 멜레투스(Meletus)는 고지자(告知者)로, 부시리데스(Busirides)는 그의 손님을 살해하는 자로 헤라클레스는 노동을 지속해 가는 자로 태어날 것이다.[37]

이제 인간은 세계 안에서 발군의 존재로 등장한다. 이러한 특권은 어떤 다른 생명체보다 인간이 신의 로고스를 배분받았다는 데에서 기인한다. 사실 인간은 육체뿐만 아니라 우주 생기의 일부분인 영혼으로 형성되었다. 그러므로 우리가 아는 바와 같이 신의 일부분인 우주 영혼은 신인 것이다. 물론 스토아의 존재론에서 영혼은 비물질적 본질이 아니라 특권을 가진 존재이지만 오히려 육체와 같은 구체적 본체, 불 혹은 프네우마이다. 제논에게 있어 생명의 씨앗은 불이며 불은 영혼이며 지혜이다. 제논은 영혼을 따스한 호흡이라 정의했다.[38] 영혼은 피를 먹는다. 그래서 영혼의 본질은 영기이다. 영혼은 자연의 모든 유기체에 침투하여 생명을 주고 주요기능을 지배하는 데 그 중심이 되는 것은 이성이다.

죽음은 육체로부터 영혼의 분리이다. 플라톤과 같이 에피쿠로스학파의 철학자들도 죽음은 형이상학적 분리가 아니라 육체의 분리이다.[39] 스토아 철학자들이 영혼의 구조와 생존에 관해 취했던 입장은 플라톤과 에피쿠로스의 중간적인 것이었다. 디오게네스 라에르티우스는 이 문제에 대해 다음과 같이 설명한다. 즉 "스토아 철학자는 첫째, 영혼은 육체이며, 둘째, 영혼은 죽음을 구조하는 것으로 생각했다. 또한 그들은 영혼을 세계정신으로 정의하지만 사라져 버리는 것"[40]으로 보았다. 그 후 키케로도 "스토아 철학자는 영혼의 문제를 설명하면서 영혼은 오래 존속하지만 영원한 것은 아니다"라고 주장한 바 있다.[41]

스토아 철학자들은 인간이 죽은 다음에 영혼은 얼마나 오랫동안 존재할 수 있으며, 얼마나 오랫동안 살아남을 수 있는가 하는 시간적 한계의 문제를 세계대화재에 의해 결정된다고 생각했다. 그러나 이 결론에 동의한 철학자는 소수에 불과하다. 클레안테스와 몇몇 스토아 철학자들은 모든 생명체의 영혼은 세계대화재까지 살아남는다고 믿고 있지만 크뤼쉬포스는 오직 현자의 영혼만이 살아남는다고 주장한다. 스토아 철학자들에게 있어 영혼은 살아남는다는 것(계속적인 윤회에서 재탄생은 물론)이라는 사실이 이 지상의 삶이 도덕적이었는가에 중요한 의미를 가지지 않는다고 했다. 마치 우자들의 운명이 일종의 형벌인 것처럼 현자의 영혼이 살아남는다는 것이 일종의 보상이라 하더라도 사후에 현자의 영혼이 갖는 특권적 운명이 아름다운 도

덕적 삶의 선택에 영향을 미쳐서는 안 되는 것이다. 락탄티우스는 다음과 같이 말한다. 즉

> 스토아 철학자 제논은 지옥의 존재를 인정하기 때문에 선한 자들이 사는 곳은 불결한 사람들이 사는 곳으로부터 격리되어야 한다고 가르쳤다. 현자들은 기쁘고 평화로운 곳에서, 사악한 사람들은 먼지와 진흙으로 뒤덮인 공포의 골짜기에서 벌을 받으며 살아간다.[42]

스토아 철학자들은 보상과 형벌이 필연적으로 이 세상의 삶에서 보인 미덕과 악덕에 관련이 있음을 강조한다. 우리의 미덕은 우리가 살고 있는 바로 이곳이 미덕의 낙원이며 악덕의 지옥일 것이다. 스토아 철학자들은 본래 '여기 그리고 지금'(here and now)을 중시했다. 비록 그들이 내세를 인정했을지라도 그들은 여기 그리고 지금을 가볍게 할 만큼 내세의 가치를 중요하게 생각하지 않았다. 우리가 이 세상에서 찾을 수 있는 행복을 진정한 행복으로 생각했듯이 그들도 이 세상의 삶을 진정 아름다운 삶으로 생각했다.

세네카와 사도 바울의 인간관계

　세네카와 바울과의 관계를 연구하기 위해 소수의 학자들이지만 많은 노력을 경주해 왔다. 그리스철학과 스토아 철학에 해박한 이 두 사람이 일찍이 개인적인 만남과 지식을 교환한 사실이 확실하다면 세네카와 바울의 사상전반을 연구하는 데 아주 가치 있는 자료가 될 것이다. 바울은 고대세계에서 발전한 초기 그리스도교의 사도로 교의(敎義)의 확립과 인간의 구원과 평화를 전한 인물 중의 한 사람이었다. 바울은 당시 잘 알려진 세계를 대부분 여행하였고 잠시이기는 하지만 로마에서도 머물러 있었다. 세네카는 한때 로마제국에서 매우 영향력이 있는 인물이었다. 그가 유명하게 된 것은 로마제국에서 높은 지위에 있었으며 스토아 철학이 만연한 시기에서의 그의 작품의 중요성 때문이었다.

　바울과 세네카는 거의 같은 시대에 살았다. 세네카는 기원전 4 내지 5년에 스페인의 코르도바(corduba)에서 태어나 서기 65년에 일어난 피소(piso)의 음모사건 결과로 자살했다. 바울이 언제 태어나고 언제

죽었는지 그 연대가 정확히 알려지지 않았지만 세네카와 거의 동시대라는 것은 확실하다. 네로 치하에서의 그리스도교 박해에 관한 기록은 타키투스(Tacitus)의 『연대기』(*Annals*) 15.44에서, 피소의 음모사건에 관한 기록인 『연대기』 5.48에서 밝히고 있는데, 그 사건으로 희생된 세네카의 죽음도 『연대기』 15.60~62에서 기술되어 있다. 그리스도교 박해시기에 그리스도교의 중심에 섰던 바울의 존재를 알지 못했을 거라는 것은 있을 법하지 않은 일이다.

바울과 세네카는 로마제국 지배하의 같은 세계에서 살았으며 누구든지 세네카의 작품과 바울의 서신 그리고 사도행전을 읽을 때 신약성서에 등장하는 익숙한 이름들을 우연히 만나게 된다. 하지만 그 이름들이 물론 관련 없다고도 할 수 있겠지만 그럼에도 이것은 바울과 세네카가 동시대 같은 제국의 지배하에서 살았음을 여실히 보여주는 대목이다. 이러한 사실을 증명할 수 있는 몇 가지 실례가 있다. 세네카는 친구 루킬리우스에게 보낸 『도덕의 편지』에서 그가 자주 그랬듯이 인간의 생명을 위협하는 사건들을 깊이 생각하고 있었다. 당시의 지진에 관해서 다음과 같이 말하고 있다. "지진은 자주 발생하는 큰 악폐는 아니지만 언제든지 일어날 수 있는 가장 무서운 폐해이다. 우리는 지진을 항상 대비해야 하네. 아시아의 도시들과 아케아의 도시들이 지진으로 멸망한 일이 얼마나 많았던가! 시리아와 마케도니아의 도회지와 마을들이 지진으로 얼마나 많이 사라졌는가! 이런 지진이 키프루스를 황폐하게 만든 것이 몇 번이었던가! 그리고 포포스(pophos)의 붕괴는 몇 번이었던가! 우리는 모든 도시가 완전히 파괴되었다는 소식을 빈번하게 듣지 않았는가!"[43] 하고 당시의 상황을 소상하게 밝히고 있다.

우리는 이러한 지진발생의 사례를 바울이 살았던 세계에서도 똑같은 현상으로써 사도행전에서뿐만 아니라 그의 다른 서신에서도 발견한다. 특히 아시아 지방에서의 지진은 로마서 16:5; 코린토스 I서 16:19; 코린토스 II서 1:1, 9:2; 11:10; 테살로니카 I서 1:7~8; 시리아 지방의 지진 사건은 갈라티아서 1:21; 마케도니아 지역에 관한 것은 로마서 15:26; 코린토스 I서 16:5; 코린토스 II서 1:16; 2:13; 7:5; 8:1; 11:9; 필립보스서 4:15; 테살로니카 I서 1:7~8; 4:10; 티모터 I서 1:3; 키프루스에 관한 기록은 바울의 서신에서 찾을 수 없지만 사도행전에서 자주 언급되고 있다. 마케도니아의 필립피에서 일어난 지진에 관해서는 사도행전 16:26~28에서 다루고 있다. 그 이후 바울 서신과 사도행전에서 다소 친숙해진 지명이 세네카의 작품에서도 자주 등장한다.[44]

세네카는 그의 서신에서 이탈리아 푸테올리(puteoli) 항구에 알렉산드리아의 배 한 척이 입항한 사실을 생생하게 기술하고 있다. 푸테올리의 모든 주민들은 부두로 내려가 선대(船隊)가 항구로 입항하고 있다는 사실을 확인했다. 세네카가 주시하고 있던 저 알렉산드리아의 배는 바울이 이탈리아로 타고 갔던 배였을지도 모른다. 푸테올리에서 바울은 배에서 내렸다(사도행전 28:11, 13). 특히 세네카와 바울은 그들이 살았던 동시대의 로마세계에서 명사로 알려진 교복(教僕, paedagogus)의 개념을 아주 잘 알고 있다는 데에서 유사한 점을 보이고 있다.[45] 이에 따라 바울과 세네카는 같은 세계, 같은 시대에 살았다는 증거를 내세울 수 있겠다. 이 사실을 증명할 수 있는 가장 확실한 전거들 가운데 하나는 바울에 관한 사도행전의 기록이 당시의 많은 사람들이 이 두 인물의 삶에 같은 역할을 했다는 사실에서이다.

로마황제 클라우디스가 죽은 후에 세네카는 그에게 『클라우디스의 죽음에 관하여』(De morte Claudii)라는 작품을 헌정하였거니와 이 사실은 사도행전 11:27~30; 18:1~3에서 언급되어지고 있다. 그리고 세네카의 형 갈리오(Gallio)라는 이름은 여기에서 대단히 중요한 의미를 갖는다. 그의 실제 이름은 노바투스(M, Annaeus Novatus)[46]이지만 그는 아버지의 친구이며 당대의 뛰어난 수사학자 유니우스 갈리오(Junius Gallio)의 양자였다.

세네카는 형인 노바투스에게 그가 쓴 몇 편의 평론을 헌정했다. 그 작품은 『분노에 관하여』(De Ira), 『행복한 삶에 관하여』(De Vita Beata), 『사건의 치유에 관하여』(De Remediis Fortuitorum) 등이다.

세네카는 그의 형 갈리오에 관해 자주 말한다.[47] 세네카가 『도덕의 편지』 104.1에서 밝힌 그의 형에 관한 언급은 바울 일생의 연대학에 중요한 의미를 준다. 이 서신에서 세네카는 갑자기 열병에 걸리게 되어 도시를 떠나야겠다는 결심을 하게 된 사실을 전하고 있다. 그리고 그는 곧 떠나기 위해 마차를 준비하도록 했다. 그러나 그의 아내 파우리나(Paulina)는 그가 떠나는 것을 받아들이지 않았다. 세네카는 아케이아에서 열병이 만연하기 시작했을 때 병은 몸에서 기인하는 것이 아니라 환경에서 오는 것이라는 형님 갈리오의 말을 기억하고 즉시 배를 탔다. 세네카는 형님의 충고에 따라 아케이아에서 오래 지체하지 않았다. 아케이아는 기원 44년 이후 로마 원로원 속주였다. 황제 티베리우스는 기원 15년에 마케도니아와 아케이아를 원로원 속주에서 황제의 속주로 전환했다. 그것은 이들 속주로부터의 요구에 따른 것이다. 그러나 기원 44년 황제 클라우디우스는 황제의 속주였던 마케도니아와 아케이아를 다시 원로원 속주로 환원시켰다. 만일 갈리오가 원로원 속주 총독으로서 아케이아에서 일 년 이상 더 체재하지 않았다면 갈리오의 이름이 기록되어 있는 델피신전의 유명한 비문에서 정확한 연대를 알 수 있을 것이다. 그가 총독직에 있었던 해는 기원 51년 5월부터 기원 52년 5월까지였다.[48] 그리고 세네카의 형 갈리오가 입양되기 전에 그의 이름은 노바투스(Annaeus Novatus)였다. 이러한 사실은 사도행전 18:12~17에서도 그 연대와 함께 확인할 수 있다.

그러나 갈리오에 관한 사도행전의 기록은 아주 간단한 내용으로 갈리오와 바울의 만남이 과연 이루어질 수 있었는지에 대한 의문은 여전히 제기된다. 그리고 그 가능성은 희박하다. 하나의 이유를 들자면, 사도행전 18:12~17에서와 같이, 아케이아의 총독 갈리오에게 유태인들이 작당하여 바울을 붙잡아 법정으로 끌고 와 이 사람은 하느님을 예배하라고 사람들을 충동질하는 위법적인 행위를 하고 있다고 고발한다. 이에 총독 갈리오는 이 사건이 무슨 범법이나 악한 범행에 관련된 것이라면 당신들의 고발을 들어주겠지만 이것은 당신들의 율법에 관련된 것이니만큼 당신들이 알아서 처리하라는 빠른 종결을 내렸다. 그러므로 사도행전에 나타난 이 짧은 내용으로부터는 세네카와 바울의 개인적 인간관계의 가능성이 확인될 수 없다.

몇몇 학자들이 사도행전과 바울 서신의 본문에서 세네카에 대해 밝히려 했던 언급들은 순수 가설에 의존했던 것으로, 이것은 사도행전 2:11; 필립보서 1:12~17; 4:22; 루카 1:3; 테살로니카 Ⅱ서 2:1~12 등에서 보인다. 세네카가 그리스도교도와 그 어떤 관계를 맺은 사실을 보여주는 내용은 그의 작품에서 찾을 수 없다. 따라서 신약성서와 세네카의 작품에서 바울과 세네카가 일찍이 서로 해후한 기회를 입증할 수 있는 자료를 발견할 수 없다. 그리고 그들이 서로의 작품을 잘 알고 있다는 어떤 역사적 전거도 없다. 그럼에도 불구하고, 학자들은 이 문제를 쉽게 체념하지 않았다. 그들의 만남에 관한 문제에 대한 여러 전설이 나타나기 시작하고, 서로 서신교환도 계속 되었다는 사실이 드러나기 시작했다. 그 전설에 관한 가장 오래된 자료 중에 주교 리누스의 작품 『베드로와 바울의 수난』(*Passio Petriet Pauli*) 제2권에 바울의 수난이 기록되어 있다. 바울은 로마에 체류하게 되고 당시의 주요 인물들과의 알력으로, 특히 네로와의 관계악화와 많은 기적에도 불구하고 결국 참수라는 비극으로 끝났다. 오늘날 연구에서 의미 있는 것은 네로 황제의 가정교사였던 세네카에 관한 다음의 내용이다.

"주 예수를 믿는 모든 사람은 바울의 말씀을 듣기 위해 황실로부터 밖으로 나갔다. 그리고 믿는 자들의 환희가 날로 더해갔다. 그런데 네로황제의 개인교사는 바울에 대해 강한 우정의 연분을 느꼈다. 이유는 무엇일까. 세네카는 바울과의 교제를 반드시 성사시킬 수밖에 없는 신비의 지(知)를 보았기 때문이다. 세네카는 바울과 개인적으로 친교가 불가능했을 때, 그에게 편지를 직접 보내고 그로부터 편지를 받는 방법을 이용했다. 바울의 교의는 성령의 구원자로서 그 명성이 널리 퍼져 올바른 평가를 받게 됨으로써 그는 황제로부터 그의 말씀을 가르칠 수 있는 권한을 인정받아 많은 사람들이 청강하게 되었다. 그는 이교의 철학자들과 논쟁을 하며 그들을 논박하여 많은 철학자들이 그의 설교에 설득되었다. 네로 황제의 개인교사 세네카는 바울의 글들을 그가 있는 자리에서 큰 소리로 읽고 그에게 최고 찬사의 글을 썼던 것이다."[49]

세네카와 바울의 편지교환 이야기는 우리들에게까지 전해져왔다.

교부들 가운데에는 이 두 사람 외에도 편지교환이 있었던 것으로 전해지고 있다. 세네카는 그리스도교도들에 대해 호의적이든 비호의적이든 그의 분명한 언급이 왜 없었는지는 아우구스티누가 바울에게 보낸 세네카의 서신을 통해 분명하게 밝히고 있다. 즉 "세네카는 그리스도교도들과 같은 시대에 살았으며 또한 그는 사도 바울에게 많은 서신을 보내면서 누구든지 악한 사람을 미워하는 사람은 모든 사람을 미워한다"[50]고 말하고 있다.

순수 유태인으로 이교세계에 그리스도교 복음을 전파한 바울은 무역과 상업의 중심지이자 당대의 학문을 주도한 대학 도시이며 스토아 철학자들의 활동무대이기도 했던 킬리키아(Cilicia)의 타르소스(Tarsos)에서 태어났다. 타르소스는 철학자들의 도시였으며, 특히 스토아 철학자들로 유명한 곳이었다. 역사가 스트라보(Strabo)는 타르소스의 출신인 유명한 스토아 철학자 다섯 사람의 이름을 열거하였다. 그들은 안티파트로스, 알키다마스, 네스토, 코딜라온 그리고 산돈의 아들 아테노도러스였다. 그리고 타르소스에서 가까운 도시 솔리에서 당시에 가장 유명한 스토아 철학자 크뤼십포스가 출생하였다. 바울은 어린 시절 이 전아(典雅)한 학문의 도시 타르소스에서 스토아 철학을 수학하였다. 이곳은 그가 현자의 덕성을 키워갈 수 있었던 정신의 요람이기도 했다.

바울은 유태인이면서도 헬라인과 로마인에 대해 잘 알고 있어 그리스와 로마세계의 교량으로써 이교도를 그리스도교로 개종시킬 수 있는 영향력을 가지고 있었다. 이러한 사실로 미뤄볼 때, 로마 스토아 철학자 세네카와의 관계 가능성은 충분하다고 생각한다. 두 사람은 같은 스토아 철학자인 동시에 교의 면에서도 스토아 사상의 엄격한 금욕주의적 윤리를 예찬하였고 외적인 것들, 특히 재산과 부를 경시하였는가 하면 또한 세계의 생성과 변화는 아버지라고 불리는 어떤 지고의 존재 속에 체현(體現)되어 있는 것으로 보았고, 더 나아가 거기에는 인간 사이에서의 일체의 민족적 내지 계급적 한계를 초월한 보편적 사랑이 행해져야 한다고 주장하였다. 이런 점에서 두 사람의 연대(連帶)는 필연적이었을 것이다.

바울이 로마시민으로서 활동할 수 있었던 것은 그가 로마시민권을 획득할 수 있었기 때문이다. 고대세계에서 시민권은 곧 자유민이라는 등식으로 표현된다. 이와 같이 로마시민권은 속주민이나 로마로 이주해 온 자들에게 가장 큰 영광이며 명예로운 것이었다. 이 세상 땅 끝까지 통한다는 통행증이기도 한 로마시민권은 평민에게는 사법(私法)상의 권리인 상업권과 결혼권만 향유케 하고, 귀족은 공법상의 권리인 로마의 선거권과 피선거권을 향유했다. 바울이 소유한 시민권은 상업권과 결혼권까지 부여된 완전한 시민권이었다고 생각한다. 바울은 이 명예로운 로마시민권을 어떻게 얻을 수 있었을까. 로마시민권은 로마의 국가적 위기에 큰 공헌을 한 사람이나 24년의 군복무를 마친 로마 군인들에게 우선적으로 주어졌다. 바울의 로마시민권은 로마제국에 충성스러운 행위에 대한 보상으로 얻게 된 것으로 생각된다.

바울은 로마를 사랑하고 충성한 사람이었다. 그는 시민권에 대한 자부심과 로마제국의 위대함을 찬양했다. 그는 로마 그리스도교도에게 보낸 편지에서 "현존하는 세속의 모든 권세에 복종할 것"을 명령한 바 있다. 세상의 모든 권위는 다 하느님께서 세워주신 것으로 권위에 대한 거역은 하느님에 대한 거역이기 때문에 네로와 같은 폭군이 왕위에 오르더라도 복종할 것을 강조한다. 로마제국이야말로 세계를 혼란으로부터 구하고 악의 횡행을 저지하기 위해 하느님으로부터 받은 도구였다는 것이다(로마서 13:1~5).

바울과 세네카는 다 같이 로마시민임을 자랑스러워했다. 두 사람은 당대의 뛰어난 스토아 철학자로서, 한 사람은 이교도 도덕론자요 로마 지배계층의 권력자인 동시에 다른 한 사람은 로마 그리스도교의 교부로서 초기 그리스도교 발전에 크게 기여한 사이로 두 사람의 사상과 학문교류는 필연적이었다고 생각할 수 있다.

제롬(Jerome)은 세네카와 바울 사이에서 편지교환 사실을 다음과 같이 기술하고 있다. 즉 스토아 철학자 소티온(Sotion)의 제자이며 시인 루칸(Lucan)의 숙부인 코르도바 출신 세네카는 온건하고 근엄하였다. 나, 제롬은 만일 바울이 세네카에게 그리고 세네카가 바울에게 보낸 편지가 많은 사람들에게 읽혀졌다 하더라도 나에게 제시되지 못한다면 성자의 대열에 그를 포함시킬 수 없다. 설사 세네카가 네로의 개인교사이며 권력이 당당한 인물이었다 하더라도 그는 로마인들 가운데서 권좌를 누리고, 바울은 그리스도교들 가운데서 지도적 위치에 있었다고 말할 수 있다. 세네카는 베드로와 바울이 순교의 화관을 받기 2년 전에 네로에 의해 처형되었다.[51]

제롬의 해설은 그의 동시대에 잘 알려진 바울과 세네카의 편지교환이 실재했음을 변호하는 것이다. 이 사실은 당시의 많은 사람들이 이미 알고 있는 것이었다. 그들 사이에 오고간 편지는 14회에 이르며 11번째의 편지는 우리에게 유일한 정보를 제공하는 세네카의 진술을 포함하고 있다. 11번째의 편지내용에서 "세네카는 바울에게 나의 존경하는 바울께 문안합니다. 당신같이 신의 사랑을 받는 위대한 사람이 된다면 나는 그 누구와도 우의를 맺거나 동료가 되지 않을 것입니다. 오히려 나는 이름만으로도 아주 가까운 친교를 이룰 수 있다고 생각합니다. 나는 그렇게 되는 것만으로도 만족해질 것입니다. 당신은 높은 산들의 봉우리며 산정(山頂)이기 때문입니다. 만일 내가 당신과 별 차이가 없는 사람이라고 생각하고 접근한다면 당신이 나를 기쁜 마음으로 대하려 하지 않을 것입니다. 그러므로 당신은 무엇보다 당신의 여러 서신에 당신의 이름값이 어울리지 않는다고 생각하지 마십시오. 그렇지 않으면 당신은 나를 칭찬하기보다 오히려 나를 시험하는 것처럼 보일지도 모릅니다. 특히 당신은 로마시민이라는 사실을 잘 알고 있기 때문입니다. 나는 당신이 쓴 저작에서 보인 당신의 입장이 나의 입장과 같기를 바랍니다. 안녕히 계십시오. 나의 존경하는 사랑스러운 바울."[52] 3月 22日 씀. 아프로니아누스와 카피토의 집정관.

하지만 우리는 바울과 세네카가 개인적으로 친근한 사이로 편지교환이 있었는지 역사적으로 신뢰할 수 있는 정보가 거의 없다는 사실을 인정해야 할 것이다. 하지만 바커(Barker)의 견해가 그나마 신뢰할 수 있는 증거가 될 것이다. 세네카가 그리스도교도였으며 바울과 어떤 관계나 혹은 그리스도교도와 어떤 거래가 있었는지에 대해 직접적인 증거는 없다. 단지 바울과 세네카의 삶과 작품을 비교할 때 같은 시대, 같은 세계에 살았던 인물이라는 사실을 확인할 수 있다. 이제, 이 두 사람이 쓴 작품 내용을 비교하기에 앞서 그들의 작품에 나타난 특징적인 차이를 검증해 봐야 할 것이다. 세네카의 작품의 특징과 성격은 그가 살았던 시대에서조차 현저하게 달랐다. 디오카시우스(Cassius)는 세네카보다 타키투스에 훨씬 호의적이었다. 로마인들 사이에서 심지어 세네카를 고전적 휴머니즘의 대표적 인물로 더 이상 간주하지 않았을 정도로 현대에서도 그러한 견해차는 물론 비판적이었다. 대체로 우리는 그의 인격의 불유쾌한 면에 주목해야 할 것이다. 그에 대한 학자들의 평가는 여전히 분분하다.

스타우퍼(Stauffer)는 어떻게 세네카가 네로의 개인교사가 되었으며, 그가 쓴 작품내용에 호의적이지는 않았다. 그는 다음과 같이 기술하고 있다. "다양한 경험을 가진 스승 세네카는 영리하며 이해력이 빠른 제자 네로에게 악습에서 벗어나 올바른 길을 가도록 양심을 불어넣었다. 그러자 어린 황태자는 곧 쾌락주의자와 아마추어 철학자처럼 자만에 찬 것처럼 보였다."[53] 세네카를 나쁜 길로 이끌었던 사람은 네로가 아니라 그 반대였다고 하는 사실을 주목해야 할 것이다. 네로의 초기 통치시기 5년은 '네로의 다섯 해'(quinquenium Neronis)라고 하여 그가 유능한 친위대장 부루스(Brrus)와 철학자 세네카의 보필을 받았던 최고의 기간이다. 하지만 음모와 악행과 폭력과 살인이 난무했다. 초창기부터 네로의 어머니 아그리피나가 실권을 장악하기 위해 무자비한 시도를 벌였다. 세네카와 부루스는 아그리피나의 권력이 비대해지는 것을 우려한 나머지 그녀의 영향력을 차단할 음모를 꾸몄다. 이러한 상황에서 세네카와 부루스가 악의적인 궁중도당의 사악한 세력에 맞서 힘을 다해 저지시켰던 네로를 악마 같은 범죄자로 보느냐 아니면 세네카를 배타적인 도당의 한 구성원으로 보느냐는 우리의 태도와 판단에 달려 있다. 크레허(Kregher)는 세네카는 영웅도 아니었으며 순난(殉難)과 순사(殉死)가 요구되는 그리고 자신이 높이 찬양한 영웅적인 용기도 결여한 자라고 비판했다.

세네카는 아그리피나와 네로의 권력투쟁의 와중에서도 네로에게 예술과 음악과 시와 전차경주에 몰입할 것을 권장했을 뿐만 아니라 그의 신적인 능력을 호도함으로써 허영과 자긍심을 추켜올리는 네로의 비인도적인 잔인한 범죄행위마저 눈감아주는 등 판단력을 잃었던 것이다. 네로는 주색에 빠져 절제 없는 방탕한 생활로 그의 잠재적인 경쟁자인 브리타니쿠스, 그의 어머니 아그리피나, 그의 아내 옥타비아를 살해했다. 세네카는 이 패륜적인 사건에 대해 그 어떤 비난도 하지 않았다. 심지어 세네카는 원로원에서 어머니를 죽인 모친 살해범 네로의 행위를 정당화하는 일에 골몰하면서 그의 범죄를 용서하는 듯했다.

세네카는 모든 이력으로 보아 그의 인격과 도덕성에 적지 않은 의혹을 불러일으키는 표리부동한 이중성을 드러내고 있다. 세네카는 당대의 그 누구보다 냉정하고 진지하며 수도자적인 삶을 촉구했다. 그럼에도 그는 황제의 궁전에서 국고를 낭비하며 먹고 마시는 방탕한 대식가들의 무리들과 함께했다. 그가 인격적인 단호함과 확고한 신념을 그렇게도 높은 시적 언어로 찬미하고 칭송한 사실은 우리 모두를 당황하게 한다. 그는 부가 행복을 주는 것은 아니라고 말하면서도 네로 황제의 은전으로 수여된 수백만 탈란트를 사양하지 않았다.[54] 세네카는 거대한 부를 누리는 사람들이 네로의 치하에서 오래 살아남지 못한다는 것을 알고 재산을 폐하려 했다. 세네카는 클라우디우스 황제에 대해서도 모순적인 태도를 보였다. 그를 싫어하면서도 노골적으로 아첨했다. 세네카는 코르시카로 추방되어 유폐생활을 하면서도 언젠가 다시 소환될 것을 기대하면서 『폴리비우스에 대한 위안』(Consolatio ad Polybium)에서 노골적으로 클라우디우스에게 아첨하는 태도를 보였다. 세네카는 그의 추도연설에서 그를 찬미하였으나 그의 『아포콜로신토시스』(Apocolocyntosis)에서 무자비하리만큼 조소했다.

문학형태에 대해 세네카는 스토아의 변증법 궤변을 비난했다. 그는 당시의 수사학을 대표하는 탁월한 존재였다. 그는 철학 작품의 내용이 형식보다 중요하다는 사실을 인식하고 여전히 표현을 비꼬아 코믹하게 구사했다. 그의 인격의 전반적 특성을 표리부동한 이중적 성향을 가진 우유부단하고 심지어 위선자라고 하지만 그가 살았던 시대의 정치 환경과 시대조류와의 일치를 이루는 정의의 실현이란 심히 어려웠을 것이다. 세네카에게 있어 네로의 은전은 위험한 것이었다. 그러나 세네카가 어떻게 해서든 네로의 치하에서 최고의 권력을 누리고 있을 때에 인류를 위해 위대한 일을 성취하려 했던 것은 부정할 수 없다. 세네카의 성실한 의지와 취지는 네로에게 인정받았다. 세네카가 그의 과업을 수행함에 있어 정신적인 힘의 원동력은 스토아 철학이었다. 그가 스토아 철학의 교의와 조화해 나가는 데 성공하지는 못했지만 그는 결국 스토아 철학자로 죽었다. 그는 죽었지만 그의 친구들에게 남겨준 유산은 그의 수도자적 삶의 촉구였다.

세네카는 자주 자신의 건강문제를 언급하면서 천식보다 더 고통스러운 것은 아마 없을 것이라고 말해왔다. 젊은 시절에는 열병과 천식, 만성 코감기로 고통의 세월을 보냈다. 몸이 극도로 쇠약해지고 고통이 심해 생명을 끊으려고 했다.[55] 그는 극단적인 생각을 자제하고 아픔의 고통을 이겨낼 수 있었다. 친구 루킬리우스에게 질병을 이겨낼 수 있는 조언으로 세상만사는 마음의 문제, 괴로움은 마음에서 오는 것 그래서 공허한 불평을 다 지워버리고, 고통에서 멀리 떠나 그대가 했던 명예롭고 용감한 행위만을 회상하라. 그런 다음에 병마에 시달렸던 아픔을 극복한 용감한 사람들을 생각해 보라고 조언한다.[56]

세네카는 "인간이 용기를 보여줄 수 있는 것은 전쟁 시기만이 아니다. 그는 병상에서도 용기의 미덕을 보일 수 있다. 그것은 질병과 용감하게 싸우는 것이다. …… 만일 내가 병으로 고통을 받아야 한다면 참고 견디는 자제력과 사내다운 용기를 보이도록 할 것이다. 나는 고통을 참고 견디어내는 용감한 미덕을 갈구한다."[57] 이와 같이 세네카는 인간이 병에 대해 끈기와 용감한 대처를 하는 한 죽음은 두려운 것이 아니라고 설득한다. 육체보다 영혼의 병이 우리를 지치게 한다. 공허한 향락의 생각으로부터 마음을 새롭게 하고 철학과 교양을 위한 시간을 보존하는 것이 신성한 것을 조망할 수 있는 덕성을 갖춘 인간으로 가는 길이다. 아무리 인생이 짧다고 하여도 시간을 어떻게 쓰느냐에 따라 길게 할 수도 있다. 포세이도니오스가 말한 바와 같이 "지혜로운 박식한 철학자들의 삶이 단 하루의 짧은 시간이라 해도 무지한 사람들의 길고 긴 평생의 삶보다 길다." 포세이도니오스의 『웅변술』에서 키케로가 인용하였듯이 세네카도 자주 인용했다. 여기서 포세이도니오스는 철학의 가치와 중요성을 거듭 강조한다.

요컨대 스토아 철학과 세네카의 세계사적 의의는 그것이 먼 후대에 끼친 영향보다도 초기 그리스도교와의 관계에 더 비중을 둘 수밖에 없다. 이미 지적했듯이 세네카와 바울은 동시대를 살은 대표적인 스토아 철학자이다. 스토아 철학의 엄격한 금욕주의적 윤리를 예찬하였고, 재산과 부를 경시하였는가 하면 세계의 생성과 변화는 아버지라고 불리는 지고의 존재 속에 체현되는 것으로 보았으며, 더 나아가 그것은 인간 사이에 일체 민족적 내지 계급적 한계를 초월한 보편적 사랑을 강조하였던 것이다. 이러한 사실에서 스토아사상은 바울과 그리스도교의 교의의 확립에 있어 그 정신사적 관계를 결코 부인할 수 없을 것이다.

* 세네카의 작품 『도덕의 편지』(*Epistulae Morales*) 약자 *Ep.*로 대신함

세네카의 삶과 그에 대한 역사적 평가

1) Seneca, *Ep*. 89. 8; 48. 8~9.
2) H. Wein Stock, *Die Tragödie des Humanismus*, Heidelberg, 1953, ss. 138~140.
3) Seneca, *de Clementia*. i. 5. 8.
4) *Ep*. 55; *de Tranq*. 1~2.
5) *Ep*. 108. 17~22.
6) D. Cass. 61. 10.
7) Tacitus, *Annals*. 13; 14. 7.
8) *Ep*. 77. 6~16.
9) *Ep*. 66. 12.
10) *Ep*. 48. 8; 75. 6.
11) Seneca, *de Naturales Quaestiones*. 7. 30. 1.
12) Seneca, *de Ira*. ii. 8. 9.
13) Seneca, *de Vita Beata*, 12. 4.
14) Samuel. Dill, *Roman Society from Nero to M. Aurelius*, New York, pp.319~320.
15) Claude W. Barlow, '*Seneca in the Middle Ages*', *Classical Weekly*, 34(1940~41), pp.257~258.
16) M. Pohlenz, *Die Stoa: Geschichte einer geistigen Bewegung*, 2 vols Göttingen, 1915~1959, ss. 1, 22, 31, 66, 107~108.
17) P. Schaff, *History of the Christian Church*, Michigan, 1998, volume II, pp.320~323.
18) Polibius, *The Histories*, 3. 4.
19) *ibid*., 4. 10. 36; 10. 36. 3.
20) R. Reitzenstein, *Werden und Wesen der Humanität im Altertum*, Strassburg, Kaiserrede, 1907, s. 8.
21) Edelstein, *op. cit.*, p. 53.
22) J. M. Rist, *Stoic Philosophy*, Cambridge, 1980, pp.201~203.
23) L. Edelstein, *The Meaning of Stoicism*, Harvard University Press, 1980, p.64.
24) Cicero, *Republic*. 3. 22~23.
25) Cicero, *Republic*. 3. 33.
26) Cicero, *Republic*. I. 34. 51~53.
27) Cicero, *de Officiis*. 2. 24; 3. 63.
28) Cicero, *de Officiis*. 3. 89.
29) Cicero, *de Officiis*. 1. 41.

세네카의 미덕과 현자

1) Augustinus, *Civitas Dei*, 19. 1.
2) L. Edelstein, *The Meaning of Stoicism*, Havard University Press, 1980, pp.1~2.
3) Seneca, *Ep*. 13.
4) Max Pohlenz, *Der hellenische Mensch*, 1947, s. 161.
5) W. Windelband, *Lehrbuch der Geschichte der Philosophie*, 1979, s. 139.
6) Seneca, *de Vita Beata*. 4. 2.
7) *Ep*. 41. 4.
8) *Ep*. 115. 3~4.

9) *Ep.* 72. 7.

10) *Ep.* 59. 16; 31. 8.

11) *Ep.* 42. 1.

12) Seneca, *de Constantia.* 7. 1.

13) Seneca, *de Constantia.* 8. 2~3.

14) *Ep.* 53. 11.

15) *Ep.* 53. 11~12.

16) Seneca, *de Vita Beata.* 5. 3.

17) *ibid.*, 3. 4.

18) *ibid.*, 4. 5.

19) *ibid.*, 15. 6~7.

20) Seneca, *de Constantia.* 19. 2.

21) *Ep.* 65. 21~22.

22) *Ep.* 93. 3.

23) *Ep.* 90. 44.

24) *Ep.* 90. 46.

25) *Ep.* 92. 30.

26) *Ep.* 116. 8.

27) Seneca, *de Ira.* ii. 12. 3~4.

28) *ibid.*, 13. 1.

29) Seneca, *de Vita Beata.* 3. 3.

30) *Ep.* 95. 56.

31) *Ep.* 71. 4~7.

32) *Ep.* 97. 15.

33) *Ep.* 89. 13.

34) Seneca, *de Vita Beata.* 8. 6.

35) Seneca, *de Otio.* 5. 1.

36) *ibid.*, 3. 3.

37) Samuel Dill, *Roman Society from Nero to M. Aurellius*, New York, 1960, pp.294~320.

38) *Ep.* 71. 4~7.

39) *Ep.* 97. 15.

40) *Ep.* 94. 55~56.

41) *Ep.* 66. 39.

42) *Ep.* 41. 8~9.

43) *Ep.* 31. 8; 66. 45~46.

44) *Ep.* 85. 19.

45) Seneca, *de Vita Beata.* 16. 3.

46) *Ep.* 93. 4~7.

47) M. Pohlenz, *Die Stoa* I. s. 314. 칼 뷔흐너(Karl Büchner)는 "로마의 후마니타스"(Humanitas Romana)에서 미덕(virtus), 즉 덕성이란 무엇인가에 대한 질문의 답에서 "남성다움의 힘"(männliche Kraft)이며 "남성다운 본성"(männliches Wesen)이라 했다. 뷔흐너의 같은 책(310~313쪽)에서 그리스어의 아레테 역시 "덕(德)"으로 해석되는 아레테를 유용한 가치로, 최고의 덕목으로 가르쳤던 것이다. 그리스와 로마의 귀족들이 가져야 할 최고 가치는 그리스에서는 "안드레아" 즉 용기였으며, 로마인들의 덕목은 "비루투스" 즉 사내다움, 즉 용기로써 서로 유사한 공통점을 갖고 있다. W. K. C. 거드리, 박종현 옮김, 희랍철학 입문, pp.14~15.

48) *Ep.* 27. 3.

49) Seneca, *de Vita Beata.* 9. 4.

50) *Ep.* 88. 32.

51) *Ep.* 66. 2; 3. 22.

52) Seneca, *de Beneficiis*. iii. 18. 2.
53) *Ep.* 66. 13.
54) Seneca, *de Prov.* 4. 6.
55) *Ep.* 67. 4.
56) Seneca, *de Vita Beata*. 4. 2.
57) *Ep.* 74. 24; 76. 20.
58) *Ep.* 79. 13.
59) Seneca, *Helv.* 4. 2.
60) *Ep.* 79. 60.
61) Seneca, *de Prov.* 1. 5.
62) Seneca, *de Vita Beata*. 4. 2.
63) *Ep.* 67. 9~10.
64) Tacitus, *Annals*. 15. 62~63.
65) 조남진, 헬레니즘 지성사, 신서원, 2006, pp.554~556.
66) *Ep.* 67. 6.
67) *Ep.* 67. 6~8.
68) *Ep.* 96. 5.
69) *Ep.* 39. 1~2.
70) *Ep.* 51. 6~7.
71) *Ep.* 51. 66.
72) *Ep.* 74. 19~21.
73) *Ep.* 107. 9; 120. 12.
74) Seneca, *de Consolatione ad Helviam*. 5. 3.
75) Seneca, *de Ira*. i. 17. 2.
76) *Ep.* 94. 68.
77) Seneca, *de Beneficiis*. vii. 3. 2.
78) *Ep.* 59. 16.

세네카의 세계국가사상과 인간의 사회적 관계

1) 조남진, '헬레니즘이 세계국가 이념의 발전에 관한 연구', 『동서문화 연구』 제3집, 1992. pp.67~131.
2) *Ep.* 95. 52~53.
3) Seneca, *de Ira*. ii. 31. 27.
4) Seneca, *On Tranquility of mind*. 4. 4.
5) *Ep.* 120. 12.
6) *Ep.* 68. 2.
7) Seneca, *de Ira*. i. 5. 2.
8) Seneca, *de Vita Beata*. 24. 3, 9.
9) *Ep.* 95. 53.
10) *Ep.* 48. 2.
11) *Ep.* 95. 30~31, 33.
12) Seneca, *de Ira*. ii. 32.
13) Max Pohlenz, *op. cit.*, ss. 204~205.
14) Cicero, *de Officiis* I. 71. 73.
15) Seneca, *de Otio*. 4. 1.
16) Max Mühl, *op. cit.*, ss. 87~88.
17) Seneca, *dial* 12, 9. 2.
18) Max Mühl, *Die antike Menschheitsidee in ihrer geschichtlichen Entwiklung*, Leipzig, 1928, s. 90.

19) *ibid.*, s. 92.
20) *ibid.*, ss. 92~93.
21) *ibid.*, s. 96.
22) Max Mühl, *op. cit.*, s. 341.
23) *ibid.*, ss. 327~340.
24) Epictetus, *Dis* IV. 7. 1~6.
25) Epictetus, *Dis* II. 8. 11~12.
26) Epictetus, *Dis* I. 9. 1~6.
27) Epictetus, *Dis* II. 10. 8.
28) Epictetus, *Dis* I. 13. 3.
29) Epictetus, *Dis* II. 5. 26.
30) Seneca, *de Ira.* iii. 8. 1~3.
31) *Ep.* 3. 2.
32) *Ep.* 109. 15.
33) *Ep.* 48. 2.
34) *Ep.* 9. 5.
35) *Ep.* 9. 13.
36) Seneca, *de Otio.* 1. 4.
37) Seneca, *de Vita Beata.* 20. 5.
38) Seneca, *de Ira.* iii. 42. 3~4.
39) Seneca, *de Ira.* iii. 43. 4~5.
40) Seneca, *de Ira.* ii. 32. 1~3.
41) Seneca, *de Ira.* iii. 25. 3.
42) Johnweiss, *Das Urchristentum.* 1917, s. 452.
43) J. Vogt, 'Slavery and the Humanist' in *Ancient Slavery and the Ideal of Man*, (Oxford: Balckwell) 1974, pp. 208~210.
44) *ibid.*, pp. 209~210.
45) Max Pohlenz, *Griechische Freiheit*, Heidelberg, 1955, ss. 7~10, 50~52, 80~90.
46) Seneca, *de Tranq. an.* 3. 3.
47) *Ep.* 88. 18.
48) *Ep.* 88. 28.
49) *Ep.* 88. 20.
50) *Ep.* 88. 21.
51) *Ep.* 66. 12~13.
52) *Ep.* 89. 13.
53) *Ep.* 88. 2~3.
54) *Ep.* 31. 4~5.
55) *Ep.* 44. 1~8.
56) *Ep.* 41. 4.
57) *Ep.* 21. 5.
58) Seneca, *de Vita Beata.* 14. 2.
59) *Ep.* 45. 9.
60) *Ep.* 5. 3.
61) *Ep.* 7. 1~3.
62) *Ep.* 108. 7.
63) Seneca, *de Ira.* iii. 25. 3; Ep. 18. 3.
64) *Ep.* 52. 13.

세네카의 영혼과 양심

1) Marc. 24. 5.

2) Marc. 25. 1.

3) Seneca, *Helv.* 11. 7.

4) *Ep.* 24. 17; 92. 33.

5) *Ep.* 24. 17.

6) *Ep.* 65. 22.

7) *Ep.* 92. 10; 120. 7.

8) *Ep.* 58. 23.

9) *Ep.* 120. 14.

10) *Ep.* 10. 24.

11) *Ep.* 90. 19.

12) Seneca, *Ben.* iii. 20. 1~2.

13) *Ep.* 8. 5; 21. 11.

14) *Ep.* 92. 1.

15) *Ep.* 92. 33.

16) *Ep.* 15. 2~3.

17) *Ep.* 15. 5.

18) *Ep.* 76. 32.

19) *Ep.* 31. 11.

20) Seneca, *Helv.* 11. 7.

21) *Ep.* 92. 1.

22) *Ep.* 73. 16.

23) *Ep.* 102. 22.

24) *Ep.* 106. 4.

25) 코린토스 I서 15: 44, 필립보서 3: 21. (육체적인 몸으로 묻히지만 영적인 몸으로 다시 살아나고 육체적인 몸이 있으면 영적인 몸도 있다)

26) 코린토스 I서. 6: 19~20.

27) *Ep.* 74. 16; R. Liechtenham, 'Die überwindung des Leides bei Paulus und in der zeitgenössischen Stoa', *Zeitschrift für Theologie und Kirche*, N. F. vol. 3, 1922, ss. 395~397에서 육체와 정신의 상관관계에 대한 바울의 해석은 구약성서로는 이해될 수 없다. 죄와 구속의 원인인 육체는 감옥으로 영혼의 쇠사슬로 육체에 대한 스토아 철학의 해석을 다시 생각하게 한다고 말했다.

28) *Marc.* 24. 5; 25. 1.

29) Pohlenz, *Stoa* I. s. 317.

30) *Ep.* 3. 4.

31) *Ep.* 59. 16.

32) *Ep.* 81. 21.

33) Seneca, *Ben.* vi. 42. 1.

34) Seneca, *de Ira.* i. 20. 3; Ep. 71.36.

35) Seneca, *Ben.* iii. 42. 1.

36) Seneca, *Marc.* 9. 5; Ben. iii. 13. 1.

37) Seneca, *Ben.* iii. 13. 1.

38) Seneca, *Clemen.* i. 9. 10.

39) *Ep.* 97. 15; 105. 7.

40) Seneca, *Ben.* ii. 8. 2; *de Ira.* ii. 2. 1.

41) *Ep.* 87. 23.

42) *Ep.* 87. 24.

43) Seneca, *Clemen.* i. 13. 2~3.

44) *Ep.* 43. 5.

45) *Ep.* 97. 12~14.

46) *Ep.* 97. 15~16.

47) *Ep.* 105. 8.

48) Seneca, *de Brevitate Vitae.* 17. 1.

49) Seneca, *de Brevitate Vitae.* 17. 2.

50) *Ep.* 97. 12.

51) *Ep.* 56. 6.

52) *Ep.* 72. 6~7.

53) Seneca, *de Constantia.* 19. 4.

54) Seneca, *de Tranq. an.* 3. 4.

55) Seneca, *de Vita Beata.* 20. 4.

56) Seneca, *Ben.* iv. 21. 5~6.

57) *Ep.* 23. 7.

58) *Ep.* 94. 59.

59) *Ep.* 43. 5.

60) Seneca, *de Brevitate Vitae.* 20. 5.

61) *Ep.* 41. 1~2.

62) *Ep.* 94. 29.

63) *Ep.* 108. 8.

64) *Ep.* 120. 14.

65) *Ep.* 31. 11.

66) M. Pohlenz, *Stoa* I. s. 20.

67) *ibid.,* s. 317.

68) Seneca, *de Vita Beata.* 20. 5.

69) Seneca, *Ben.* v. 25. 4.

70) *Ep.* 83. 1.

세네카에 있어 죽음과 자살은 무엇인가

1) Aristoteles, N. E. 3. 116a 12.

2) Aristoteles, N. E. 9. 1169 a 19~21.

3) Aristoteles, N. E. 5. 1138a 4~6.

4) M. Griffin, '*Philosophy,* Cato and Roman Suicide', in *Greece and Rome* vol. 33. Oxford University, 1986, p.71.

5) *Diogenes Laertius,* 10. 125~126.

6) *Ep.* 24. 24~25.

7) *Diogenes Laertius,* 10. 125~126.

8) *Diogenes Laertius,* 6. 24.

9) Seneca, *de Vita Beata.* 19. 1.

10) *Ep.* 24. 22~23.

11) Cicero, *Tusc* 1. 83.

12) Cicero, *de Fin* 1. 49; 2. 95.

13) *Diogenes Laertius,* 10. 15.

14) 조남진, 앞의 책, p.723.

15) *Diogenes Laertius,* 7. 28.

16) *Diogenes Laertius,* 7. 107.

17) *Diogenes Laertius,* 7. 109.

18) *Diogenes Laertius,* 7. 130.

19) M. Griffin, *op. cit.*, p.73.
20) Cicero, *de Fin* 3. 60.
21) *Ep.* 70. 9.
22) *Diogenes Laertius*, 7. 121.
23) Epictetus, *Dis* 4. 1.
24) *Ep.* 70. 8.
25) *Ep.* 24. 6; 98. 12.
26) Cicero, *Pro Sestio*, 48.
27) *Ep.* 24. 22.
28) Tacitus, *Annals*. 6. 29.
29) E. Benz, *Das Todes Problem in der Stoischen Philosophie(Tübinger Beiträge Altertumwissenschaft* 68. Stuttgart, 1929), ss. 40~46.
30) Platon, *Laus* 873d; Platon, *Phaedo* 61b~62d.
31) Aristoteles, *Ethics* 1138a 9~11.
32) *Diogenes Laertius*, 6. 71; 6. 104.
33) J. M. Rist, *Stoic Philosophy*, Cambridge Uni press, 1968, pp.237~238.
34) *ibid.*, p.238.
35) Cicero, *de Fin* III, 18, 60~61(278).
36) *Diogenes Laertius*, 6. 105.
37) Cicero, *de Fin* III, 18, 61(280~281), Seneca, Ep. 70. 4~6.
38) Samuel Dill, *op. cit.*, pp.359~360.
39) Seneca, *Ep.* 17, 89~90, 112~115, Epictetus, *Dis* III. 24, 101~102.
40) *Diogenes Laertius*, 7. 87~89.
41) *Ep.* 20, 2~5.
42) Platon, *Phaedo* 62. c, Platon, *Laus* IX 873 e~id.
43) Aristoeles, *Ethics* 1160a~9~30.
44) *Ep.* 4. 4~5, *de Tranq.* 2. 15.
45) *Ep.* 26. 10.
46) *Ep.* 70. 20; *de Prov.* 6. 8.
47) Seneca, *de Ira*. iii. 15. 6~4.
48) *Ep.* 4. 4.
49) *Ep.* 70. 6.
50) *Ep.* 77. 14~15.
51) *Ep.* 12. 10; 66. 3, 63.
52) *Ep.* 12. 10; 66. 13; 70. 5.
53) Seneca, *de Prov.* 6. 6~7; *Ep.* 77. 9.
54) *Ep.* 17. 9.
55) Epictetus, *Dis* II. 27, 43~45.
56) Epictetus, *Dis* IV. 79~80.
57) *Ep.* 77. 15.
58) Epictetus, *Dis* I. 25, 18~19.
59) Seidler, M. J., 'Kant and the Stoics on suicide', *Journal of the History of Ideas*, vol. 44 (1983), p.438.
60) *ibid.*, pp.438~439.
61) L. Edelstein, *The meaning of Stoicism*, Havard U, 1980, p.2.
62) Seneca, *de Marc* 5, 1.
63) Seneca, *de Tranq.* 10, 3.
64) Seneca, *de Brevitate Vitae*. 8. 5.
65) Seneca, *de Ira*. iii. 42. 1~3.
66) *Ep.* 12. 6~8.

67) *Ep.* 120. 14.
68) *Ep.* 70. 9; 93. 12.
69) *Ep.* 19. 20~24.
70) *Ep.* 58. 23. 욕망의 삶에 몸을 내던진 사람의 영혼은 죽음이다. 이 말은 세네카가 가장 애용한 주제.
71) *Ep.* 75. 17; 123. 16.
72) 에페소서. 2:1; 5:14 그리고 디모테오 I서 5. 6.
73) *Ep.* 104. 10.
74) Seneca, *de Naturales Quaestiones.* vi. 32. 7.
75) *Ep.* 82. 10.
76) *Ep.* 36. 9.
77) *Ep.* 24. 11.
78) *Ep.* 82. 15~16.
79) Seneca, *de Tranq. an.* 11. 6; *Ep.* 78. 25.
80) Seneca, *de Brevitate Vitae.* 7. 3.
81) Seneca, *de Brevitate Vitae.* 14. 5; 15. 1.
82) *Ep.* 13. 14.
83) *Ep.* 102. 22.
84) Seneca, *Ad Marciam de Consolatione,* 24. 5; 25. 1.
85) *Ep.* 65. 24.
86) *Ep.* 24. 18.
87) Seneca, *Polybius.* 9. 2~3.
88) Seneca, *Marcia.* 19. 5.
89) Seneca, *Marcia.* 23. 1~2.
90) Seneca, *Marcia.* 25. 3.
91) Seneca, *Polybius.* 9. 6~7.
92) *Ep.* 102. 23.
93) *Ep.* 86. 1.
94) *Ep.* 36. 10.
95) Seneca, *Marc.* 21. 1~3.
96) *Ep.* 99. 10.
97) 데살로니카 I서 5. 1~4.
98) Seneca, *Helv.* 21. 1~2.
99) *Ep.* 49. 3.
100) *Ep.* 88. 33.
101) Seneca, *Marc.* 26. 5~7.
102) Seneca, *de Naturales Quaestiones.* iii. 30. 1.
103) *Ep.* 71. 13.
104) *Ep.* 36. 11.
105) *Ep.* 65. 2.
106) *Ep.* 107. 9.
107) *Ep.* 16. 5; 107. 9.
108) *Ep.* 113. 16.
109) *Ep.* 119. 15.
110) *Ep.* 41. 1.
111) Seneca, *de Prov.* 1. 5.
112) Seneca, *de Beneficiis* IV. 25. 1.
113) Seneca, *de Prov.* 5. 7~8.
114) Seneca, *de Prov.* 1. 5.
115) 코린토스 II서 1:3

116) Seneca, *de Naturales Quaestiones*. ii. 45. 1~2.
117) Seneca, *de Naturales Quaestiones*. i. 13.
118) *Ep.* 71. 16.
119) *Ep.* 107. 7~9.
120) Seneca, *de Beneficiis* IV. 7. 1~2.
121) Seneca, *Helv.* 8. 3.
122) Seneca, *de Beneficiis* IV. 25. 1.
123) *Ep.* 16. 1~9.
124) *Ep.* 16. 2~6.
125) *Ep.* 74. 20; 16. 5.
126) *Ep.* 107. 11.
127) *Ep.* 107. 12.
128) Seneca, *de Vita Beata*. 15. 6. 7.
129) Seneca, *de Naturales Quaestiones*. ii. 35. 1~2.
130) Seneca, *Marc.* 21. 6.
131) *Ep.* 41. 2; 95. 50.
132) *Ep.* 60. 1~2.
133) *Ep.* 31. 5; 41. 2.
134) Seneca, *de Beneficiis* II. 1. 4.
135) Seneca, *de Naturales Quaestiones*. ii. 33.
136) *Ep.* 10. 4; 31. 2.

세네카의 작품 『행복한 삶』과 『도덕의 편지』에서의 노예관과 재산과 부

1) Aristoteles, *Politics* I. VII. 3~4; III. VI. 5.
2) Seneca, *de Beneficiis* III. 20.
3) *Ep.* 47. 17.
4) *Ep.* 55.
5) 조남진, 헬레니즘 지성사, 서울, 신서원, 2006, pp. 708~709.
6) Samuel Dill, *op. cit.*, p. 229 Seneca, *Ep.* 15. 3.
7) *Ep.* 47. 1~2.
8) *Ep.* 47. 5.
9) *Ep.* 47. 10.
10) Seneca, *de Beneficiis* III. 28. 1; Ep. 44. 1.
11) *Ep.* 31. 11.
12) *Ep.* 12~13
13) *Ep.* 44. 1.
14) *Ep.* 31. 11.
15) Seneca, *de Beneficiis*. III. 18. 2; 18. 4.
16) Seneca, *de Beneficiis*. III. 22. 3.
17) *ibid.*, III. 20; Cicero, *Tusc* I. 74.
18) *Ep.* 9. 14; E. V. Amold, *Roman Stoicism*, London, 1911, p. 293.
19) P. Schaff, *History of the Christian Church*, Michigan, 1978, vol III, p. 320.
20) Cicero, *de Officiis*. I. 13.
21) Seneca, *de Brevitate Vitae*. 17. 13.
22) W. Richter, 'Seneca und die Sklaven', in *Gymnasium* 65, 1958, ss. 197~198.
23) Ep. 18. 13.
24) *Ep.* 119. 6.

25) Seneca, *de Prov.* 3. 6; Ep. 94. 69.

26) Seneca, *de Tranq. an.* 8. 2.

27) *ibid.*, 8. 5.

28) Seneca, *de Brevitate Vitæ.* 2. 4.

29) Seneca, *Helv.* 12. 1.

30) *Ep.* 16. 8~9.

31) *Ep.* 80. 6.

32) *Ep.* 108. 13~23.

33) Seneca, *de Prov.* 6. 6.

34) *Ep.*119. 10.

35) Seneca, *Helv.* 10. 11; Ep. 126. 16.

36) Seneca, *de Prov.* 4. 5.

37) *Ep.* 20. 7.

38) *Ep.* 82. 10.

39) *Ep.* 87. 32.

40) Seneca, *de Vita Beata.* 24. 5.

41) Seneca, *de Prov.* 3. 6.

42) *Ep.* 2. 6.

43) Epitetus, *Dis* 4. 6. 22.

44) Seneca, *de Tranq. an.* 10. 3.

45) *Ep.* 4. 10~11.

46) *Ep.* 104. 34.

47) *Ep.* 17. 3.

48) *Ep.* 115. 10.

49) *Ep.* 20. 10.

50) Heinrich Greeven, *op. cit.*, s. 68.

51) *Ep.* 17. 10.

52) Seneca, *Consolatione ad Marciam.* X. 1.

53) Seneca, *de Vita Beata.* 23. 1.

54) Seneca, *Clementia.* II. 6. 2.

55) *Ep.* 90. 38~40.

56) Seneca, *de Vita Beata.* 22. 1.

57) *Ep.* 5. 6.

58) Seneca, *de Vita Beata.* 23. 1.

59) *Ep.* 104. 34.

60) Seneca, *de Ira.* iii. 33. 1, 4.

61) Tacitus, *Annals.* 13. 42.

62) Tacitus, *Annals.* 14. 52~56.

63) *Ep.* 17. 10.

64) Seneca, *de Vita Beata.* 21. 1.

65) Seneca, *de Vita Beata.* 22. 4.

66) *ibid.*, 21. 4.

67) *Ep.* 85. 40.

68) Seneca, *de Vita Beata.* 21. 1.

69) *ibid.*, 23. 2.

스토아 철학과 세네카의 자연학과 범신론

1) 스토아 자연학에 관한 연구는 S. Sambusky, *Physics of Stoics.* (New York, 1959). Betias. Cumie, "God and Matter in *Early Stoic Physics*", (New School for Social Research ph. D. diss, 1971) pp.13～17.
2) 이 문제에 대한 새로운 해석은 Robert B. Todd, "Monism and Immance: The Foundations of Stoic Physics", *The Stoics*, ed. John M. Rist (Berkley, 1978), pp.137～152.
3) Edelstein, *Meaning of Stoicism*, pp.30～33.
4) A. A. Long, "Language and Thought in Stoicism", in *Problems in Stoicism*, ed. A. A. Long(London, 1971), pp.90～94.
5) A. C. Loyd, "Activity and Description in Aristotle and the Stoa" *Dawes～Hicks Lecture on Philosophy*, 1970, *Proceedings of the British Academy*, 61(1971), pp.8～16.
6) 조남진, 헬레니즘 지성사, 신서원, 서울, 2006. pp.191～192.
7) O. Brink, "Oikeiosis and Oikeiotes Theophrastus and Zene on Nature in Moral Theology", *Phronesis 1*(1956) pp.123～132.
8) M. L. Colish, The Stoic Tradition from Antiquity to the early Middle Age, Leiden, 1985. 1985, p.22.
9) *Diogenes Laertius*, 7. 110; 7. 157.
10) M. L. Colish, *op. cit.*, p.227.
11) *Ep.* 106. 3～5.
12) *Ep.* 92. 1; 92. 8.
13) *Ep.* 24. 17; 65. 16; 65. 21.
14) *Ep.* 65. 2.
15) Giovanni Reale, *The Systems of the Hellenie Age*, State of University of New York Press, 1985, p.240.
16) *Diogenes Laertius*, 7. 134.
17) *Diogenes Laertius*, 7. 148.
18) *Diogenes Laertius*, 7. 137.
19) *Diogenes Laertius*, 7. 135.
20) 스토아 자연학과 그에 대한 다양한 의미 분석은 M. Pohlenz, *Die Stoa* I; ss. 126～128.
21) Giovanni Reale, *op. cit.*, pp.242～243.
22) Cicero, *De Natura Deorum* 2. 9. 23～25.
23) *Diogenes Laertius*, 7. 151.
24) *Diogenes Laertius*, 7. 147.
25) Cicero, *De Natura Deorum.*
26) *Ep.* 113. 15～17.
27) 조남진, 헬레니즘 지성사, 신서원, 서울, 2006. pp.204.
28) Cicero, *De Natura Deorum* 3. 39. 92.
29) Giovanni Reale, *op. cit.*, pp.254～255.
30) Seneca, *De Clementia* IV. 7. 30.
31) *Diogenes Laertius*, 7. 136.
32) *Epictetus*, 1. 2, 22.
33) Giovanni Reale, *op. cit.*, p.255.
34) M. Pohlenz, *Die Stoa* I; s. 197.
35) *ibid.*, 1: ss. 197～198.
36) Giovanni Reale, *op. cit.*, p.257.
37) *ibid.*, p.257.
38) *Diogenes Laertius*, 7. 157.
39) Platon, *Phaedo* 67. D.
40) *Diogenes Laertius*, 7. 156.
41) Cicero, *Tusc. Disp.* I. 31. 77.
42) Giovanni Reale, *op. cit.*, p.259.
43) Ep. 91. 9.

44) J. N. Sevenster, *op. cit.*, p.7.

45) Seneca, *Ep.* 11. 8~10, 25; Paul, I Cor. 4:15와 Gal. 3:24~25.

46) *Ep.* 104. 1.

47) *Ep.* 104. 1~2.

48) J. Kreyher, *L. Annaeus Seneca und Seine Beziehungen zum Urchristentum*, 1987. ss. 131~133.

49) J. N. Sevenster, *op. cit.*, p.10.

50) *Ep.* 153. 4.

51) J. N. Sevenster, *op. cit.*, p.12.

52) Baur, *op. cit.*, pp.463~470.

53) *ibid.*, p.13.

54) J. Kreyher, *op. cit.*, ss. 42~43; M. Pohlenz, *Die Stoa.* s. 304.

55) *Ep.* 78. 1; 104. 1.

56) *Ep.* 78. 18.

57) *Ep.* 78. 21; 67. 4.

참고문헌(參考文獻)

1. Primary Sources

Aristoteles, *Nicomachean Ethics*
_____, *Politics*
Augustinus, *De Civitas Dei*
Cicero, *De Amicita*
_____, *De Divinatione*
_____, *De Finibus*
_____, *De Legibus*
_____, *De Officiis*
_____, *De Natura Deorum*
_____, *De Oratore*
_____, *De Re Publica*
_____, *De Tusculan Disputations*
Diogenes Laertius, *Diogenes Laertius Lives of the Eminent Philosophers I. II*
Epictetus, *Discourses*
_____, *Fragments*
Philo, *De Abraham*
____, *De dec. Orac*
____, *De Humanit*
____, *De Joseph*
Platon, *Gorgias*
_____, *Laws*
_____, *Phaedo*
_____, *Republic*
_____, *Theaetetus*
_____, *Statesman*
_____, *Timaeus*
Plutarchos, *Alexander*
Polybius, *The Histories*

_____, *The Loeb Classical Library* (founded by James Loeb, LL. d)

Seneca minor, *De Beneficiis*

_____, *De Brevitate Vitae*

_____, *De Clementia*

_____, *De Consolatione ad Marciam*

_____, *De Constantia*

_____, *Epistulae Morales*

_____, *De Otio*

_____, *De Providentia*

_____, *De Tranquillitate Animi*

_____, *Ad Lucilium Epistulae Morales (I ~VI)*

Tacitus, *Annals*

Xenophon, *Hellenica*

_____, *Memorabilia*

2. Secondary Sources

Aalders, H., *Political Thought in Hellenistic Times*. Amsterdam, 1975

Amold, E. V., *Roman Stoicism*. London, 1911

Badian, E., 'Alexander the Great and Unity of Mankind', *Historia* 7(1958), 425~444

Baldrey, H. C., 'Zeno's ideal State', *JHS*(1959), 3~15

Barlow, C. W., 'Seneca in the Middle Ages', *Classical Weekly* 34(1940~1941)

Berment, E., 'Seneca und das Naturgefühl der Stoiker', in *Gymnasium* 61, 1961

Benz, E., *Das Todes Problem in der stoischen Philosophie(Tübinger Beiträge Altertumswissenschaft* 68. Stuttgart, 1929)

Bonhöffer, A., *Epiktet und die Stoa*, Stuttgart, 1894

Bonhöffer, A., *Die Ethik Epiktets*, Stuttgart, 1894

Bonhöffer, A., *Epiktet und das Neue Testament*, Giessen, 1911

Brehier, Emile., *The Hellenistic and Roman Age*, Translated by Wade Baskin, Chicago Uni Press, 1971

Brunner, R., 'Auf den Spuren des Philosophen Seneca in der romanischen Literaturen des Mittelalters und des Frühhumanismus', *Romanica*, Berlin, 1948

Brunt, A., 'Stoicism and Principate', *PBSR*. 1975

Chambers, M., 'The Hellenistic World', in *Perspectives on the European Past: Conversations with Historians*. The Macmillan co., 1971

Chroust, A. H., 'The Ideal Polity of the early stoics; Zenos Republic', *Review of Politics* 27(1965) 173~183.

Cochrance, C. N., *Christianity and Classical Culture*. Oxford University, 1974

Colish, M. L., *The Stoic Tradition from Antiquity to the Early Middle Age*. Leiden, 1985

Croix, G. E. M. de ste, '*Early Christian Attitudes to Property and Slavery*', in the Studies in Church History Vol. 12(1975)

Deissner, K., *Das Idealbild des Stoischen Weisen*, Bamberg, 1930

Devine, F. E., 'Stoicism on the Best Regime', *Journal of the History of Ideas* 31(1970)

Dill, S., *Roman Society from Nero to Marcus Aurellius*. New York, 1956

Dudley, D. R., *A History of cynicism, From Diogenes to the 6th century A.D.*. London, 1937; Hildesheim, 1967

Edelstein, L., *The Meaning of Stoicism*. Havard University Press, 1980

Erskine, A., *The Hellenistic Stoa Political Thought and Action*, Cornell University Press, 1990

Forschner, M., *Die Stoische Ethik*. Klott-cotta, 1981

Grant, M., *The twelve Caesars*. New York, 1975

Greeven, H., *Das Haupt Problem der Sozialethik in der neureren Stoa und in Christentum*, Gütersloh, 1935

Griffin, M., Philosophy, Cato, and Roman Suicide, in *Greece and and Rome* Vol. 33. Oxford University 1986

Hadas, M., *The Stoic Philosophy of Seneca*, New York, 1968

Haffter, H., 'Die Römische Humanitas', in *Römische Wertbegriffe Heraus-gegeben von Haus Oppermann*, Darmstadt, 1983.

Hengel, M., *Eigentum und Reichtum in der frühen Kirche*. Stuttgart, 1973

Hirzel, R., 'Selbstmord', *Archive für Religions Wissenschaft* II(1908)

Hopkins, K., 'The Growth and Practice of Slavery in Roman Times', in *Conqueros Slaves; Sociological Studies in Roman History* I. Cambridge, 1978

Horowitz, M. C., 'The Stoic synthesis of the Idea of the natural Law in the Man: Four Themes', *Journal of History of Ideas* 35(1974)

Inwood, B., *Ethics and Human Action in Early Stoicism*. Oxford, 1985

Irwin, T., 'Stoic and Aristotelian conceptions of happiness', *The Norms of Nature*(Cambridge 1986), 205~244.

Jaeger, W., *Early Christianity and Greek Paideia*. Havard, 1961

Kargl, J., *Die Lehre der Stoiker vom Staat*(Erlangen 1913)

Langholm, O., *Wealth and Money in the Aristotelian Tradition*. Forlaget, 1983

Long, A. A., *Hellenistic Philosophy*. London, 1974

Long, A. A., 'Freedom and Determinism in the Stoic Theory of Human Action', in
    Problems in Stoicism. London, 1971: 173 ~ 199

Long, A. A., 'Language and Thought in Stoicism', in *Problems in Stoicism*. London, 1971

Manning, C. E., *Stoicism and Slavery in the Roman Empire, Rise and Decline of the Roman
    World*. Band II(1989)

Mauriae, H. M., 'Alexander the Great and the Politics of Homonoia', *Perspectives on
    Political Philosophy* Vol. 2, N. Y. 1971

Meister, K., *Die Tugenden der Römer; in Römischen Wertgeriffe*. Darmstadt, 1983

Meyer, E., *Römischer Staat und Staatsgedanke*. Zürich und München, 1975

Mühl, M., *Die antike Menschheitsidee in ihrer geschichtlichen Entwicklung*, Leipzig, 1928

Müller, R., 'Zur Staatsauffassung der frühen Stoa', in *Proceedings of the 7th Congress of
    the International Federation of the Societies of Classical Studies*, ed.j Harmaatta Vol.
    I, Budapest, 1984

James, H., *Epicurean Political Philosophy*. Cornell University, 1976

Pohlenz, M., *Die Stoa: Geschichte einer geistigen Bewegung*, 2 Vols, Göttingen, 1970, 4th ed.

Pohlenz, M., *Geschichte Freiheit Wesen und Werden eines Lebensideals*. Heidelberg, 1955

Reiner, H., 'Die ethische Weisheit der Stoiker heute', in *Gymnasium* 76, 1969

Reitzenstein, Werden uud Wesen der Humanität im Altertum, Strassburg, Kaiserrede,
    1907

Richter, W., 'Seneca und die Sklaven', in *Gymnasium* 65(1958)

Rist, M., *Stoic Philosophy*. Cambridge, 1980

Rist, M., (ed.) *The Stoics*. California, 1978

Sandbach, F. H., *The Stoics*. London, 1975

Sauter, J., 'Die Philosophischen Grundlagen des antiken Naturrechts', *Zeitschrift für
    öffentliches Recht* 10(1931)

Schmekel, M., *Die Philosophie der mittleren Stoa in ihren geschichtlichen Zusammenhangen
    dargestellt*. Berlin, 1892

Schmitz, O., *Der Freiheitsgedanke bei Epiktet und das Freiheitszeugnis des Paulus*. Güterloh,
    1923

Schulz, S., 'Hat Christus die Sklaven Befreit?', in *EV. Kommentar* 1(1972)

Seidler, M. J., 'Kant and the Stoic on Suicide', *Journal of the History of Ideas* Vol.

44(1983)

Sevenster, J. N., *Paul and Seneca*. Leiden, 1961

Simon, H. and M., *Die alte Stoa und ihr Naturbegriff*. Berlin, 1956

Smily, C. N., 'Stoicism and Its Influence on Roman Life and Thought', *Classical Journal* 29(1934)

Stanton, G. R., 'The cosmopolitan ideas of Epictetus and Marcus Aurelius', *Phronesis* 13(1968), 183~195.

Strasburger, H., 'Poseidonius on the Problems of the Roman Empire', *JRS* 55(1965)

Stock, H. W., *Die Tragödie des Humanismus*. Heidelberg, 1953

Tarn, W. W., 'Alexander, Cynics and Stoics', *American Journal of Philosophy* 60(1939)

Vlastos, G., 'Slavery in Plato's Republic', The Philosophical Review 50(1941), 289~304, and Finley 1960, 133~149

Vogt, J., 'Die antike Sklaverei als Forschungs Problem von Humbolt bis heute', in *L Gymnasium* 69, 1962

Vogt, J., 'Wege zur Menschlichkeit in der antiken Sklaverei', in *Historia-Einzelheft* 8m 69~82, Oxford, 1974

Vogt, J., *Sklaverei und Humanität*. Wiesbaden, 1972

Waten, A., 'Natural Law', in *Problems in Stoicism*, ed.

Whitehead, A. N., *Adventures of Ideas*. Macmillan company, 1933

고려대학교 대학원 사학과(서양고대사 전공) 문학박사
문교부 시행 고등학교 독일어(1968년), 영어(1970년) 교사 자격검정시험 합격
아데나워 장학재단 서독파견 유학시험에 선발, Würzburg 대학에서 연구
성균관대, 고려대 대학원 강사
경남대학교 사학과 교수를 거쳐 한남대학교 사범대학 역사교육과 교수
현) 한남대학교 사범대학 역사교육과 명예교수

저서로는 『서양 역사의 이해』, 『서양 고대와 중세사회』(공저), 『헬레니즘 지성사』, 『초기 그리스도교와 스토아 사상의 노예관』이 있으며, 공역서로는 『서양사 신론』(상・하), 『서양 고전 고대 사상가와 사상사론』(상・하), 『서양 중세사 사상사론』, 『봉건제도에서 자본주의로의 전환』, 『서양 고전 고대 경제와 노예제』, 『서양 고전 고대 역사가와 역사 서술사론』(상・중・하), 『서양 고대 세계사론』이 있다.

Lucius 로마제국의 황제 네로(Nero)의 개인교사,
Annaeus Seneca 도티론자 그리고 스토아 철학자

세네카

초판인쇄   2014년 9월 21일
초판발행   2014년 9월 21일

지은이   조남진
펴낸이   채종준
펴낸곳   한국학술정보㈜
주소   경기도 파주시 회동길 230(문발동)
전화   031) 908-3181(대표)
팩스   031) 908-3189
홈페이지   http://ebook.kstudy.com
전자우편   출판사업부 publish@kstudy.com
등록   제일산-115호(2000. 6. 19)

ISBN   978-89-268-6657-3 93230

이 책은 한국학술정보㈜와 저작자의 지적 재산으로서 무단 전재와 복제를 금합니다.
책에 대한 더 나은 생각, 끊임없는 고민, 독자를 생각하는 마음으로 보다 좋은 책을 만들어갑니다.